墨人 著

本全集保留作者手批手稿

墨人博士作品全集【全60冊】

第六十冊 詩人革命家胡漢民傳

文史哲出版社印行

國家圖書館出版品預行編目資料

墨人博士作品全集 / 墨人著 -- 初版 -- 臺北
市:文史哲, 民 100.12
頁： 公分
ISBN 978-957-549-987-7 (全套 60 冊：平裝)

1.現代文學 2. 中國文學 3.別集

848.6 100022602

墨人博士作品全集【全60冊】

第六十冊 詩人革命家胡漢民傳

著 者：墨 人
出 版 者：文 史 哲 出 版 社
http://www.lapen.com.tw
登記證字號：行政院新聞局版臺業字五三三七號
發 行 人：彭 正 雄
發 行 所：文 史 哲 出 版 社
印 刷 者：文 史 哲 出 版 社
臺北市羅斯福路一段七十二巷四號
郵政劃撥帳號：一六一八〇一七五
電話886-2-23511028 · 傳真886-2-23965656

【全60冊】定價新臺幣 36,800 元

中華民國一百年（2011）十二月初版

ISBN 978-957-549-987-7 08992

墨人博士著作品全集總目

一、散文類

二、長篇小說

四、詩詞及論評

附：外篇

三、中短篇小說散文合集

墨人的一部文學千秋史

張萬熙先生，筆名墨人，江西九江人，民國九年生。爲一位享譽國內外名小說家、詩人、學者。歷任軍、公、教職。六十五歲始自從國民大會簡任一級加年功俸的資料組長兼圖書館長公職崗位退休，但已是中國文壇上一位閃亮的巨星。出版有：《全唐詩尋幽探微》、《紅樓夢的寫作技巧》、二百九十多萬字的大長篇小說《紅塵》、《白雪青山》、《春梅小史》；詩集：《哀祖國》；散文集：《小園昨夜又東風》……。民國五十年、五十一年連續以短篇小說，兩次入選維也納納富出版公司出版的《世界最佳小說選集》。七十歲時自東吳大學中文系教席二度退休，仍著述不輟，爲國寶級文學家。墨人博士在臺勤於創作六十多年（在大陸時期已創作十年），並以其精通儒、釋、道之學養，綜理戎機、參贊政務、作育英才，更以其對傳統文學的精湛造詣，與對新文藝的創作，在國際上贏得無數榮譽，如：美國世界大學榮譽文學博士、美國馬奎士國際大學榮譽文學博士、美國艾因斯坦國際學院榮譽人文學博士（包括哲學、文學、藝術、語言四類）、英國劍橋國際傳記中心副總裁（代表亞洲）、英國莎士比亞詩、小說與人文學獎得主，現在出版《全集》中。

壹、家世・堂號

張萬熙先生，江西省德化人（今九江），先祖玉公，明末時以提督將軍身份鎮守雁門關，蒙古騎兵入侵，戰死於東昌，後封為「河間王」。其子輔公，進士出身，歷任文官。後亦奉召領兵「三定交趾」，因戰功而封為「定興王」。其子貞公亦有兵權，因受奸人陷害，自蘇州嘉定（即今上海市一區），謫居潯陽（今江西九江）。祖宗牌位對聯為：嘉定源流遠，潯陽歲月長；右書「清河郡」、左寫「百忍堂」。

貳、來臺灣的過程

民國三十八年，時局甚亂，張萬熙先生攜家帶眷，在兵荒馬亂人心惶惶時，張先生從湖南長沙火車站，先將一千多度的近視眼弱妻，與四個七歲以下子女，從車窗口塞進車廂，自己則擠在廁所內動彈不得，千辛萬苦的從湖南長沙搭火車南下廣州，從廣州登商輪來臺。七月三日抵基隆，由同學顧天一先生，接到臺北縣永和鎮鄉下暫住。

參、在臺灣一甲子奮鬥的過程

一、初到臺灣的生活

家小安頓妥後，張萬熙先生先到臺北萬華，一家新創刊的《經濟快報》擔任主編，但因財務不濟，四個月不到便草草結束。幸而另謀新職，舉家遷往左營擔任海軍總司令辦公室秘書，負責紀錄整理所有軍務會報紀錄。

民國四十六年，張先生自左營來臺北任職國防部史政局編纂《北伐戰史》（歷時五年多浩大工程，編成綠布面精裝本、封面燙金字《北伐戰史》叢書），完成後在「八二三」炮戰前夕又調任國防部總政治部，主管陸、海、空、聯勤文宣業務，四十七歲自軍中正式退役後轉任文官，在臺北市中山堂的國民大會主編研究世界各國憲法政治的十六開大本的《憲政思潮》，作者、譯者都是台灣大學、政治大學的教授、系主任，首開政治學術化先例。

張先生從左營遷到臺北大直海軍眷舍，只是由克難的甘蔗板隔間眷舍改爲磚牆眷舍，大小一般，但邊間有一片不小的空地，子女也大了，不能再擠在一間房屋內，因此，張先生加蓋了三間竹屋安頓他們。但眷舍右上方山上是一大片白色天主教公墓，在心理上有一種「與鬼爲鄰」的感覺。張夫人有一千多度的近視眼，她看不清楚，子女看見嘴裡不講，心裡都不舒服。張先生自軍中假退役後，只拿八成俸。

張先生因爲有稿費、版稅，還有些積蓄，除在左營被姓譚的同學騙走二百銀元外，剩下的積蓄還可以做點別的事。因爲住左營時在銀行裡存了不少舊臺幣，那時左營中學附近的土地只要三塊多錢一坪，張先生可以買一萬多坪。但那時政府的口號是「一年準備，兩年反攻，三年掃蕩，五年成功。」張先生信以爲真，三十歲左右的人還是「少不更事」，平時又忙著上班、寫作，實在不懂政治、經濟大事，以爲政府和「最高領袖」不會騙人，五年以內真的可以回大陸，張先生又有「戰士授田證」。沒想到一改用新臺幣，張先生就損失一半存款，呼天不應。但天理不容，姓譚的同學不但無后，也死了三十多年，更沒沒無聞。張先生作人、看人的準則是：無論幹什麼都是「誠信」第一，因果比法律更公平、更準。欺人不可欺心，否則自食其果。

二、退休後的寫作生活

張先生四十七歲自軍職退休後，轉任台北市中山堂國大會主編十六開大本研究各國憲法政治的《憲政思潮》十八年，時任簡任一級資料組長兼圖書館長。並在東吳大學兼任副教授二十年、香港廣大學院指導教授、講座教授、指導論文寫作、不必上課。六十四歲時即請求自公職提前退休，以業務重要不准，但取得國民大會秘書長（北京朝陽大學法律系畢業）何宜武先生的首肯，六十五歲依法退休。當時國民大會、立法院、監察院簡任一級主管多延至七十歲退休，因所主管業務富有政治性，與單純的行政工作不同，六十五歲時張先生雖達法定退休年齡，還是延長了四個月才正式退休，何秘書長宜武大惑不解地問張先生：「別人請求延長退休而不可得，你為什麼反而要求退休？」張先生答以「專心寫作」，何秘書長才坦然不疑。退休後日夜寫作，因胸有成竹，很快完成了一百九十多萬字的大長篇小說《紅塵》，在鼎盛時期的《臺灣新生報》連載四年多，開中國新聞史中報紙連載最大長篇小說先河。但報社還不敢出版，經讀者熱烈反映，才出版前三大冊。當年十二月即獲行政院新聞局「著作金鼎獎」與嘉新文化基金會「優良著作獎」，亦無前例。《台灣新生報》又出九十三章至一百二十二章，只好名為《續集》。墨人在書前題五言律詩一首：

浩劫未埋身，揮淚寫紅塵，非名非利客，孰晉孰秦人？
毀譽何清問？吉凶自有因。天心應可測，憂道不憂貧。

二〇〇四年初，巴黎 youfeng 書局出版豪華典雅的法文本《紅塵》，亦開「五四」以來中文作家大長篇小說進入西方文學世界重鎮先河。時為巴黎舉辦「中國文化年」期間，兩岸作家多由政府資助出席，張先生未獲任何資助，亦未出席，但法文本《紅塵》卻在會場展出，實爲一大諷刺。張先生一生「只問耕耘，不問收穫」的寫作態度，七十多年來始終如一，不受任何外在因素影響。

肆、特殊事蹟與貢獻

一、《紅塵》出版與中法文學交流

《紅塵》寫作時間跨度長達一世紀，由清朝末年的北京龍氏家族的翰林第開始，寫到八國聯軍、滿清覆亡、民國初建、八年抗日、國共分治下的大陸與臺灣，續談臺灣的建設發展、開放大陸探親等政策。空間廣度更遍及大陸、臺灣、日本、緬甸、印度，是一部中外罕見的當代文學鉅著。墨人五十七歲時應邀出席在西方文藝復興聖地佛羅倫斯所舉辦的首屆國際文藝交流大會，會後環遊地球一周。七十歲時應邀訪問中國大陸四十天，次年即出版《大陸文學之旅》。《紅塵》一書最早於臺灣新生報連載四年多，並由該報連出三版，臺灣新生報易主後，將版權交由昭明出版社出版定本六卷。由於本書以百年來外患內亂的血淚史爲背景，寫出中國人在歷史劇變下所顯露的生命態度、文化認知、人性的進取與沉淪，引起中外許多讀者極大共鳴與回響。

旅法學者王家煜博士是法國研究中國思想的權威，曾參與中國古典文學的法文百科全書翻譯工作，他認爲深入的文化交流仍必須透過文學，而其關鍵就在於翻譯工作。從五四運動以來，中西文化交流一直是西書中譯的單向發展。直到九十年代文建會提出「中書外譯」計畫，臺灣作家才逐漸被介紹到西方，如此文學鉅著的翻譯，算是一個開始。

王家煜在巴黎大學任教中國上古思想史，他指出《紅塵》一書中所引用的詩詞以及蘊含中國思想的博大精深，是翻譯過程中最費工夫的部分。爲此，他遍尋參考資料，並與學者、詩人討論，歷時十年終於完成《紅塵》的翻譯工作，本書得以出版，感到無比的欣慰。他笑著說，這可說是「十年寒窗」。

《紅塵》法文譯本分上下兩大冊，已由法國最重要的中法文書局「友豐書店」出版。友豐負責人潘立輝謙沖寡言，三十年多來，因對中法文化交流有重大貢獻而獲得法國授予文化「騎士勳章」的榮譽。他於五年前開始成立出版部，成爲歐洲一家以出版中國圖書法文譯著爲主業的華人出版社。

潘立輝表示，王家煜先生的法文譯筆典雅、優美而流暢，使他收到「紅塵」譯稿時，愛得不忍釋手，他以一星期的時間一口氣看完，經常讀到凌晨四點。他表示出版此書不惜成本，不太可能賺錢，卻感到十分驕傲，因爲本書能讓不懂中文的旅法華人子弟，更瞭解自己文化根源的可貴之處，同時，本書的寫作技巧必對法國文壇有極大影響。

二、不擅作生意

張先生在六十五歲退休之前，完全是公餘寫作，在軍人、公務員生活中，張先生遭遇的挫折不少。軍職方面，張先生只升到中校就不做了，因爲過去稱張先生爲前輩、老長官的人都成爲張先生的上司，張先生怎麼能做？因爲張先生的現職是軍聞社資料室主任（他在南京時即任國防部新創立的「軍事新聞總社」實際編輯主任，因言守元先生是軍校六期老大哥，未學新聞，不在編輯之列）。但張先生以不求官，只求假退役，不擋人官路，這才退了下來。那時養來亨雞風氣盛行，在南京軍聞總社任外勤記者的姚秉凡先生頭腦靈活，他即時養來亨雞，張先生也「東施效顰」，結果將過去稿費積蓄全都賠光。

三、家庭生活與運動養生

張先生大兒子考取中國廣播公司編譯，結婚生子，廿七年後才退休，長孫修明取得美國南加州大學電機碩士學位，之後即在美國任電機工程師。五個子女均各婚嫁，小兒子選良以獎學金取得美國華盛頓大學化學工程博士，媳蔡傳惠爲伊利諾理工學院材料科學碩士，兩孫亦已大學畢業就業，落地生根。

張先生兩老活到九十一、九十二歲還能照顧自己。（近年以一印尼女「外勞」代做家事）張先生一伏案寫作四、五小時都不休息，與臺大外文系畢業的長子選翰兩人都信佛，六十五歲退休後即吃全素。低血壓十多年來都在五十五至五十九之間，高血壓則在一百一十左右，走路「行如風」，年輕人很多都跟不上張先生，比起初來臺灣時毫不遜色，這和張先生運動有關。因爲張先生住大直後山海軍眷舍八年，眷舍右上方有一大片白色天主教公墓，諸事不順，公家宿舍小，又當西曬，張先生靠稿費維持七口之家和五個子女的教育費。三伏天右手墊塡著毛巾，背後電扇長吹，三年下來，得了風濕病，手都舉不起來，花了不少錢都未治好。後來章斗航教授告訴張先生，圓山飯店前五百完人塚廣場上，有一位山西省主席閻錫山的保鑣王延年先生在教太極拳，勸張先生天一亮就趕到那裡學拳，一定可以治好。張先生一向從善如流，第二天清早就向王延年先生報名請教，王先生有教無類，收張先生這個年已四十的學生，王先生先不教拳，只教基本軟身功攀腿，卻受益非淺。

四、耿直的公務員性格

張先生任職時向來是「不在其位，不謀其政」。後來升簡任一級組長，有一位「地下律師」的專員，平時鑽研六法全書，混吃混喝，與西門町混混都有來往，他的前任爲大畫家齊白石女婿，平日公私不分，是非不明，借錢不還，沒有口德，人緣太差，又常約那位「地下律師」專員到家中打牌。那專員平日不簽到，甚至將簽到簿撕毀他都不哼一聲，因爲爲他多報年齡，屆齡退休時想更改年齡，但是得罪人太多，金錢方面更不清楚，所以不准再改年齡，組長由張先生繼任。

張先生第一次主持組務會報時，那位地下律師就在會報中攻擊圖書科長，張先生立即申斥，並宣佈記過。簽報上去處長都不敢得罪那地下律師，又說這是小事，想馬虎過去，張先生以秘書處名譽紀律爲重，非記過不可，讓他去法院告張先生好了。何宜武祕書長是學法的，他看了張先生簽呈同意記過，那位地下律師「專員」不但不敢告，只暗中找一位不明事理的國大「代表」來找張先生的麻煩。因事先有人告訴他，張先生完全不理那位代表，他站在張先生辦公室門口不敢進來，幾分鐘後悄然而退。人不怕鬼，鬼就怕人。諺云：「一正壓三邪」，這是經驗之談。直到張先生退休，那位專員都不敢惹事生非，西門町流氓也沒有找張先生的麻煩，當年的代表十之八九已上「西天」，張先生活到九十二歲還走路「行如風」，一坐到書桌，能連續寫作四、五小時而不倦，不然張先生怎麼能在兩岸出版約三千萬字的作品？

（原載新文豐《紮根台灣六十年》，墨人民國一百年十一月十三日校正）

墨人博士作品全集

文學是千秋藝業
秦皇漢武今何在
李白杜甫仍風流

全集共分四大類
一、散文類 二、小說類
三、文學理論類
四、新詩古典詩詞類

我出生於一個「萬般皆下品，惟有讀書高」的傳統文化家庭，且深受佛家思想影響，因祖母信佛，兩個姑母先後出家，大姑母是帶著賠嫁的錢購買依山傍水風景很好，上名山廬山的必經之地的「天后宮」出家的，小姑母的廟則在鬧中取靜的市區。我是父母求神拜佛後出生的男子，並寄名佛下，乳名聖保，上有二姊下有一妹都夭折了，在那個重男輕女的時代！我自然水漲船高了。我記得四、五歲時一位面目清秀，三十來歲文質彬彬的李瞎子替我算命，母親問李瞎子，我的命根穩不穩？能不能養大成人？李瞎子說我十歲行運，幼年難免多病，可以養大成人，但是會遠走高飛。母親聽了憂喜交集，在那個時代不但妻以夫貴。也以子貴，有兒子在身邊就多了一層保障。母親的心理壓力很大，李瞎子的「遠走高飛」那句話可不是一句好話。

到現在八十多年了，我還記得十分清楚。母親暗自憂心。何況科舉已經廢了，不必「進京趕考」，更不會「當兵吃糧」，安安穩穩作個太平紳士或是教書先生不是很好嗎？我們張家又是大族，人多勢眾，不會受人欺侮，何況二伯父的話比法律更有權威，人人敬仰，去外地「打流」又有什麼好處？因此我剛滿六歲就正式拜孔夫子入學啓蒙，從《三字經》、《百家姓》、《千字文》、《千家詩》、《論語》、《大學》、《中庸》……《孟子》、《詩經》、《左傳》讀完了都要整本背，在十幾位學生中，也只有我一人能背，我背書如唱歌，窗外還有人偷聽，他們實在缺少娛樂。除了我父親下雨天會吹吹笛子、簫，消遣之外，沒有別的娛樂，我自幼歡喜絲竹之音，但是很少聽到。讀書的人也只有我們三房、二房兩兄弟，二伯父在城裡當紳士，偶爾下鄉排難解紛，他是一族之長，更受人尊敬，因爲他大公無私，又有一百八十公分左右的身高，眉眼自有威嚴，能言善道，他的話比法律更有效力，加之民性純樸，真是「夜不閉戶，道不失遺」。只有「夏都」廬山才有這麼好的治安。我十二歲前就讀完了四書、詩經、左傳、千家詩。我最喜歡的是《千家詩》和《詩經》。

關關雎鳩，在河之洲，
窈窕淑女，君子好逑。

我覺得這種詩和講話差不多，可是更有韻味。我就喜歡這個調調。《千家詩》我也喜歡，我背得更熟。開頭那首七言絕句詩就很好懂：

雲淡風清近午天，傍花隨柳過前川。
時人不識余心樂，將謂偷閒學少年。

老師不會作詩，也不講解，只教學生背，我覺得這種詩和講話差不多，但是更有韻味。我也了解大意，我以讀書爲樂，不以爲苦。這時老師方教我四聲平仄，他所知也止於此。

我也喜歡《詩經》，這是中國最古老的詩歌文學，是集中國北方詩歌的大成。可惜三千多首被孔子刪得只剩三百首。孔子的目的是：「詩三百，一言以蔽之，曰思無邪。」孔老夫子將《詩經》當作教條。詩是人的思想情感的自然流露，是最可以表現人性的。先民質樸，孔子既然知道「食色性也」，對先民的集體創作的詩歌就不必要求太嚴，以免喪失許多文學遺產和地域特性。楚辭和詩經不同，就是地域特性和風俗民情的不同。文學藝術不是求其同，而是求其異。這樣才會多彩多姿。文學不應成爲政治工具，但可以移風易俗，亦可淨化人心。我十二歲以前所受的基礎教育，獲益良多，但也出現了一大危機，沒有老師能再教下玄。幸而有一位年近二十歲的姓王的學生在廬山一未立案的國學院求學，他問我想不想去？我自然想去，但廬山夏涼，冬天太冷，父親知道我的心意，並不反對，他對新式的人手是刀尺的教育沒有興趣，我便在飄雪的寒冬同姓王的爬上廬山，我生在平原，這是第一次爬上高山。

在廬山我有幸遇到一位湖南岳陽籍的閣毅字任之的好老師，他只有三十二歲，飽讀詩書，與民國初期的江西大詩人散原老人唱和，他的王字也寫的好。有一天他要六七十位年齡大小不一的學生各寫一首絕句給他看，我寫了一首五絕交上去，廬山松樹不少，我生在平原是看不到松樹的，我是即景生情，信手寫來，想不到閣老師特別將我從大教室調到他的書房去，在他右邊靠牆壁另加一桌一椅，教我讀書寫字，並且將我的名字「熹」改爲「熙」，視我如子。原來是他很欣賞我那首五絕中的「疏松月影亂」這一句。我只有十二歲，不懂人情世故，也不了解他的深意。時任漢口市長張群的侄子張繼文還小我一歲，卻是個天不怕、地不怕的小太保，江西省主席熊式輝的兩個小舅子大我幾歲，閣老師的侄子卻高齡二十八歲。學歷也很懸殊，有上過大學的、高中的，多是對國學有興趣，支持學校的袞袞諸公也都是有心人士，新式學校教育日漸西化，國粹將難傳承，所以創辦了這樣一個尙未立案的國學院，也未大張旗鼓正式掛牌招生，但聞風而至的要人子弟不少，校方也本著「有教無類」的原則施教，閣老師也是義務施教，他與隱居廬山的要人嚴立三先生也有交往。（抗日戰爭一開始嚴立三即出山任湖北省主席，諸閣老師任省政府秘書，此是後話。）同學中權貴子弟亦多，我雖不是當代權貴子弟，但九江先組玉公以提督將軍身分抵抗蒙古騎兵入侵雁門關戰死東昌（雁門關內北京以西縣名，一九九〇年我應邀訪問大陸四十天時去過。）而封河間王；其子輔公。以進士身分出仕，後亦應昭領兵三定交趾而封定興王；其子貞公亦有兵權，因受政客讒害而自嘉定謫居潯陽。大詩人白居易亦曾謫爲江州司馬，我另一筆名即用江州司馬。我是黃帝第五子揮的後裔，他因善造弓箭而賜姓張。遠祖張良是推薦韓信爲劉邦擊敗楚霸王項羽的漢初三傑之首。他有知人之明，深知劉邦可以共患難，不能共安樂，所以悄然引退，作逍遙遊，不像韓信爲劉邦拼命打天下，立下汗馬功勞，雖封三齊王卻死於未央宮呂后之手。這就是不知進退的後果。我很敬佩張良這位遠祖，抗日戰爭初期（一九三八）我爲不作「亡國奴」，即輾轉赴臨時首都武昌以優異成績考取軍校，一位落榜的姓熊的同學帶我們過江去漢口。中共未公開招生的「抗日大學」（當時國共合作抗日，中共在漢口以「抗大」名義吸收人才。）辦事處參觀，接待我們的是一位讀完大學二年級才貌雙全，口才奇佳的女生獨對我說負責保送我免試進「抗大」一期，因未提其他同學，我不去。一年後我又在軍校提前一個月畢業，因我又考取陪都重慶中央政府培養高級軍政幹部的中央訓練團，而特設的新聞「新聞研究班」第一期，與我同期的有爲新詩奉獻心力的覃子豪兄（可惜五十二歲早逝）和中央社東京分社主任兼國際記者協會主席的李嘉兄。他在我訪問東京時曾與我合影留念，並親贈我精裝《日本專欄》三本。他七十歲時過世，這兩張照片我都編入「全集」一百九十多萬字的空前大長篇小說（紅塵）照片類中。而今在台同學只有兩位了。

民國二十八年（一九三九）九月我以軍官、記者雙重身分，奉派到第三戰區最前線的第三十二集團軍上官雲相總部所在地，唐宋八大家之一，又是大政治家王安石，尊稱王荊公的家鄉臨川，（屬撫州市）作軍事記者，時年十九歲，因第一篇戰地特寫《臨川新貌》經第三戰區長官都主辦的行銷甚廣的《前線日報》發表，隨即由淪陷區上海市美國人經營的《大美晚報》轉載，而轉為文學創作，因我已意識到新聞性的作品易成「明日黃花」，文學創作則可大可久，我為了寫大長篇《紅塵》、六十四歲時就請求提前退休，學法出身的秘書長何宜武先生大惑不解，他對我說：

「別人想幹你這個工作我都不給他，你為什麼要退？」我幹了十幾年他只知道我是個奉公守法的張萬熙，不知道我是「作家」墨人，有一次國立師範大學校長劉真先生告訴他張萬熙就是墨人，劉校長看了我在當時的「中國時報」發表的幾篇有關中國文化的理論文章，他希望我繼續寫，劉校長真是有心人。沒想到他在何宜武秘書長面前過獎，使我不能提前退休，要我幹到六十五歲多四個月才退了下來。現在事隔二十多年我才提這件事。鼎盛時期的（台灣新生報）連載四年多的拙作《紅塵》出版前三冊時就同時獲得新聞局著作金鼎獎和嘉新文化基金會「優良著作獎」，劉真校長也是嘉新文化基金會的評審委員之一，他一定也是投贊成票的。「世有伯樂而後有千里馬」。我九十二歲了，現在經濟雖不景氣，但我還是重讀重校了拙作「全集」我一向只問耕耘，不問收穫，我歷任軍、公、教三種性質不同的職務，經過重重考核關卡，寫作七十三年，經過編者的考核更多，我自己從來不辦出版社。我重視分工合作。我頭腦清醒，是非分明，歷史人物中我更敬佩遠祖張良，不是劉邦。張良的進退自如我更歎服。在政治角力場中要保持頭腦清醒，人性尊嚴並非易事。我們張姓歷代名人甚多，我對遠祖張良的進退自如尤為歎服，因此我將民國四十年在台灣出生的幼子依譜序取名選良。他早年留美取得化學工程博士學位，雖有獎學金，但生活仍然艱苦，美國地方大，出入非有汽車不可，這就不是獎學金所能應付的，我不能不額外支持，他取得化學工程博士學位與取得材料科學碩士學位的媳婦蔡傳惠雙雙回台北探親，且各有所成，幼子曾研究生產了飛機太空船用的抗高溫的纖維，媳婦則是一家公司的經理，下屬多是白人，兩孫亦各有專長，在台北出生的長孫是美國南加州大學的電機碩士，在經濟不景氣中亦獲任工程師，我不要第三代走這條文學小徑，是現實客觀環境的教訓，我何必讓第三代跟我一樣忍受生活的煎熬，這會使有文學良心的人精神崩潰的。我因經常運動，又吃全素二十多年，九十二歲還能連寫四、五小時而不倦。我寫作了七十多年，也苦中有樂，但心臟強，又無高血壓，一是得天獨厚，二是生活自我節制，我到現在血壓還是60—110之間，沒有變動，寫作也少戴老花眼鏡，走路仍然「行如風」，十分輕快，我在國民大會主編《憲政思潮》十八年，看到不少在大陸選出來的老代表，走路兩腳在地上蹉跎，這就來日不多了。個人的健康與否看他走路就可以判斷，作家寫作如在八十歲以後還不戴老花眼鏡，沒有高血壓，長命百歲絕無問題。如再能看輕名利，不在意得失，自然是仙翁了。健康長壽對任何人都很重要，對詩人作家更重要。

一九九〇年我七十歲應邀訪問大陸四十天作「文學之旅」時，首站北京，我先看望已九十高齡的老前輩散文作家，大家閨秀型的風範，平易近人，不慍不火的冰心，她也「勞改」過，但仍心平氣和。本來我也想看看老舍，但老舍已投湖而死，他的公子舒乙是中國現代文學館的副館長，他也出面接待我，還送了我一本他編寫的《老舍之死》，隨後又出席了北京詩人作家與我的座談會，參加七十賤辰的慶生宴，彈指之間卻已二十多年了。我訪問大陸四十天，次年即由台北「文史哲出版社」出版照片文字俱備的四二五頁的《大陸文學之旅》。不虛此行。大陸文友看了這本書的無不驚異，他們想不到我七十一高齡還有這樣的快筆，而又公正詳實。他們不知我行前的準備工作花了多少時間，也不知道我一開筆就很快。

我拜會的第二位是跌斷了右臂的詩人艾青，他住協和醫院，我們一見如故，他是浙江金華人，卻體格高大，性情直爽如燕趙之士，完全不像南方金華人。我們一見面他就緊握著我的手不放，侃侃而談，我不知道他編《詩刊》時選過我的新詩。在此之前我交往過的詩人作家不少，沒有像他如此豪放真誠，我告別時他突然放聲大哭，陪我去看他的北京新華社社長族侄張選國先生，陪我四十天作《大陸文學之旅》的廣州電視台深圳站站長高麗華女士，文字攝影記者譚海屏先生等多人，不但我為艾青感傷，陪同我去看艾青的人也心有戚戚焉，所幸他去世後安葬在八寶山中共要人公墓，他是大陸唯一的詩人作家有此殊榮。台灣單身詩人同上校軍文黃仲琮先生，死後屍臭才有人知道，他小我二歲，如我不生前買好八坪墓地，連子女也只好將我兩老草草火化，這是與我共患難一生的老伴死也不甘心的，抗日戰爭時她父親就是我單獨送上江西南城北門外義山土葬的。這是中國人「入土為安」的共識。也許有讀者會問這和文學創作有什麼關係？但文學創作不是單純的文字工作，而是作者整個文化觀、文學觀，人生觀的具體表現，不可分離。詩人作家不能「瞎子摸象」，還要有「舉一反三」的能力。我做人很低調。寫作也不唱高調，但也會作不平之鳴、仗義直言。我不鄉愿，我重視一步一個腳印，「打高空」可以譁眾邀寵於一時，但「旁觀者清」，讀者中藏龍臥虎，那些不輕易表態的多是高人。高人一旦直言不隱，會使洋洋自得者現出原形。作品一旦公諸於世，一切後果都要由作者自己負責，這也是天經地義的事。

我寫作七十多年無功無祿，我因熬夜寫作頭暈住馬偕醫院一個星期也沒有人知道，更不像大陸的當代作家、詩人是有給制，有同教授的待過，而稿費、版稅都歸作者所有。依據民國九十八年一月十日「中國時報」A十四版「二〇〇八年中國作家富豪榜單」二十五名收入人民幣的數字統計，第一高的郭敬明一年是一千三百萬人民幣，第二名鄭淵潔是一千一百萬人民幣，第三名楊紅櫻是九百八十萬人民幣。最少的第二十五名的李西閩也有一百萬人民幣，以人民幣與台幣最近的匯率近一比四・五而言，現在大陸作家一年的收入就如此之多，是我一九九〇年應邀訪問大陸四十天作文學之旅時所未想像到的，而現在的台灣作家與我年紀相近的二十年前即已停筆，原因之一是發表出版兩難，二是年齡太大了。民國九十八年（二〇〇九）以前就有張漱菡（本名欣禾）、尹雪曼、劉枋、王書川、艾雯、嚴友梅六位去世，嚴友梅還小我四、五歲，小我兩歲的小說家楊念慈則行動不便，鬍鬚相當長，可以賣老了。我托天佑，又自我節制，二十多年來吃全素，又未停止運動，也未停筆，最近在台北榮民總醫院驗血檢查，健康正常。我也有我的養生之道，每天吃枸杞子明目，吃南瓜子抑制攝護腺肥大，多走路、少坐車，伏案寫作四、五小時而不疲倦，此非一日之功。

民國九十八（二〇〇九）己丑，是我來台六十周年，這六十年來只搬過兩次家，第一次從左營搬到台北大直海軍眷舍，在那一大片天主教白色公墓之下，我原先不重視風水，也無錢自購住宅，想不到鄰居的子女有得神經病的，有在金門車禍死亡的，大人有坐牢的，有槍斃的，也有得神經病的，我退役養雞也賠光了過去稿費的積蓄，讀台大外文系的大兒子也生病，我則諸事不順，直到搬到大屯山下坐北朝南的兩層樓的獨門獨院自宅後，自然諸事順遂，我退休後更能安心寫作，遠離台北市區，真是「市遠無兼味，地僻客來稀。」同里鄰的多是市井小民，但治安很好，誰也不知道我是爬格子的，連警察先生也不光顧舍下，除了近十年常有人打電話來騙我，幸未上大當外，我安心過自己的生活。當年「移民潮」去不了美國的也會去加拿大，我是「美國人」的祖父，我不移民美國，更別說去加拿大了。娑婆世界無常，早年即移民美國的琦君（本名潘希真）、彭歌，最後還是回到台灣來了，這不能說台灣是「天堂」，以我的體驗而言是台北市氣候宜人，夏天三十四度以上的日子少，冬天十度以下的日子也很少，老年人更不能適應零度以下的氣溫，我只有冬天上大屯山、七星山頂才能見雪。有高血壓、心臟病的老人更不能適應。我不想做美國公民，做台灣平民六十多年，也沒有自卑感。

娑婆世界是一個無常的世界，天有不測風雲，人有旦夕禍福，老子早說過：「福兮禍所倚，禍兮福所伏。」禍福無門，唯人自招。我一生不起歪念，更不損人利己，與人爲善。雖常吃暗虧，只當作上了一課。這個花花世界是我學不完的大教室，萬丈紅塵其中也有黑洞，我心存善念，更不造文字孽，不投機取巧，不違背良知，蒼天自有公斷，我本著文學良心寫作，盡其在我而已，讀者是最好的裁判。

民國一〇〇年（二〇一一）辛卯七月二十九日下午六時二十三分於紅塵寄廬

1951 年墨人 31 歲與夫人曾麗春女士（30 歲）結婚十周年紀念合影於左營

墨人博士七十壽辰與夫人曾麗春女士合影。此照為大翻譯家、文學理論家黃文範先生所攝，並在照片背後題「南山北海惟仁者壽」。

民國二十九年（1940）作者
墨人在江西南城戎裝照。

1939 年墨人即自戰時陪都四川重慶奉派至江西臨川王安石家鄉，第三戰區前線任軍事記者創辦軍報，提供抗日官兵精神食糧。時年 19 歲。

2010 年「五四」作者墨人 91 歲在花蓮和南寺家人合影

2003 年 8 月 26 日作者墨人（中）在含鄱口觀山景點與
作者長女韻華、長子選翰、三女韻湘、二女韻真合影。

2005 年 2 月作者次子選良（右一）回台北與父（右二）及
作者夫人（中）三女韻湘（左二）二女韻真（左一）合影。

作者墨人在書房留影，時年八十五歲。

《墨人博士大長篇小說〈紅塵〉法文譯本封面照片》

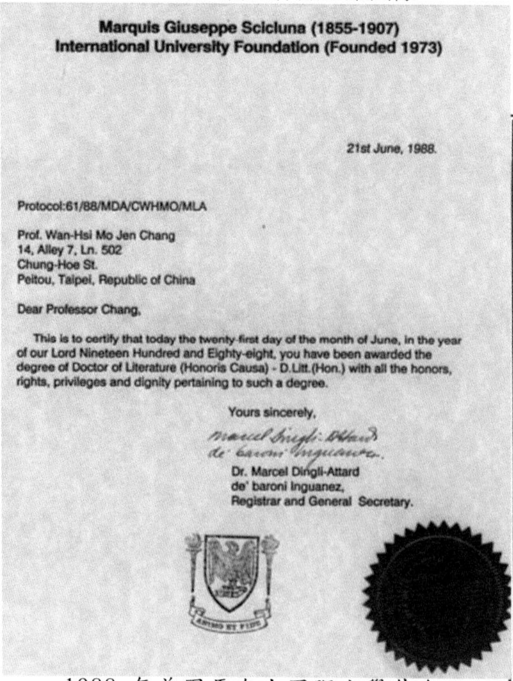

Marquis Giuseppe Scicluna (1855-1907)
International University Foundation (Founded 1973)

21st June, 1988.

Protocol:61/88/MDA/CWHMO/MLA

Prof. Wan-Hsi Mo Jen Chang
14, Alley 7, Ln. 502
Chung-Hoe St.
Peitou, Taipei, Republic of China

Dear Professor Chang,

This is to certify that today the twenty-first day of the month of June, in the year of our Lord Nineteen Hundred and Eighty-eight, you have been awarded the degree of Doctor of Literature (Honoris Causa) - D.Litt.(Hon.) with all the honors, rights, privileges and dignity pertaining to such a degree.

Yours sincerely,

Dr. Marcel Dingli-Attard
de' baroni Inguanez,
Registrar and General Secretary.

1988 年美國馬奎士國際大學基金會，授予張萬熙墨人教授榮譽文學博士學位證書。

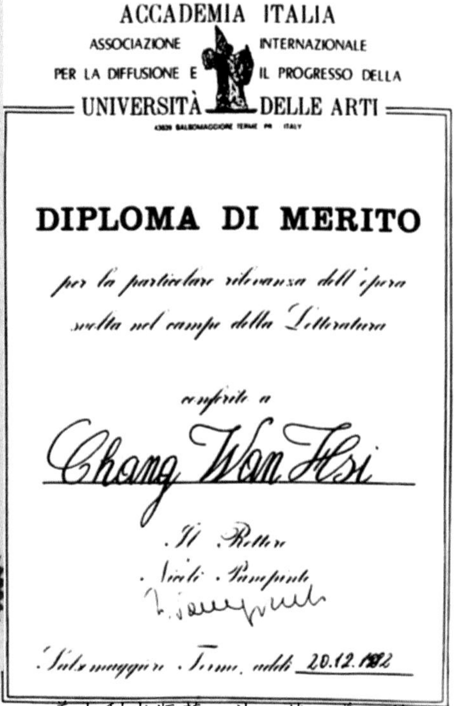

ACCADEMIA ITALIA
ASSOCIAZIONE INTERNAZIONALE
PER LA DIFFUSIONE E IL PROGRESSO DELLA
UNIVERSITÀ DELLE ARTI
43039 SALSOMAGGIORE TERME PR ITALY

DIPLOMA DI MERITO

per la particolare rilevanza dell'opera svolta nel campo della Letteratura

conferito a

Chang Wan Hsi

Il Rettore

Salsomaggiore Terme, addì 20.12.1982

義大利出版英、法、德、義四種文字的「國際文學史」的 ACCADEMIA ITALIA, 1982 年授予墨人的文學功績證書。

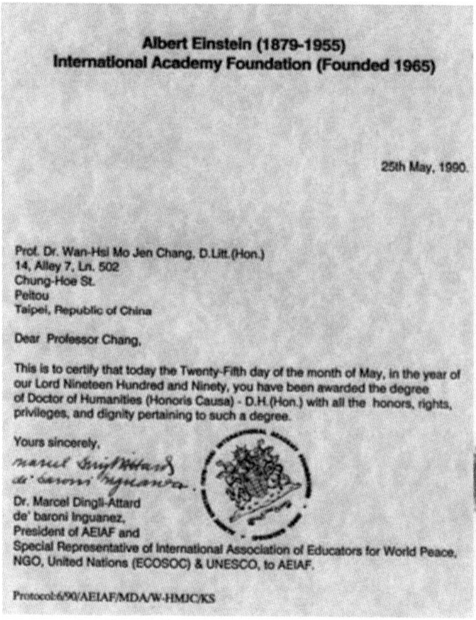

Albert Einstein (1879-1955)
International Academy Foundation (Founded 1965)

25th May, 1990.

Prof. Dr. Wan-Hsi Mo Jen Chang, D.Litt.(Hon.)
14, Alley 7, Ln. 502
Chung-Hoe St.
Peitou
Taipei, Republic of China

Dear Professor Chang,

This is to certify that today the Twenty-Fifth day of the month of May, in the year of our Lord Nineteen Hundred and Ninety, you have been awarded the degree of Doctor of Humanities (Honoris Causa) - D.H.(Hon.) with all the honors, rights, privileges, and dignity pertaining to such a degree.

Yours sincerely,

Dr. Marcel Dingli-Attard
de' baroni Inguanez,
President of AEIAF and
Special Representative of International Association of Educators for World Peace, NGO, United Nations (ECOSOC) & UNESCO, to AEIAF.

Protocol:6/90/AEIAF/MDA/W-HMJC/KS

1990 年美國愛因斯坦國際學院基金會授予張萬熙墨人教授榮譽人文學（含哲學文學藝術語言四種）博士學位

WORLD UNIVERSITY ROUNDTABLE
In Corporate Affiliation with the World University

Greetings

In recognition of Distinguished Achievement within the principles and purposes of the World University development, the Trustees of the Corporation, upon the nomination of the Secretariat, confer doctoral membership and this honorary award upon

Chang Wan-Hsi (Mo Jen)

The Cultural Doctorate in Literature

with all rights and privileges there to pertaining.

Witness our hand and seal at the International Secretariat Regional Campus, Benson, Arizona April 17, 1989

President of the Board of Trustees

Secretary of the Board of Trustees

1989 年美國世界大學授予張萬熙墨人榮譽文學博士學位，文化大學創辦人張其昀（曉峰）先生亦獲此榮譽。

THIS PICTORIAL TESTIMONIAL OF ACHIEVEMENT AND DISTINCTION proclaims throughout the world that

DR. CHANG WAN-HSI (MO JEN)

is the recipient of the above-mentioned Honour granted by the Board of Editors of the

2000 OUTSTANDING SCHOLARS OF THE 20TH CENTURY

meeting in Cambridge, England, on the date set out below,

AND that the Board also resolves that a portrait photograph of

DR. CHANG WAN-HSI (MO JEN)

be attached to this Testimonial as verification of the Honour bestowed.

2000 OUTSTANDING SCHOLARS OF THE 20TH CENTURY

First Edition

Signed and sealed on the 14th December 1999

Authorized Officer

1999 年 10 月張萬熙墨人博士榮登英國劍橋國際傳記中心《二十世二千位傑出學者》第一版證書。

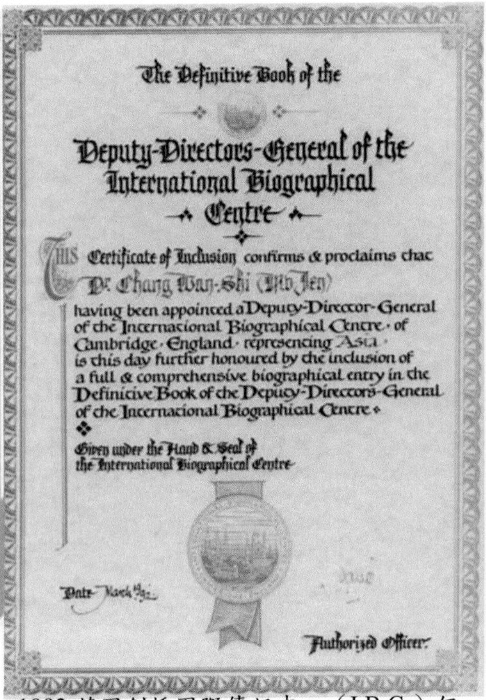

The Definitive Book of the Deputy-Directors-General of the International Biographical Centre

THIS Certificate of Inclusion confirms & proclaims that Dr. Chang Wan-Shi (Mo Jen) having been appointed a Deputy-Director-General of the International Biographical Centre, of Cambridge, England, representing Asia, is this day further honoured by the inclusion of a full & comprehensive biographical entry in the Definitive Book of the Deputy-Directors-General of the International Biographical Centre.

Given under the Hand & Seal of the International Biographical Centre

Date

Authorized Officer

1992 英國劍橋國際傳記中心（I.B.C.）任張萬熙墨人博士為代表亞洲的副總裁。

THE INTERNATIONAL SHAKESPEARE AWARD FOR LITERARY ACHIEVEMENT

This Illuminated Certificate of Merit commemorates and celebrates the life and work of

Dr. Chang Wan-Hsi (Mo Jen) DDG

and is therefore a rightful recipient of the Shakespeare Award for Literary Achievement and as such stands testament to the efforts made by said individual in the arena of

Poetry, Novels and the Humanities

Witnessed on the date set out below by the Officers of the International Biographical Centre at its Headquarters in Cambridge, England and signed by the Director General and Editor-in-Chief.

16th March 2009

Director General　Editor-In-Chief

2009 年 3 月 16 日英國劍橋國傳記中心總裁與總編輯聯合授予張萬熙墨人博士國際莎士比亞文學成就獎。

International Biographical Centre Cambridge CB2 3QP England
Telephone: +44 (0) 1353 646600 Facsimile: +44 (0) 1353 646601

IBC

REF : LAA/MED/MW-13640

13 November 2002

Dr Chang Wan-Hsi (Mo Jen) DDG
14 Alley 7, Lane 502
Chung Ho Street
Peitou
Taipei
Taiwan

Dear Dr Chang

Please find enclosed the Medal in respect of the **Lifetime Achievement Award** which I hope meets with your approval.

Yours sincerely

MICHELLE WHITEHALL
Personal Assistant to the Director General

Enc

英國劍橋國傳記中心（I.B.C.）2002 年頒發詩人作家張萬熙（墨人）博士終身成就獎，英文信及金牌正反面照片墨人早年即被 I.B.C.推選為副總裁。

近代中國叢書

先烈先賢傳記叢刊

詩人革命家

—胡漢民傳—

近代中國出版社印行

胡漢民先生遺像

先生（前排左一）與　國父、黃興、唐紹儀等合影（民國元年三月）

中華革命黨成立時先生（前排右四）與　國父及同志合影（民國三年 1914、東京）

先生與蔣總司令合影

先生與魏道明等攝於德國旅次（民國二十四年 1935）

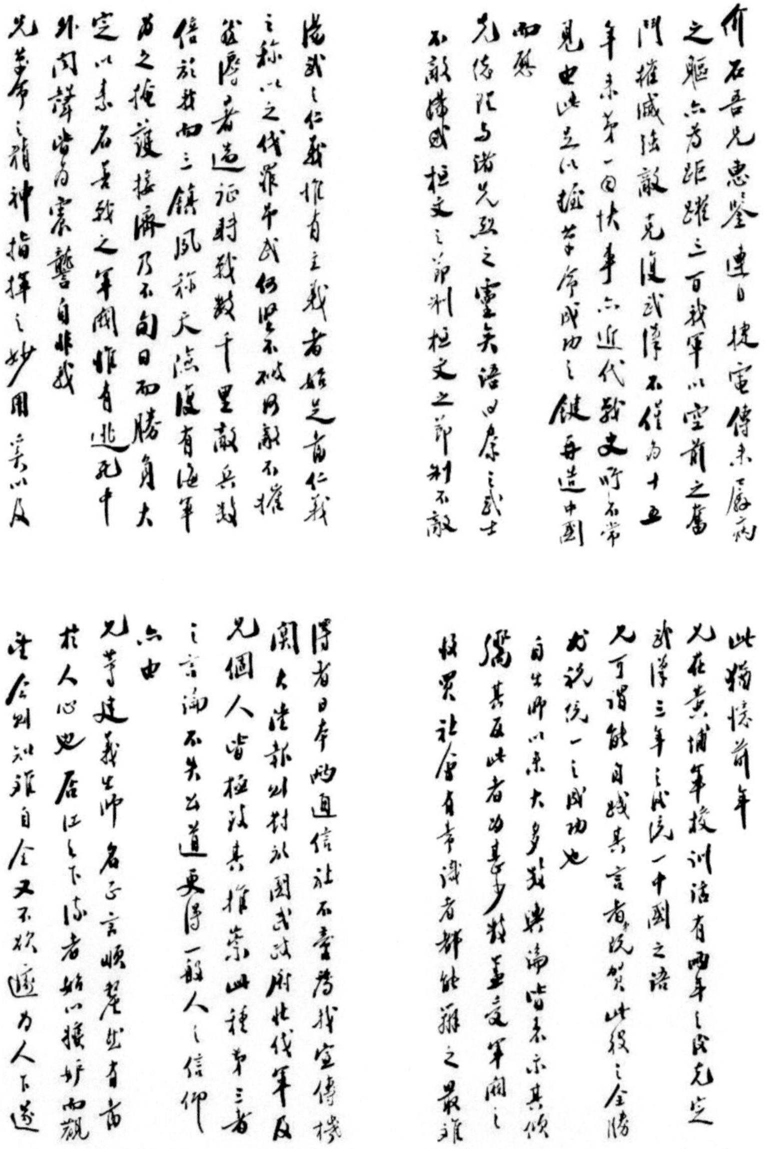

介石吾兄惠鑒 連日捷電傳來 [illegible]病
之軀亦為距躍三百 我軍以空前之奮
鬥摧強敵 克復武漢 不僅為十五
年來第一回快事 亦近代戰史所不常
見也 此足以證革命成功之健 再造中國
而無疑
兄偕總理與諸先烈之靈矣 語曰 秦之銳士
不敵 [illegible] 桓文之節制 桓文之節制不敵
湯武之仁義 非有主義者 孰足當仁義
之稱 以之伐罪弔民 何堅不破 何敵不摧
我[illegible]者 遠征[illegible]戰數千里 敵兵數
倍於我 而三鎮風靡 大江流域 有海軍
為之掩護接濟 乃不旬日而勝負大
定 以[illegible]之軍閥 非有逃死中
外同聲皆為震驚 自非我
兄革命之精神 指揮之妙用 奚以及
此 猶憶前年
兄在黃埔軍校訓話 有兩年之內克定
武漢 三年之內統一中國之語
兄可謂能自踐其言者 所賀此役之全勝
為統一之成功也
自出師以來 大多數輿論皆表示其傾
向 其反此者 為數少 對黨及軍閥之
攻擊 社會有識者 都能辨之 最難
得者 日本兩通信社 不意為我宣傳機
關 大造謠以對於國民政府北伐軍及
兄個人皆極詆其推崇 此種第三者
之言論 不失公道 更得一般人之信仰
也
兄等建義出師 名正言順 [illegible]有嚮
於人心也 居江之下游者 始以猜忌而觀
望 今則知非自全又不欲遽為人下 遂

先生賀蔣總司令北伐克復武漢函（民國十五年 1926 九月十日）（一）

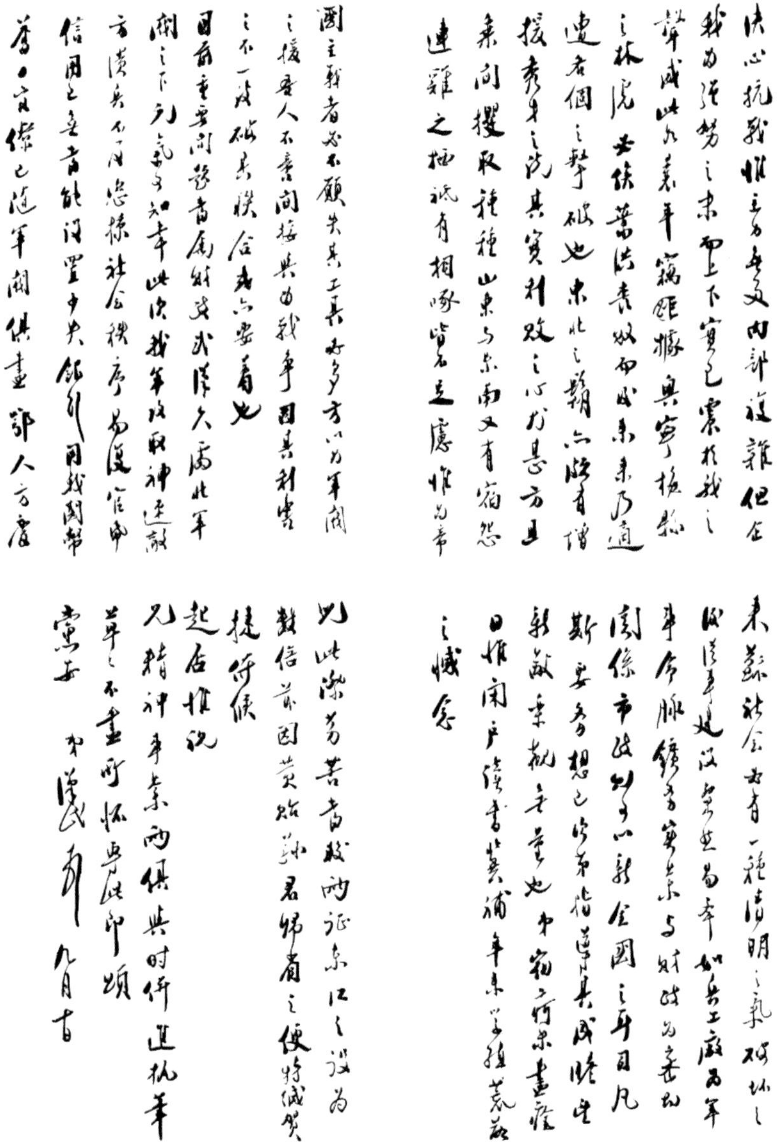

先生賀蔣總司令北伐克復武漢函（民國十五年 1926 九月十日）（二）

先生為廣州中山紀念堂落成題字

先烈先賢傳記叢刊序言

先總統　蔣公有言：「我國歷代志士仁人，每當貞元剝復、存亡絕續之交，毅然以天下國家爲己任，發揚民族精神，恢宏固有道德，從而宏道作人，轉移社會風氣者，史不絕書。」誠然，賢者之所以能撥亂世反之正，就是因爲他們願意竭其良知、毅力來改造社會，轉移風氣，而絕不爲社會風氣所轉移，且良知、毅力愈加激揚奮發，則其所影響、所成就者亦必愈益磅礴偉大。

民國前十八年，　國父孫中山先生在檀香山創立興中會，首先發表宣言，即以「振興中華、挽救危局」爲宗旨，在八十餘年的革命進程中，我們已經先後完成了推翻滿清、建立民國、打倒軍閥、統一全國，並獲得對日抗戰勝利、光復臺灣澎湖失土、廢除不平等條約、實行民主憲政，一次接着一次的革命任務。以上這些光輝歷史，原就是由於先烈們以其赤心、鮮血、熱淚鎔鑄而成的豐碑。但在先烈們的同時，也還有不少魁偉賢智之士，他們居則砥礪風節，出則動關大計，「見利不虧其義，見死不更其守」，亦就塑造了立懦廉頑的典型，從而提供了對時代的偉大貢獻。我們面對這些先烈先賢，都應該有着孟子所說的「人皆可以爲堯舜」，「我由未免爲鄉人」的惕厲！大家不妨先找出幾位和自己性向相近的楷模人物，來鎔裁自己，砥礪自己，也鞭策自己。

「近代中國社」基於此一認識和要求，特邀請當代名家以眞摯而生動的歷史小說筆法，分就有關先烈先賢的身世、生活和思想、學術、操持、云爲，以及其對國家民族的貢獻，加以明確而平正的敍述，集爲一部「先烈先賢傳記叢刊」，我們十分希望她是兼具學術、文藝與教育意義的讀物。

「哲人日已遠，典型在夙昔，風簷展書讀，古道照顏色。」我們謹以和此一樣的心情，虔誠的希望忠肝、熱血的革命青年，從這一部叢刊裏，獲得您所希望獲得的啓示和鼓舞。

中華民國六十六年十月二十五日秦孝儀謹序

前記

墨人

中華民國六十七年十月二十六日（西曆十二月九日）是開國元勳胡漢民先生百歲冥誕，秦心波先生約我以小說體裁寫胡先生傳記，隆情盛意，不便推却。胡先生一生追隨　國父奔走革命，豐功偉烈，載之史乘，他的人格、學問、事業，正如公祭時靈前的輓聯所說「一代楷模黨尊李杜，千秋勳業人仰伊周。」像他這樣一位有個性、有學問、有節操、有抱負，只見其大不見其小的開國元勳，我真擔心我這枝禿筆不能表現他於萬一。當時我真想婉辭，但又不便啓齒。秦先生要我和胡先生女公子國大代表胡木蘭女士洽商請教，承胡代表提供了十之六七的資料，幫助我解決了許多困難。但是規定的字數只有十萬字，而且要「行文簡潔、力求無廢字、蕪詞或不必要的敘述。」胡先生的著作及史料多達兩三百萬字，卽以他的「自傳」和姚漁湘先生的「胡漢民先生傳節錄」而言，就在十萬字左右，「胡漢民先生年譜稿」更多達十七八萬字；此外還有許多相關資料（見書後參考書目錄），必需參證取用。這些資料都是平鋪直敘事跡，沒有廻旋餘地。而小說和傳記的寫法不同，小說可以虛構，可以無中生有，愈是寫得天花亂墜，愈能吸引讀者。但傳記小說沒有純小說那麼多的創作自由，尤其是開國元勳胡先生的傳記，必須事事有根有據，一點不能「亂蓋」，並經有關方面和胡代表木蘭認定，才能着筆。我受了字數和史實編年等種種限制，又在「螺螄殼裡做道場」，我所能發揮的實在太有限了。

我寫小說向不願多作敘述，而重心理、行為描寫和對白，但這本「詩人革命家胡漢民」，却不得不多敘述事實，與我過去的創作大異其趣。所以嚴格說來，這不是我個人的自由創作，我只是將有關胡先生的兩三百萬字的史料，綜合整理，按編年次序，以小說形式出之，加以渲染而已。

胡先生去世時五十八歲，我受託寫胡先生的傳記小說時也是五十八歲，何其巧合？莫非數耶？

我仰望胡先生已久，如果能由我個人創作，寫一百萬字的小說當非難事，而必倍優於此也。

中華民國六十七年戊午仲春於臺北

詩人革命家

——胡漢民傳

一

前清光緒五年（己卯、公元一八七九）十月二十六日（西曆十二月九日），廣東番禺胡家，生了第四個孩子，是個男孩。他父親胡文照，是個讀書人，原籍江西廬陵縣延福鄉青山村。累世務農，到他祖父燮三公時始宦遊廣東，因此落籍。胡文照是個很好的幕僚人才，自己雖沒有當過知府知縣，却為不少知府知縣捉刀，這種工作歷代稱為刑名，是很重要的工作，是府縣首長的智囊、靈魂。胡文照生性廉介，是非分明，雖依人作嫁，但合則留，不合則去，決不委屈求全，卑躬屈膝。他有一個賢慧的夫人文氏，是江西萍鄉望族，文壯烈公第六位千金，能詩能文，並且擅長音樂圍棋。胡文照雖窮，她不但毫無怨言，更能敦品勵行，夫唱婦隨。他們兩人對於這第四個孩子都很喜歡。胡文照先替他取名衍鸛，字展堂，後又改名衍鴻。

由於衍鴻長得十分清秀，聰明非凡，文氏特別喜愛。自幼卽教他認字讀書，他過目不忘。「千字文」、「三字經」能朗朗上口，故事聽過一遍，過了幾天，他還能覆述得一句不差。他五歲時，有一天文氏觸景生情，隨口教了他一首王安石七律「茅簷」，她一唸完，他就接着背了出來。

「茅簷常掃淨無苔，花木成蹊手自栽；

一水護田將綠遶，兩山排闥送青來。」

文氏聽了喜出望外，擁着他慈祥地輕輕地問：

「鴻兒，你懂不懂這首詩的意思？」

他馬上反問她：

「媽，這是不是妳寫的？」

文氏在他臉上親了一下，謙虛地一笑：

「媽那有這麽大的學問。」

「媽，我們住的是茅屋，妳不是天天拿着掃帚把門口打掃得乾乾淨淨嗎？怎麽說不是你寫的呢？」

「媽不過是一時觸景生情，隨口唸了出來。」文氏回答：「這首詩是我們江西一位大政治家王安石寫的。」

「媽，什麼是大政治家？」

「照一般人的說法大政治家就是作大官的人，其實不然，作大官的人未必是大政治家，只有像王安石這樣有理想有抱負的宰相才配稱為大政治家。」

「媽，大政治家是不是要讀書？」他昂起頭來望着文氏的臉說。

「當然。」文氏十分肯定地點點頭：「不讀書怎麼能成為大政治家？歷代朝廷那有不讀書的宰相？粗人怎麼能成為大政治家？連皇帝也非讀書不可。」

「讀書要不要錢？」

「當然要錢。」

「我們家裡窮，連一塊田都沒有，怎麼讀書？」

「鴻兒，只要你肯讀書，」文氏拍拍他說：「我們再窮也不能荒廢你的學業，何況媽和爸都能教你。」

「媽，剛才妳教我唸的是什麼？」

「這是一首七言律詩。」文氏向他慢慢解釋：「作詩可不容易，既要學問，又要才情。光有學問，没有才情，不能作詩；光有才情，没有學問，也不能成為詩人。只有像王安石這種有學問又有才情的人，進而可以治國平天下，退而也不失為一個詩人。」

「媽，我不懂妳的話。」他搖晃着小腦袋。

「只要你能記住就行，將來自然會懂的。」文氏向兒子微微一笑：「三字經，千字文，你又何嘗能懂？」

「媽，可是妳剛才唸的這首詩第一句我就懂。」他得意地說。

「這不過是應了景兒你才能懂。」文氏也高興地在他臉上輕吻一下：「第二句你未必就懂？」

「媽，我們門口這些花木不是妳親手栽的嗎？」

「不錯，這一句也算你懂了！」文氏又高興地在他臉上吻了一下。「第三句第四句就不能勉强你了。」

「媽，我會記住這首詩。」

「我相信你能記住。」文氏用手摸摸他的頭，她對兒子超人的記憶力很有信心。「這是王荊公在金陵閒住時作的一首好詩。大丈夫要提得起，放得下。王荊公雖然當過宰相，可是賦閒時仍然能恬淡自適，這就不失讀書人的本色，粗人是不容易辦到的。你記不記得我這番話？」

「媽，我記得。」他點點小腦袋。

文氏又摸摸他的頭，她對於這個兒子眞是滿心歡喜。

這天晚上胡文照回來，文氏把這些情形一五一十告訴了丈夫。

胡文照因為忙於公務，對於家務事向來難免疏忽，對這位老四的情形也不十分清楚。現在聽了文氏的話，心裡也十分高興，但是還有點將信將疑，不免問了一句：

「這孩子眞有這麼好的記性和悟性嗎？」

「我還會騙你？」

「但願眞的如此，」胡文照安慰地一笑，隨後又叮囑文氏：「妳可千萬不能寵壞了他！」

「你放心，我不會溺愛。」文氏回答：「我只擔心一件事。」

「什麼事？」胡文照關心地問。

「鴻兒的性格有點像你。」

「像我有什麽不好?」胡文照反問她。

「當然沒有什麽不好，」文氏開朗地一笑：「我只怕將來他會吃虧。」

「吃虧就吃虧，有什麽了不起。」

「話不是這麽說，性子太直，太方，容易遭人暗算。」

「我平生最討厭鄉愿和蠅營狗苟的小人。如果鴻兒眞的像我，我倒喜歡。」

「得了，得了，你千萬可別鼓勵他踩着你的脚印子走路。」

「我情願他做一個擇善固執的君子，不要他做一個朝秦暮楚的小人。」

「你就是一天到晚君子小人，你分得這麽清楚，以後誰敢請你當刑名。」

「士為知己者死，貨賣識家，向來只有我拂袖而去，還沒有別人攆我走路的。」胡文照自負地說。

「當然你有你的長處，東家也少不了你這種有幾根硬骨頭肯撑到底的幕賓，不過我希望鴻兒有你的長處，沒有你的短處。」

「妳現在講這些話還早得很，」胡文照想想不禁好笑：「鴻兒才滿五歲，性格未定，是龍是蛇？難說得很。」

「人家說知子莫若父，我要說知子莫若母。」文氏肯定她的看法：「你不要以為鴻兒年紀小，他可一點也不含糊，是非分得很清楚，我偶然說錯一句話，他也會糾正我。」

「怎麼？這孩子眞會這樣？」胡文照摸摸八字鬍髭一笑。

「可不是？」文氏也情不自禁地一笑：「他的小嘴可會講得很，說起話來頭頭是道。」

「謝天謝地！總算我胡文照忠良有後。如果鴻兒是個鄉愿小人，那眞會把我氣死！」

「這點我倒不擔心，」文氏輕輕吁了一口氣：「我擔心的是他心腸太直，骨頭太硬，是吾家文文山一流人物。」

「這點我倒沒有想到！」胡文照肅然起立：「鴻兒雖然生在番禺，我們的原籍可是江西廬陵，文天祥的故事我自小耳熟能詳，鴻兒也許沾了一點廬陵的山川之氣。」

「天地造化難說得很，」文氏感慨地說：「不過人為萬物之靈，位列三才，對於鴻兒的教養，我們可要特別小心。」

胡文照一向尊重夫人的意見，今天聽了她這一番話，眞是一則以喜，一則以懼，不禁連連點頭。

二

胡衍鴻六歲時，隨父母至高州任所，第一天就碰見不平的事。

原來他父親雇了幾個挑夫，其中有一個瘦瘦高高、臉色鐵青、鷹鈎鼻的挑夫頭子，他父親把工資全部交給他，他卻不分給別的挑夫。中途休息時他一個人鑽進大煙館裏吞雲吐霧，別的挑夫嘀嘀咕咕，甚至咒罵那個傢伙。可是當那個傢伙抽足了大煙出來，精神抖擻，那幾個挑夫又噤若寒蟬，不敢吭氣。一連兩三天都是如此。他心裏一方面同情那幾個出力拿不到錢的挑夫，一方面討厭那個黑良心的傢伙，禁不住對文氏說：

「媽，那個鴉片鬼好黑良心，幾個人的工錢他一個人獨吞，天下那有這種道理！」

「說話要小心！」文氏經常跟着丈夫來往州府，閱歷豐富，連忙警告兒子：「江湖是非多，九流三教的人物都有，你乳臭未乾，少管閒事！」

他知道自己年紀太小，沒有力氣，不能打抱不平，但心裏始終不服。

到了高州，和父母同住府衙。七歲時開始上學。

一天他從審訊處經過，突然聽見衙役扑打犯人，痛得犯人像殺猪一般嚎叫，他心裏實在不忍，連忙掩耳急走。回家後對文氏說：

「媽，我剛才聽見衙役打犯人，犯人痛得像猪叫，聽了，很不忍心。」

「以後不要從那邊經過就是了。」文氏回答。

「審案子何必一定要打？難道沒有別的辦法？」

「歷來就是如此，犯人不招，不打又有什麼辦法？」

「不管張三李四，一頓板子，受不了的人沒有罪也得招，這樣難道不寃枉好人？」

「除非是包青天，自然難免。」

「要是寃枉好人，就不是好官。」

「所以我時常叮囑你父親，辦案子時要特別小心，尤其是人命案子。」

「爸爸有沒有寃枉過好人？」胡衍鴻關切地問。他想起那殺猪般的尖叫聲就肉跳心驚。

「這我就不大清楚」，文氏搖搖頭，隨後又正色地說：「不過有一點可以確定，他決不受賄。」

「媽，爸受不受賄，妳又怎麼知道？」胡衍鴻兩眼盯着母親，烱烱有神。

「他和博羅王知縣鬧翻，就是為了受賄的事。」

「媽，到底是誰受賄？」胡衍鴻聽不懂，不知道是王知縣受賄，還是他父親受賄？

「這件事說來話長」，文氏喝了一口茶慢慢解釋：「博羅有個姓梁的大地主，强佔民婦，被苦主告了一狀，落在你父親手裏，你父親調查確實，過第一堂就請知縣將姓梁的收押，姓梁的没有想到會有這麼迅雷不及掩耳的一招，要家人托了一位士紳向王知縣行賄，聽說是一千兩銀子。王知縣一方面礙於那位士紳的情面，一方面也愛上那許多白花花的銀子，因此，許你父親三百兩銀子，要你父親做點手脚，在第二審時翻案。你父親無論如何不肯，兩人鬧得很僵，第二天他就捲舖蓋走路。臨行時王知縣還送他一百兩銀子作程儀，其實是想把這一百兩銀子塞住你父親的口。你父親把錢退還他，委婉地說：

「大人，謝謝您的厚愛。我胡文照幹刑名已非一日，我一定守口如瓶，請你千萬放心。」

「王知縣很不好意思，特別要他的轎夫送了你父親一程。」

胡衍鴻聽了很高興，不禁手舞足蹈地說：

「我將來替國家做事時，也要和父親一樣。」

「但願如此。」文氏安慰地一笑，輕輕地拍拍他的頭。

三

胡衍鴻天資很高，眞的一目十行，記性又好，一天能讀幾千字，一年就把四書、詩經唸完，而且背得滾瓜爛熟。十一二歲時，十三經全部唸完，還讀了文選、史記和古文辭類纂之類的書，因此下筆作古文時能洋洋洒洒一兩千言。和他一道啓蒙的同學，有的連四書也沒有唸完，更別說作古文了。胡衍鴻由於聰明好學，極得父母鍾愛；加之他個性純篤，和兄弟姊妹感情也好，家中雖窮，生活卻十分美滿，這時他的生活完全以家庭為中心。他的學業進步神速，除了古文寫得很好之外，還能寫詩。十三歲時他就寫了一首「種竹」詩：

種竹北窗前　瀟瀟清香發
本以招涼風　反教蔽明月

這時太平天國已經失敗，滿清中興仍以八股科擧取士，有幾位年紀大的同學，想去應試，又沒有把握，便慫恿胡衍鴻一道參加，以便作弊。胡衍鴻對科擧沒有興趣，他不想將來作滿清的官。他從小聽過太平天國的故事，他知道那是一次反抗滿清的民族革命戰爭，可惜太平天國那班人打着耶穌教的旗號反對滿清，結果被曾國藩打着中國文化的旗號擊敗了。如果太平天國那班人不洋迷信，打着堂堂正正的漢人旗號，提倡中國文化，維護中國傳統精神，那曾國藩就師出無名，如果他們有政治頭腦，再同曾國藩結合，那滿清早就垮了，還有什麼中興科舉呢？

老師是個舉人，他知道有些學生想考秀才，便對大家說：

「你們當中能考取秀才的，不過三兩個人，其中胡衍鴻卻如探囊取物。可是他人小心大，似乎志不在此。」

胡衍鴻無意科舉，他父親也不逼他，認為他年紀太小，應該多唸點書，有了功名，怕他自滿，反而難成大器。

想不到就在十三歲這年（一八九一）秋天，他父親生了一場病，請了一位庸醫來看，他哥哥清瑞對父親說：

「黃郎中醫道不好，不要吃他的藥，最好另外請一位好郎中把脈處方。」

胡文照沒有聽兒子的話，反而責備胡清瑞：

「你小孩子懂什麼？不要隨便胡說八道，得罪了醫生。」

胡文照家教很嚴，胡清瑞便不敢再講。

胡衍鴻本來也想請父親換個醫生，看哥哥碰了釘子，也就不敢再講。想不到胡文照果然被庸醫治死了。

胡衍鴻平時非常孝順，父親生病他寢食不安，父親一死，他既悲且憤，也痛恨黃郎中誤事，突然失去理智，跑到廚房取了一把菜刀，想殺庸醫，幸好被他叔父奪下，但黃郎中已嚇得抱頭鼠竄，從此不敢見他。

父親死後家境更加困難，無力從師，只好在家自修。眞是屋漏偏遭連夜雨，破船又遇打頭風，十五歲那年（一八九三），母親又病死了。

母親的死對胡衍鴻的打擊更大，因為父親並不天天在家，和他相處的時間沒有母親多。母親不但和他朝夕相處，而且教他作詩下棋，溫柔體貼，是一位才德兼備的難得的慈母，母親一死，他眞傷心欲絕。

由於太窮，母親死後拖了兩個多月才出殯。這時眞的羅掘俱窮，三餐不繼了。十六歲那年（一八九四），他迫不得已，便和長兄清瑞各自課徒餬口，贍養弟妹。學生有十七八歲的，他眞是一位小先生。

胡衍鴻一面課徒，一面自修，同時應考書院，以獎助金贍養弟妹。後來考進菊坡書院，學海堂，攻讀詞章性理方面的學術。

一八九四年，也就是甲午年，滿清政府的北洋艦隊在黃海被日本海軍擊敗，潰不成軍，使全中國丟臉。一八九五年三月，清廷又和日本訂立喪權辱國的馬關條約，全國輿論譁然，學術界情緒更加激昂，胡衍鴻更是激憤；而他的一個哥哥，一個姊姊，兩個弟弟，又因營養不足，醫療不當，相繼夭折。他自己日以繼夜苦讀，又傷心過度，也體弱多病。幸好他已能作詩，便借詩澆愁，所以還不致於厭世自殺。

他愛讀顧亭林、王船山等人的著作，民族主義思想早已深植內心，覺得滿人宰割中國太無道理。而學術界更紛紛攘攘，大談國是。尤其是戊戌政變人物康有為，起初放言「保中國不保大清」，後來就專講「保皇」，而且在海內外遍結保皇黨。康有為在廣州聚徒講學二十多年，聲勢很大，但胡衍鴻最瞧不起他的為人和學說，因為康有為行不顧言；治學又主觀武斷，大言欺人。康有為的學生常和他談「尊王攘夷」的道理，他總是反唇相譏：

「這個王是誰？是王八還是文王？」

康有為的學生往往被弄得灰頭灰臉，悻悻而去。

這時耶穌教隨西方列強砲艦而流行中國，尤其是沿海省份更加普遍。而滿清政府害怕耶穌教背後的帝國主義，不敢過問，因此耶穌教出版的書籍也由教徒到處傳播。孫逸仙博士在廣州秘密進行革命工作，以圖推翻滿清，宣傳書籍也藉教徒秘密傳播。胡衍鴻看了孫先生的主義主張，大為佩服，心儀其人，但無機會認識，深以為憾。這年九月初九（西曆十月十六日），孫先生首次在廣州起義，不幸失敗。很多不明事理的人把孫先生的起義說成「造反」，康有為的門徒是清室的忠臣，對孫先生更是流言蜚語，胡衍鴻憤憤不平地對他們說：

「滿清政府已經到了萬惡的地步，推翻滿清政府正是撥亂反正，怎麼能說是造反?」

他還為這件事寫了一首七律紀事詩：

何人被髮祭伊川　胡運偏能過百年
日月無光空莫照　太平有道澤誰延
早知康樂非山賊　漫信孫登是水仙
縣令破門前日事　酣歌恒舞卻依然

十九歲時胡衍鴻仍然在教私塾，但生活慢慢寬裕起來，和社會的接觸也多了，他認識了革命份子史古愚、堅如兄弟，以及其他的革命黨人王毓初、左斗山等。他自己的革命思想也一天天濃厚起來。

這年元旦，他親自寫了一副對聯貼在大門口：

文明新世界

獨立大精神

路人看了這副春聯都悄悄私語：

「這家一定有個革命黨！」

四

胡衍鴻二十歲時任廣州嶺海日報記者。二十二歲時，他考取洋學堂廣雅書院，列名寄宿於列宇齋，但他自己沒有入學，而由堂弟胡毅生代他上課。

九月初六（西曆十月二十八日），史堅如炸廣東巡撫署兩廣總督德壽，以響應孫先生的惠州起義，但是沒有成功，史堅如反而壯烈成仁了。胡衍鴻和史堅如已成朋友，又深愛史堅如的為人，因此他十分難過，也替革命失敗惋惜。

史堅如起義失敗後，革命黨人都遠走外國，以免被捕。他自己深居獨處，覺得十分孤寂。他想除非出國留學，不能結識更多的革命黨人，自己的學業也不能進步。但留學又談何容易？他沒有這種經濟能力。

這時中國受帝國主義壓迫日甚一日，列强以通商、傳教為兩大侵略工具，通商打破了中國的自然經濟，使內地失業者一天天多起來；傳教士又挾着公使主教的勢力，欺中國人民無知，口蜜腹劍，作帝國主義爪牙，巧取豪奪。繼日本割取臺灣之後，德國割據膠州；而威海衛、旅順、大連、九龍、廣州灣，紛紛喪失。列强更進而劃分勢力範圍，山東是德國的勢力範圍，揚子江各省是英國的勢力範圍，兩廣雲南是法國的勢力範圍，福建是日本的勢力範圍。中國人民眼見自己國家被列强瓜分，自然十分悲憤，因此釀成義和團事件。

清廷考試制度本來是以八股取士，但曾一度改八股為策論。胡衍鴻既不想作滿清政府的官，自然不曾參加考試。可是他想出國留學，代人捉刀，賺取留學費用。這時他正當「嶺海日報」記者，雖然文筆犀利，議論縱橫，但是別人認為他的文章不適於科場，所以沒有人請他。他為了抬高身價，表示自己眞有實力，便乘庚子恢復八股取士時，親自參加考試。他自己雖然最討厭八股，但由於學養有素，所以一試卽中。知道他不想作滿清政府的官吏的人，看他中擧之後便譏諷他說：

「你不是說過你決不作滿清政府的官嗎？怎麼又偷偷的去參加考試呢？」

「我老實告訴你們，我是沒有錢留學，所以才出此下策。」胡衍鴻回答。

「你中了舉之後，就有錢留學嗎？」

「這可不同」，胡衍鴻胸有成竹地回答：「以前我想替人家捉刀，別人說我的文章不合科舉的要求，考不取。現在我考取了舉人，證明我有這份能耐，以後自然有人請我了。」

果然，他考取舉人之後，他的文名就像長了翅膀到處飛，一傳十，十傳百，大家議論紛紛。

「以前我以為姓胡的那小子是吹牛的，想不到他眞有一手。」有人說。

「說不定是瞎猫碰死老鼠，算他狗屎運氣。」仍然有人不服。此人是康有為的學生，曾經碰過他的釘子。

「他在『嶺海日報』上發表的那些文章，的確很有才氣，是別人寫不出來的。」

「那都是離經叛道的邪說，譁衆取寵，那有什麼眞學問。」康有為的學生又鄙薄他。

俗話說，事實勝於雄辯，不管人家怎麼說，胡衍鴻考取舉人總是事實。這是誰也否定不了的。因此，第二年就有人來請他捉刀。他開價是六千五百兩銀子，因為他盤算到日本留學兩三年需要這麼多費用。有的人被他嚇倒，知難而退；有的人和他討價還價，說一個舉人值不得這麼多銀子。最後有一個姓梁的財主來找他，他以為又不會成功，他不想和他搭訕。那姓梁的死皮賴臉不肯走，寅時一句，卯時一句地逗著他說：

「胡先生，你不是想到日本去留學嗎？怎麼送上門來的財神爺你都不接？」

「梁先生，我不是生意人，我懶得和你們討價還價。」胡衍鴻率直地回答。

「胡先生，恕我說句直話，六千五百兩銀子堆起來可有幾人高，不是少數。依我看，番禺縣還沒有幾家拿得出六千五百兩銀子的，廣州府也不多啦！」

「俗話說貨賣識家，既然出不起這筆銀子，那就免談。」胡衍鴻不耐煩地說。

「胡先生，我看你的性子眞的又急又直，俗話說生意不成仁義在，不是我有心殺你的價，只要你肯讓五百兩，我們這筆生意就算成交。」梁財主說。

「梁先生，你有的是錢，就只需要買個功名來撐撐門面，對你來說，六千五百兩不算多；我呢，不在乎這種功名，可是我沒有錢，出不了國，六千五百兩對我來說不能再少，出也在你，不出也在你，我的話就到此為止。」

梁財主看看胡衍鴻要送客，連忙陪上笑臉說：

「胡先生，你眞是一言堂！好，錢就依你的，要是考不取那又怎麼辦？」

「分文不取！」胡衍鴻斬釘截鐵地回答。

面團團的梁財主望着他笑了一笑說：

「年輕人，話不要說得太滿，你也是十載寒窗，要是眞考不取，我也給你二十兩銀子，聊表微意。」

「多謝！多謝！」胡衍鴻笑着回答：「那種小錢我還看不上眼，我要的是六千五百銀子。」

「好！」梁財主拍拍胡衍鴻的肩：「我們一言為定。」

「好，一言為定。」胡衍鴻握握他的手，又問：「是代你考還是代別人考？」

「嘿！」梁財主不禁失笑：「我鬍鬚都白了，還趕什麼考。是為我那個不爭氣的犬子代考，胡先生，請你千萬守口如瓶。」

胡衍鴻點點頭，要他說出那個兒子的名字，他給了胡衍鴻一百兩銀子作了定洋。

次年秋試放榜，梁家那個兒子果然中了擧人，胡衍鴻也得了六千五百兩銀子。眞是各取所需，外人一點也不知道。

五

一九〇二年春天，胡衍鴻和他的好友陳融（協之）的妹妹陳淑子結婚。這年他二十四歲，陳淑子女士十九歲。他因為急於去日本留學，在太太小產不到十天，便於五月間和吳敬恒、鈕惕生、董楙堂、陸偉士等，東渡日本，他和吳敬恒、鈕惕生兩人便在這時訂交。他很喜歡吳敬恒的議論。

這時馮自由在早稻田大學讀書，也是旅日廣東學生同鄉會會長，聽說胡衍鴻他們來日，便到橫濱碼頭迎接。胡衍鴻他們穿的是長袍大褂，腦後還拖着一條辮子，看見馮自由穿日本和服，心中暗自詫異，但不便講。

馮自由把他們帶到東京高野屋旅館。他和胡衍鴻雖是初次見面，但彼此心儀已久，談論時事十分投機。胡衍鴻對馮自由說：

「我讀了很多冊新民叢報，不知道梁任公的宗旨何在？後來讀了他的新小說『新中國未來記』，其中有假托激烈派李去病問答一則，才知道梁任公的宗旨還是民族主義，和他的老師康有為不同。」

「梁任公雖然假托小說中人物李去病發表他的激烈議論，但也借李去病的嘴口口聲聲歌頌光緒聖明。他這是兩面手法，表面贊成革命，骨子裡還是保皇派，我們不要被他的障眼法欺騙過去。」馮自由說。

「原來如此！」胡衍鴻恍然大悟：「以後不能不特別留意他的言論。」

胡衍鴻到東京後，最關心的自然還是讀什麼學校的問題。他和吳敬恒他們商量，吳敬恒主張他進弘文學院師範科，他欣然同意。

這時黃興、楊度也在弘文學院師範科就讀，胡衍鴻便和他們同學。

胡衍鴻在日三個多月，因為學校課程不理想，和日本在野黨領袖數人交談，也無所得，而同學們又多是思想平庸，簡直沒有人可以談話。楊度用功讀書，黃興沒有什麼表現，吳稚暉在留學生總會歡迎會上講演，也只能痛罵西太后而已。後來吳稚暉因為保送私費陸軍學生事大鬧駐日公使館，公使蔡鈞召日警自衛，日警逮捕吳稚暉遞解出境，吳稚暉投河自殺，幸而被人救起。胡衍鴻便率領同學反對滿清公使蔡鈞和日本當局。胡衍鴻是廣東同學的領袖，事前開會決定，以退學表示決心。日本教育當局表面接受條件，以不驅逐吳稚暉作為緩衝，暗中卻威脅利誘那些聲言退學的同學，大家怕事，中途變節，私上「悔覺書」的很多。胡衍鴻十分氣憤，便單獨提出退學書回國，追隨他的只有幾個人。馮自由不錯，特地送他到橫濱碼頭，勸他回國改良嶺海日報，鼓吹革命。

第一次的留學夢就這樣破滅了。

胡衍鴻回國後，曾為日人平田氏寫了一首「為平田氏題蠖屈圖」的長詩。在這首詩裡他表示了對日本維新的景仰和自己的民族革命思想：

「……浸淫二千年，民族精神靡，夷狄入中國，黃龍再失祀，元胡跨於前，建虜繼之起，畀寇如馴羊，洊食任封豕，一朝被鯨吞，億兆甘帖耳，不辨非族類，那問屬毛裏，不為覆巢悲，但聞賦芋喜，不恤恣鞭笞，常幸備驅使，衣冠遂塗炭，綱維輒崩圮，英雄入彀中，縉紳更鮮耻，猶曰春秋義，用夏變夷禮，……異哉我東鄰，師法得上軌，造就衆豪傑，講習徧閭里，山鹿日呼號，西鄉躬踐履，攘夷敢執戈，倒幕貞折箠，始信千金方，不啻屠龍技，……」

胡衍鴻出國前，本在嶺海日報任記者，自日回國後，便升任嶺海日報總編輯。這時康有為的門徒在廣州創辦一份羊城報，一個署名環球三周客的作者對當時提倡的女權論大加攻擊。亞洲日報總編輯謝英伯贊成女權運動，發表了一篇「吾儕之仇敵」加以駁斥。胡衍鴻看了大為讚賞，便和關穎人一道去拜訪謝英伯。胡衍鴻和謝英伯雖是初次見面，却談得十分投機，兩人約定聯合攻擊羊城報的非女權論。

因為胡衍鴻文筆犀利，銳不可當，對方便以革命份子中傷他。幸而粵督陶模正在臥病期間，沒有理會這件事。正好梧州中學聘他作總教習，他便到梧州去了。

他在梧州中學主講修身、國文等科，還兼任由梧州傳經書院改制的梧州師範講習所所長。他在梧州中學講的修身科是自編講義，題為「學生修身學」，教學目標「主實行」、「重道德」、同時啓發學生的國家民族思想。全部講義分為品格、職分、義務、希望、思想、感情、意志、習慣、裁制、公德精神等十一章，並訂了校訓五條，戒律七條，作為全書總結。

校訓第一條是「吾人當銘記此身為中國之國民」。

戒律第一條是「不可無愛國心而甘為他人之奴隸」。

他每天講課八九小時，學風因而大變。梧州志士黃用甫、陸寵廷等都響應他，但梧州知府程道源和地方士紳却很不高興。

這時英國人侯岸德到梧州探礦，一天，侯岸德毆打梧州中協衙兵，中協不敢過問，學生憤憤不平，向英國領事提出書面抗議。要侯岸德道歉。英國領事看學生理直氣壯，不達目的決不甘休，只好屈服，由侯岸德陪禮謝罪。梧州知府程道源生怕得罪了英國人，他知道這件事後誠惶誠恐，梧州士紳又因為傳經書院改為師範講習所，使他們失去了憑藉，加之官紳合辦的警察又不稱職，被學生指摘，因此聯名控告胡衍鴻於兩廣學務處。其中有一段是這樣的：

「胡衍鴻隨時演說，無非革命之莠言，以聖經賢傳為陳言，以平等自由為時務。……傳經書院恭懸聖祖仁皇帝之御墨，該員則率爾毀棄之，其大逆不道如此。……歲時令節，容許學生披洋衣以揖孔孟。又使其妻若妹，與某總理之十餘歲少女偕學生同班聽講，廢跪拜之禮，瀆男女之防，敗俗傷風，莫此為甚。」

士紳如此控告，知府程道源又怕事，也想去掉他，胡衍鴻只好辭職返粵。但學生不願意胡衍鴻走，於是全體罷課，並推代表十多人到學務處力爭。這時岑春煊當廣東都督，他是新官僚領袖，看到學生情緒高昂，理直氣壯，便不敢為難胡衍鴻，反而請學生哀求胡衍鴻復職，而且記了程道源一個大過，但學生堅持撤換程道源，學務處又不答應，於是學生全體退學，兩個學校一個學生也沒有。

胡衍鴻知道官立學校不能有所作為，便就任私立香山隆都學校校長。不到一個月，因為有幾位學生毀了校地原有的文昌像，士紳又來學校大吵大鬧。他覺得在專制淫威之下，想從教育改革入手，實在不可能，於是又辭職了。

這年暑假，他和同校教員徐紹棨同船回廣州，五月二十八日（西曆七月十一日）船到港口，恰好碰到大風大雨，又遇上强盜，打死了船上好幾個人，胡衍鴻幸而平安無事。脫險後他對徐紹棨說：

「教育功效很慢，我決定再到日本去。像今天船上的事，如果不幸死了，豈不是輕於鴻毛？陳涉世家有句話說：等死耳，死國可乎？所以我還是要去日本讀書、革命。」

六

一九〇四年冬天，粵東派遣學生赴日習法政，胡衍鴻又聽說留日學生比以前有朝氣，便參加這批學生再度赴日留學。臨行前，廣東有些官吏舉出梧州、香山兩校的事件，說他是危險份子，不能讓他到日本去。幸而他長兄清瑞在廣州知府陳家教書，向陳知府力爭，才能成行。

日本法政大學速成法政科由梅謙次郎主持，以翻譯授課，中國學生沒有問題。胡衍鴻另外補習日文，所以能閱讀參考書籍。同行同學當中也有很多優秀份子，和以前大不相同。他和汪精衛、朱執信、張伯翹、李文範、古應芬、陳融這些人朝夕相處，思想情感更加密切。

胡衍鴻堂弟胡毅生是去年十月來日本的，他曾和黎仲實等十四位參加了孫逸仙先生在東京青山組織的革命軍事學校，後來這個學校因為風潮解體，胡毅生便去橫濱教書。這時又回到東京，胡衍鴻便和他在東京神田三崎町租屋同住。孫先生已去歐洲，胡衍鴻沒有機會認識，便常和胡毅生一道去橫濱與黨人廖翼朋、梁慕光等探討革命大事。

胡衍鴻見解卓越，堅守原則，大義凜然，很受留日學生敬重。

這時留日學生已達兩萬多人，可謂盛況空前。何以如此？一是中日文字易通，日文本來就是從中國移植過去的；二是中國人和日本人膚色一樣，又是近鄰；三是日本人正準備打俄國，以同種親善為口號，以博取中國人的好感，對留日中國學生更另眼相看，因此來日留學的中國人特別多。

由於人多，思想自然分歧。這時留學生思想有兩大主流，一是胡衍鴻、朱執信他們的民族革命思想，一是梁啓超所倡導的「保皇」言論，梁啓超的喉舌是「清議報」和「新民叢報」。胡衍鴻最瞧不起康有為、梁啓超師生，認為他們首鼠兩端，言不顧行，認識淺薄，剽竊武斷。梁在日本與中山先生一度接近，大為傾服，寫文章也大談革命，如在「新民叢報」發表的「我不破壞人亦破壞」，就是一個例子。等到康有為使人譴責他，梁啓超又改變態度。他到美洲時怕洪門會黨反對，就揚言：「我名為保皇，其實革命。」歸後又專言保皇，說：「我遊美洲，而夢俄羅斯也。」（帝俄）胡衍鴻對梁啓超這種作風大為不滿，便對同學說：「梁啓超如此反覆無常，而又放言高論，保皇派擁為巨頭，指揮海內外言論，實在是民族革命的一大障碍。」

朱執信等認為他的看法很對，想辦一份刊物專門駁斥梁啓超之流，但一時又籌不出錢，只好等待機會。

主張破保皇派革命排滿的還有章炳麟、鄒容、陳天華等人。章炳麟的「駁康有為書」，使康有為結舌；鄒容的「革命軍」更爽直痛快；陳天華的「警世鐘」、「猛回頭」也不錯。但胡衍鴻認為章炳麟、鄒容只講破壞，不談建設，單純的排滿，而缺乏整套的政治思想，仍然不足以使留學界的「半知識階級」心悅誠服。

一九〇五年暑假，胡衍鴻與廖仲愷同行回粵，接太太淑子和妹妹寧媛赴日留學，恰聞孫先生已到日本組織革命黨，便和廖仲愷、江譽聰、鄭拜言，以及夫人、妹妹等趕回東京，而同盟會已成立十天了。

八月初三（西曆九月一日）夜晚，胡毅生請孫先生到他們的寓所來，介紹胡衍鴻、廖仲愷和孫先生見面。

這年孫先生正好四十歲，精神奕奕，風神俊朗。胡衍鴻一見孫先生風采，更加佩服，便請教孫先生許多問題。

孫先生說中國非革命不可，同時告訴他們三民主義大略。胡衍鴻聽了對孫先生說：

「這才是今天中國所需要的東西！沒有三民主義的革命，縱然把滿清推翻了，中國還是一團糟。」

「胡先生，你對我的革命理想和方法，還有沒有疑問？」孫先生又審慎地問。

「我對民生主義還不大了解。」胡衍鴻說。

「民生主義是促進國民經濟地位平等的主義。」

「怎樣才能促進國民經濟地位平等呢？」

「平均地權，節制資本，就可以達到這個目的。民生主義實行的結果便沒有坐享其成的資本家，也沒有胼手胝足仍然衣食不周的赤貧。」

胡衍鴻聽了十分高興。孫先生問他還有什麽問題？

「没有，」胡衍鴻搖搖頭：「我没有想出來的，你已經想到了。我認為革命不是亂來，現在既然有了三民主義作為革命的準則，我們照着去實行就够了。」

於是，他和廖仲愷，他太太淑子，妹妹寧媛，以及江謍聰、鄭拜言同時加入同盟會。孫先生親自監誓，誓詞是這樣的：

當天發誓，同心協力，驅除韃虜，恢復中華，創立民國，平均地權，矢信矢忠，有始有卒，如或渝此，任衆處罰！

這天夜晚，他和孫先生談到天亮。

東京留學生參加同盟會的有好幾百人，除甘肅無留日學生外，十七省的人都有。因此同盟會本部設於東京，推孫先生為總理，以黃興為庶務部長，宋教仁、張繼為次長，汪精衛為評議部長，何天炯為會計，另有執法部，糾察黨員。各省黨員自行選舉分部長，內地各設黨部，也是以民主方法選舉成立。

胡衍鴻起初任同盟會本部評議員，後來因書記部馬君武進京都工科大學讀書，本來黃克强推田桐（梓琴）繼任，孫先生却指定胡衍鴻接替，掌理機要文書，他除任同盟會本部秘書外，還兼任留日學生總會評議會秘書。

胡衍鴻因為天天和孫先生在一起開會討論，對孫先生的思想了解更深，對主義信仰更加堅定，同時發覺孫先生待人接物，一點也不矜持，而自然崇高博大，藹然可親，但又凛然難犯。以前他曾聽見別人說孫先生是「空想家」、「孫大砲」，滿清政府把他列為四大寇。經過一段時日相處之後，他一想起這些諷刺誣衊孫先生的話，便不禁啞然失笑。有一天他和汪精衛閒談，感慨地說：

「可見人不能以耳代目，以前我還以為孫先生是漢高、明太一流人物呢！」

汪精衛聽了大笑，隨後又拍拍胡衍鴻的肩說：

「我還聽見別人說你是造反的長毛呢！」

於是兩人都大笑起來。過後胡衍鴻說：

「以前我想革命，但是心裡老不踏實，好像少了一點什麼東西；會見了孫先生之後，彷彿在大海中看見了燈塔，我這一輩子是要追隨孫先生實行三民主義到底了！」

「孫先生也對我說過，他這次到東京來最大的收穫是遇到了許多優秀的同志，他還特別提到你。」汪精衛說：「我看你和孫先生是前世有緣。」

「前世的事不敢說，這輩子我和孫先生是志同道合，我是跟定他了。」

七

一九〇五年九月初八（西曆十月六日），保皇派在東京舉行「戊戌庚子死事諸人紀念會」。這個會是康、梁門徒爭取留學生同情的工具，每年舉行一次。這次同盟會本部推派胡衍鴻出席。胡衍鴻當場發表演說，聽衆一千多人，他以康、梁同鄉地位，將康、梁保皇的歷史和立憲派的錯誤，一一駁斥；他把康有為的思想分為五級退化，說康有為由想作教主退為共和，再由共和退主立憲，更由立憲退為變法，勤王保皇，而每下愈況。最後更指着康、梁之徒大聲地說：

「死了的人不能復生，康、梁還要利用死人欺騙活人，譚嗣同、唐才常已經被他們愚弄死了，難道我們還要被他們愚弄？被他們利用？如果諸位不自愛，不為祖國前途自愛，那將來追悼會就開不勝開了。」

他先後講了三小時，時常被掌聲打斷，最後臺下掌聲如雷，狂呼不絕。康、梁之徒沒有一個人敢起來答辯，而且當場宣佈以後不再在東京開追悼會了。

胡衍鴻這次的講演，對保皇派是一個很大的打擊。

孫先生為了保持戰果，乘勝追擊，他提議辦黨報，也採納了胡衍鴻的意見，定名為「民報」。編輯一職，黨內有人想推「警世鐘」、「猛回頭」作者陳天華擔任，但陳天華聽了胡衍鴻在保皇派開追悼戊戌庚子烈士大會的演說，自愧不如，並將他自己所寫的文章，送請胡衍鴻刪改，黨中便推胡衍鴻擔任編輯。

民報於十月二十一日（西曆十一月十七日）創刊於東京，發刊詞是孫先生口授，胡衍鴻執筆，首先標榜黨的政綱六條，前三條就是民族主義、民權主義、民生主義；後三條是對外手段。他除了將那次追悼大會講演稿發表外，還以「漢民」筆名發表關於「最近之日清談判」，及「清政府與華工禁約問題」，從此「漢民」之名大噪，而衍鴻原名反而不彰。

因為張繼長於日語，能對日人交涉，所以民報以他作發行人，但張繼始終未過問編輯的事。

民報創刊之後，加強了對康、梁保皇派的打擊，梁啓超等所著「戊戌政變」一書，因而無人問津。

胡先生在民報發表的「排外國際法」，長數萬字，他列舉中國在國際上所受的種種不平等待遇，中國人為求獨立生存，排外不能視為野蠻；而滿清政府辱國媚外，箝制漢人，所以非排滿不能自救。這篇文章是針對列强把一切排外都當作義和團的復活而言，根據法理，申訴辯駁，强調民族革命的必要和它的眞正意義。另有告「非難民生主義者」一文，是駁斥梁啓超抨擊孫先生民生主義，並且將梁啓超自相矛盾的地方列為矛盾表十二項，以證明梁啓超的自我挑戰。

梁啓超當初因為能作時文，很瞧不起學界的人，帝國大學法科與早稻田大學學生又和章宗祥、曹汝霖、陸宗輿等結為立憲團，因此保皇立憲氣燄非常囂張。「浙江潮」、「江蘇」兩刊物間或有發表反對保皇文章的，梁啓超也毫不在乎。「民報」一出，梁啓超才覺得情勢不妙，便寫文章大力攻擊，說革命黨的民族、民權、民生主義是自殺主義，民生主義更是為乞丐下流社會打算，是反革命理論的代表。他還造謠詆毀孫先生。

於是民報又就革命與立憲的關係，中國民族的立場，為什麼要革命這些觀點，駁斥梁啓超，胡先生、朱執信等又寫文章解釋民生主義，駁斥梁啓超心目中只有士大夫而無平民的封建觀念。最後梁啓超圖窮匕見，而又語無倫次，居然說出這樣的話：

「張之洞、袁世凱非漢人耶？吾視之若寇讎也；今上（指光緒皇帝載湉）非滿人耶？吾戴之若帝天也。」

此外還說出「不惜以今日之我，與昨日之我挑戰」的話。

胡先生與保皇立憲派的梁啓超等筆戰一年，大獲全勝，保皇派的「新民叢報」終於停刊。梁啓超之所以失敗，一是不懂政治經濟，二是不懂日文，三是立場站不住脚，因而失敗。

章炳麟由上海出獄到日本後，胡先生就把編輯職務讓給他，自己只兼撰述。

八

一九〇五年十一月初，日本文部省發佈清韓留學生取締規則，原因大約不外兩點：一是中國學生人數過多，良莠不齊，行為不檢的人被日本人抓住把柄，而日本也有以販賣文憑為利的私立學校，他們的寄宿舍自然更是亂七八糟；二是革命黨成立，滿清公使聽到風聲，自然會與日本政府交涉，文部省不得不敷衍一下，所以才有此舉。可是中國留學生的反應却十分激烈，有立刻回國的，陳天華甚至氣憤投海而死。同盟會員也因此分為兩派：宋教仁、胡瑛等主張全體退學回國，從事革命；胡先生、朱執信等反對，以為卽使這件事動機惡劣，也可以運動打消，退學歸國是下策，何況黨機關報「民報」創刊不久，一鬨而散，動搖根本。

至於説回國革命，未免幼稚。因為孫先生到美國去了，黃克強也潛入內地，胡先生等來不及以黨的議決處理這個問題。黨內留學生突然受到這個刺激，傾向於宋教仁、胡瑛的主張的人佔多數，胡瑛並被推舉為學生聯合會長，開大會時兩派爭辯激烈，不歡而散。各校又先後罷課，胡先生及士官學校黨員蔣尊簋、張孝準、江庸、蹇念益、何燏時、陳榥靈等，組織學生維持會。胡先生並發表文章説明回國是下策，留學生對這個問題應該採取的步驟；江庸等人的交涉也相當成功，取締規則便無形打消了，留學生便安定下來。

當學生聯合會聲勢最盛時，竟在留學生俱樂部宣佈胡先生、汪精衛兩人的死刑，其中以黨員秋瑾最為激烈，范源廉躲在醫院裡也被毆打。

一天，秋瑾偕各省分部部長約胡先生談話，他正在學生維持會辦事，他便單刀赴會，秋瑾氣勢洶洶，差點動武，胡先生鎮定異常，凜然不可侵犯，然後從容説明黨的立場：

「我知道諸位已經宣判我的死刑，如果我胡某人怕死，我便不來。既然我來了，我就不在乎諸位怎樣處置我。」這時突然有人喊打，胡先生鎮定地搖搖手，大聲地說：「諸位要打，請等我講完話再動手不遲，我決不會走！」

於是大家暫時冷靜下來，胡先生繼續說：

「諸位，本黨的使命是要推翻滿清，實行三民主義，這個責任是多麼重大，路途是多麼遙遠，俗話說：小不忍則亂大謀。現在為了這麼一點小事，大家就沉不住氣，吵着要回國。如果大家一哄而散，我們在日本辛辛苦苦建立的一點革命基礎，豈不毀於一旦，那孫先生回來了該會多麼痛心？梁啓超那班人不會笑掉大牙？」

大家面面相覷，默然無語，胡先生又繼續說下去：

「取締規則這件事，我們正在和文部省交涉，已經有相當進展。如果大家一走，連日本人都會笑我們沒有毅力，沒有耐心，只有五分鐘的熱度，還談什麼革命？還談什麼推翻滿清？我萬萬沒有想到，滿清還沒有推翻，你們就要先殺自己的同志？先殺我胡某人？好了，我的話已經講完，誰要殺我？請動手吧！」

胡先生昂然挺立，如一尊大理石像，不動不搖。

秋瑾連忙趨前握住胡先生的手，激動地說：

「胡先生，眞對不起！請恕我當時太衝動，沒有了解你的苦心，現在我鄭重向你道歉，請你原諒我太鹵莽。」

各省分部部長也一湧而上，圍住胡先生說：

「胡先生，眞對不起！幸虧你一語驚醒夢中人，不然我們眞誤了大事。」

「大家不必客氣，我們都是共生死患難的同志，事情說清楚了也就過去了，以後任何事情我們都要往大處着想，不必操之過急。現在孫先生不在東京，我們尤其要三思而行。」胡先生心平氣和地對大家說。

本來是一場漫天大風暴，突然雨過天青。

過了幾天，黨部開各省代表會，胡先生首先發言，說明這個問題和黨的利害關係，不應當以普通學生的意氣，犧牲黨的利益。於是一致決議不退學。學生聯合會長胡瑛也不能反對，只是訴苦地說：

「我是學生聯合會長，這樣一來，我就進退維谷。陳天華已經投海死了，我怎麽交代？端方馬上要到日本來，不如請求他調解這件事，那就面面俱到了。」

胡先生聽了胡瑛的話怒不可遏，右手在桌上用力一拍，茶杯都跳了起來。他指着胡瑛大罵：

「革命黨員應該知道要挾同志是一件可恥的事，為了個人的體面而不服從黨的決議，反而要乞憐於滿清官吏更加可恥！想不到革命黨中居然有不明大義不識大體講這種混賬話的黨員！」

胡瑛又慚愧又羞窘，幾乎要哭出來。

於是通過胡先生的提議，解散學生聯合會。

當時一般青年的心理大致可分為兩類：有革命精神的多半幼稚粗疏；學業快完成的，又自命為前輩，怕談革命，想以他們的政治法律知識，求取一官半職。學生維持會方面的蹇念益、楊度就是屬於後者。有一天蹇念益忽然對汪精衛說：

「革命不是生存之道，以你的學識才華，取青紫眞易於拾芥，你為什麼不改絃易轍，何必大談革命？」

汪精衛想利用他與日本人交涉，不便給他難堪，只是說：「士各有志，不能强同。」隨後汪精衛又問他：

「你這些話怎麼不對漢民講？」

蹇念益回答：

「漢民比較世故，個性又强，不容易轉變。」

楊度也是學生維持會的一份子，因為怕別人駡他，躲在別處和胡先生汪精衛避不見面。

一天，楊度忽然來信，而且附了梁啓超的信，有利用維持會的意思。胡先生看了信大怒，氣憤地說：

「梁啓超簡直在做夢，他也想利用學生維持會作保皇派的工具？有我胡某人在，他此生休想！」

汪精衛把信甩在地上，蹇念益連忙拾起來燒掉，而且悄悄覆信說：

「以後切勿來信談這些事，胡汪二人非易與也。」

九

一九〇六年十二月二日，民報在東京神田錦輝館舉行周年紀念會，有六七千人參加，盛況空前。孫先生在會中講演「三民主義與中國民族前途」，聽衆掌聲如雷，胡先生擔任紀錄，對民生主義尤其小心翼翼，一句不敢遺漏。孫先生提出革命方略，分為軍政、訓政、憲政三個時期。軍政時期打倒滿清專制政府，掃除腐敗官僚與一切革命障礙；訓政時期實行約法，引進地方自治；憲政時期實施五權憲法，次序分明，各有精義。

大會從上午八時開到下午二時才散。從此革命風聲傳播中外，清廷更加害怕。滿清政府也痛恨「民報」作者「漢民」、「精衛」入骨，懸賞十萬大洋購買他們兩人首級。

胡先生看了滿清政府的通緝令，不禁失笑：

「從今而後，頭顱有價矣！」

「要是能換十萬大洋再來辦報，我們就同滿清政府作這筆交易好了。」汪精衛開玩笑地說。

「滿清政府是要我們沒有吃飯的傢伙，還能再辦報？」

兩人開了幾句玩笑，隨後又談了一些正經事。胡先生叮囑汪精衛以後要隨時小心，不可大意。

「你是不是怕死？」汪精衛又開玩笑地問他。

「怕死還參加革命？」胡先生正色地說：「但是死有重於泰山，輕於鴻毛。我們要死得其時，死得其所，不能給滿清政府佔了便宜。」

「說良心話，除了孫先生外，你在黨內已經是重要的份子，你應該更加小心。」汪精衛說。

「快別這樣說！」胡先生連忙擺手：「革命是大家的事，人人都重要，沒有輕重之分。

各人盡各人的力量最要緊。譬喻說，我們兩人能動筆，在這方面我們就不能後人，你說對不對？」

汪精衛連連點頭。胡先生重重地握握他的手。

平時他們兩人都避免有領袖之名，孫先生不在本部，便以庶務部長代行總理職務，黃克強不在，便以孫毓筠、匡一等代行，他們兩人向不出面。

一九〇七年一月十一日，保皇派徐應奎請求宋教仁向孫先生和胡先生疏通，以後新民叢報和民報不要互相攻擊，因為梁啓超的保皇思想和民報論戰處於劣勢，無法支持。宋教仁答應和民報商量，他先和章太炎談，章太炎說「可以調和」。宋教仁又去找孫先生和胡先生，孫先生堅決拒絕。胡先生說：

「這不是個人的意氣之爭，這是主義與思想的筆戰，非把梁啓超打垮不可。」

宋教仁調解不成，後來梁啓超不能再打下去，新民叢報只好停刊，保皇的論調便不再見於留日學界。

滿清政府為了緩和革命壓力，仿日本維新故事，假立憲名義，一九〇五年派載澤、端方、紹英、戴鴻慈、徐世昌出洋考察，在北京車站時，黨員吳樾，持炸彈上火車謀炸他們，不幸失敗身死，也因此一炸，滿清政府更怕革命黨。次年萍鄉醴陵之役，同盟會員先後殉難的也有十幾個人。滿清政府知道孫先生是革命領導人，便由清使楊樞要求日本政府放逐孫先生。

一九〇七年三月四日，孫先生與黃克强決定離開日本，因黃克强與蔡松坡、郭人漳交情很好，現在郭人漳已調廣東，黨員趙伯先也調廣東任新軍標統，對革命軍事有利。孫先生要汪精衛起草革命黨討滿清政府文，傳檄海內外，又要胡先生汪精衛和他一道走。這時他們兩人已畢業法政速成科，升入專門部，因為被滿清政府懸賞通緝，所以不能與執信、湘芹等人回國。

汪精衛與黃克强先兩天出發。胡先生行前先辭去秘書職務，將黨員盟書等秘密文件交何天烱收藏，然後才將他要跟孫先生一道離開日本的事告訴淑子夫人，這時淑子夫人生一女公子才三天。胡先生內心不免有點抱歉，因此他說：

「很抱歉，我不能好好地照顧妳，一切你自己小心。」

「當我和你一道參加同盟會時，我就決定犧牲個人的幸福，倒是你要特別小心。」淑子夫人故作輕鬆地說：「你的腦袋值十萬大洋呢！」

「滿清政府要的是胡漢民的腦袋，從今天起我已經化名陳同，就是他們抓到了我，我也不認賬。」胡先生也輕鬆地回答。

「這裏有寧媛照顧我，一切你放心好了。」淑子夫人說：「倒是你要好好地照顧孫先生。」

「這我知道」，胡先生點點頭：「革命的成功失敗，全在孫先生，沒有他來領導，誰也挑不起這個重責大任。」

瀕行時，孫先生還召開了一個會議，討論國旗和革命軍旗。黃克强主張用井字徽幟，孫先生主張用青天白日徽幟，大家都附和孫先生的意見，黃克强心裏不大痛快，臨走時留了一封信給胡先生：

名不必自我成，功不必自我立，其次亦功成而不居；先生何定須執着第一次起義之旗？然余今為黨與大局，已勉强從先生意耳。

後來經胡先生委婉解釋，黃克强也就不再提國旗和革命軍旗的事了。

十

胡先生隨孫先生到新嘉坡，會晤同盟會員張永福、陳楚楠、林義順等。當天晚上籌畫辦理黨報，並定名為中興日報。

他們在新嘉坡停留了兩三天，又換船到安南。經西貢時又和同盟會員王和順、曾錫周會晤，再由海防到河內。同盟會員日人池亨吉，也從香港趕來任孫先生英文書記。孫先生和胡先生住河內甘必達街（Cambetta Street）六十一號作為機關部，孫先生化名高達生，胡先生為了便於掩護，便接來眷屬同住。另設日新樓，以飲食業為名，實際上是結納亡命人士。

河內有同盟會分部，華僑會員有好幾百人。因為河內和兩廣鄰近，所以會黨遊勇頭目流落在這裏的很多，除王和順之外，黃明覺、梁蘭甫、關仁甫、梁少庭等，都在邊界出入，很有點名氣，可以呼朋引類。而李福林也於此時在河內走動。河內、海防華僑，多數贊成革命，如甄吉亭兄弟、黃隆生、楊壽彭、曾克齊、張奐池等都很熱心奔走。法國人在河內替中國學生設立的巴維學堂的學生也有很多傾向革命的。所以河內同盟會分部份子複雜，有智識份子，小資產階級、工人、流氓。起初，胡先生對這些人也不知道該怎麽辦？後來孫先生要他和汪精衛時常對他們演講革命宗旨，指導各種任務；對於會黨則講革命軍紀、糾正惡習，再按他們的性質與實力，分別運用。遇有困難，孫先生便首當其衝。

孫先生到河內後，先發電報籌募軍餉，一封電報給西貢的曾錫周，曾是銀行買辦。一封電報給巴黎的張靜江，張在巴黎經商賺了大錢，他和孫先生是同船赴歐洲時認識的，張靜江十分豪爽，答應資助孫先生革命。他接到孫先生A電後，便滙來一萬元，接到E電後再滙來五萬元。胡先生十分驚奇。孫先生就是靠這兩筆錢發動黃岡、惠州、防城、鎮南關、欽廉、河口等戰役。

三月，胡先生奉命從河內到香港，策應黃岡、惠州之役。四月十一日（西曆五月二十二日），余既成、陳湧波在黃岡起義；四月二十二日（六月二日）鄧子瑜在惠州七女湖起義，不幸這兩個戰役都失敗了，而失敗責任則在許雪秋。

許雪秋是一個浪蕩子弟，為人和郭人漳差不多；好說大話，因為揮霍無度而傾家蕩產，於是結納亡命之徒，圖謀不軌。到南洋後，華僑黨員因為他十分豪放，准許他入黨，他自請任潮州軍事顧問，實際上膽小怕死，以潮州人余紀成為奇貨，阻止余紀成和胡先生等通消息。而許雪秋所作的報告，全不實在，胡漢民時常指責他。此時黨內竭力買到日本軍械一千多枝，以船運到汕尾，使許雪秋和余紀成接收，還可以接濟別的部隊。這件事胡先生原先就作好具體方案，要許雪秋執行，許也一口答應，並且拿了他所要求的一切費用。胡先生提前十天前往汕尾預備，等到運軍械的船到了，搬運軍械的駁艇、伕子一個也沒有。胡先生問許雪秋是怎麽一回事?許雪秋說剛剛着手，胡先生氣得大罵了他一頓，但無濟於事。運軍械船等了三天，許雪秋仍然徬徨無措。這時清廷軍艦來了，軍械船便開到香港避風頭，事機不密，因而失敗。許雪秋反而跑到河内去見孫先生和汪精衛，把責任推給胡先生。汪精衛打電報來質問，胡先生寫了一萬多字的報告書答覆，最後還說了幾句氣憤的話：

「余向來作事，不顧尋常千萬人之誣謗，惟憂二三知我者之不諒。許不足道，兄乃見疑，實非所料。」

不久，汪精衛覆了他一封信：

「……同時已得各種報告，知許言皆誣，前亦非有所疑，特欲急得來書，以斥其謬耳。弟知人之明，素不如兄，故同志間謂兄精明，而弟長厚。弟不願以長厚者入於糊塗鄉愿，亦企兄不以精明者流於刻薄寡恩。」

胡先生對汪精衛的回信甚為感激，引為弦韋之佩。

五月初一（六月十一日），同盟會員張谷山（如川）、張伯翹（樹枏）由廣東到香港來和劉師復密商暗殺廣東水師提督李準，胡先生和駐香港同志馮自由、李紀堂等研討進行方法，決議趁李準班師回廣東不久，殺他示威。

可是這件暗殺李準的事又沒有成功，劉師復因炸藥爆炸反而受傷，失去了左手，被捕下獄，後來因為黨人陳景華的營救才得釋放。

鄧子瑜於西曆六月二日起義於惠州七女湖，和清軍混戰十天，他從香港方面得到黃岡起義失敗的消息，知道不能持久，便於五月初三（六月十三日）宣佈解散。

防城之役，起因於農民抗捐，牽連欽廉兩縣，各團奮起和清兵搏鬥，革命軍響應。本來是順天應人的事，孫先生的策劃也很周密，而趙聲、郭人漳二人都擁有重兵，可是兩人躊躇相顧，誰也不敢先發動。尤其是郭人漳，看見革命勢力單薄，不願反正，所以失敗。黃克強雖在郭人漳軍中，也無可如何。而在東京的宋教仁、章炳麟破壞武器購運計劃，實在是失敗的主因。這兩人不但毫無軍事知識，又自視很高，以為所購村田式槍械不是最新式武器，孫逸仙、黃克强輕舉妄動必然失敗，因而從中阻撓。他們不知道兩廣軍隊所用武器不如村田，又不知道孫先生還有別的計劃。胡先生對他們兩人搖惑同志，違反黨魁命令，破壞革命軍大計，十分痛恨，寫信到東京本部要求執行黨紀。隨後由林時塽等回東京，禁止章炳麟、宋教仁過問軍事，但沒有嚴重處罰。孫先生對這件事也感慨地說：

「我不怕遇到無知的羣衆，而最怕遇到一知半解的黨人。」

以上各役失敗後，胡先生就偕日人池亨吉回到河內。黃克強、胡毅生等也因欽、廉之役失敗來河内和孫先生策劃鎮南關之役。

十月二十六日（十二月一日），黃明堂已奪下鎮南關要塞。第二天，孫先生親自去督戰，盧仲琳、張翼樞、法國退役炮兵大衛男爵狄氏，日人池亨吉、胡漢民、黃克强、胡毅生等隨行。

胡先生雖然有胃病，也空着肚子跟隨孫先生在半夜裏翻山越嶺前往，山路崎嶇，仰攀更苦，跋涉五六小時，才到山頂。距砲臺數十步，大家坐下休息，胡先生被冷風一吹，突然天旋地轉，仆倒在地。孫先生是習醫的，就地使他平臥，慢慢提起他的脚，胡先生馬上甦醒，對大家說：

「快走！不必留在這裏看我，免得誤了大事。」

孫先生要胡先生的堂弟毅生把他扶到砲臺下面的小屋休息，他睡了一會天就亮了。這時請來發砲的法國退役上尉狄氏還在吸鴉片，吞雲吐霧，孫先生和胡先生叫他起來去砲臺開砲打擊敵人。這位法國退役上尉煙癮很重，臉上的白皮膚變成了黃皮膚，他煙癮沒有過足，懶懶散散，直打呵欠。他上砲臺，發覺大砲上表尺不見了，打了六七砲，才打中清兵陣地，清兵四處逃散。對方還有一座砲臺在他們手中，這座砲臺位置更高，他們憑險用步槍對這邊砲位射擊，一個砲兵被打掉一根手指，一個砲兵彈中肺部，孫先生親自為他裹傷，輕輕地對胡先生說：

「這位兄弟恐怕活不了！」

包紮完畢就叫人抬下山去。

胡先生勸孫先生下山籌餉械接濟。十月二十九日（十二月十四）薄暮，大家由砲臺下蹬道魚貫而下，同行的有黃克强、胡毅生、盧伯琅、張翼樞、日人池亨吉、法國退役上尉狄氏。雨後山路更滑，胡先生與黃克强跌倒七八十次，其餘的人也跌了二三十次，孫先生只跌倒三次。

十一月初一，由諒山乘火車經文淵，法警認出孫先生，報告當局。到達河內後，法國政府不許孫先生再住越南，孫先生只好去新嘉坡。胡先生和黃克强仍然留在河內，將從鎮南關敗退到安南的革命軍一百多人送往新嘉坡安置。

胡先生、黃克强料理鎭南關之役善後完畢，還想再起義，黃克强想再到欽廉郭人漳營，胡先生說：

「王和順不中用，郭人漳更靠不住，我們應該小心才是。」

黃克强沒有留意胡漢民的話，再到郭人漳營，郭眞的不懷好意，幸而黃克强機警，不動聲色，在營中取得護照，返回安南。

一九〇八年三月二十七日，黃克强率同黎仲實等和安南華僑黨人兩百多人打着「中華國民軍南路軍」旗號，進攻欽廉，所向披靡，胡先生在河南策應。他為了配合欽廉之役，便向南寧清軍防營發動紙彈攻勢，寫信給南寧的陸榮廷勸他乘時而起，共圖光復大業。同時寫信給陸的幕僚陳炳焜（舜卿）和趙鳳昌，勸他們促陸反正，實踐去年輸誠的諾言，因為他們去年曾和胡先生談過這件事。

三月二十九日（四月二十九日），胡先生在河內，秉承孫先生指示方略，使黃明堂襲取雲南河口。這一仗打得很漂亮，因為事先佈置周密，黃明堂部隊也有訓練，紀律很好，市塵不驚。第二天光復河口，擊斃清廷督辦王鎭邦。五月三日佔領新街，並分兵進攻蠻耗、蒙自，雲貴總督十分害怕，連忙調遣提督白金柱部隊應戰。法國報紙讚譽為二十世紀的中國革命戰爭，是法國從前的革命戰爭所不及的。孫先生也從新加坡來電報嘉獎。但是胡漢民知道河口叛軍雖受黨人運動，但未受主義薰陶，只是因為缺餉和內部不安而倒戈，軍官向來腐敗，很難一下子變化氣質，只有使黃克强趕快去統率，並使懂軍事的黨人協助他，才可以作戰，孫先生接受了胡先生的建議。

但是黃克强已轉戰到上思，革命軍佔領河口十多天他才到。果然不出胡先生所料，降軍五營，都怕打仗，又不大服從黃明堂的指揮，黃明堂自己的部隊太少，黃克强想從河內買好武器以黨員組織敢死隊劫持降軍頭目。他先寫信告訴胡先生，胡先生也替他作了準備。想不到初十這天他突然從河口乘火車到河內來和胡先生面商一切。胡先生看見他十分詫異，便說：

「你怎麼輕易離開軍隊？」

「我想和你商量妥當後再回去。」黃克强回答。

住了一天，黃克强便乘火車走了。

黃克强的長相有點像日本人，這時法國人在越南最防日本，法國警察懷疑他是日本人，一直跟踪他。火車將過老開，法國警察就上前盤問他，他用廣東話答覆，但發音不正，不像廣東人說話。法國警察更相信他是日本人，就把他扣留起來。

胡先生知道這件事後，連忙請廣東華僑黨員粵僑會館幫長楊壽彭等交涉，才把黃克强釋放。但因為他是革命軍，不許他經法國鐵路去河口，要他出境。胡先生定購的軍械不能運送，黃克强的計劃因此失敗，河口軍心背離，十天後全作鳥獸散，有的更竄入越南境內，以槍彈賣給越南革命黨。法國人於是大忌中國革命黨，四處緝捕胡先生，法國人認為他「陳同」是革命黨領袖。

本來在越南的法國社會黨人對中國革命黨人幫助很多，輿論反應也好，政府守善意的中立，胡先生屢次購買武器，法國警察也不禁止。播嘉公司私賣軍械，被人檢舉，也只罰一千元了事。黃克强率領梁少庭等入欽廉，大白天大搖大擺吹號而過，大張革命軍旗鼓，法軍司令密告胡先生，也只怪黃克强太鹵莽，並未深責。甄壁常在舖面製造革命軍旗軍服，法國總警察長曾經對楊壽彭說：

「你們這樣明目張膽，豈不是叫警察注意？你們也應該替我這個高級警官留點餘地。」

自從河口敗退，牽涉到越南革命問題，法國社會黨人就不敢再替中國革命黨講話，法國政府也一反過去態度，大捕中國革命黨人。

胡先生為了收拾殘局，營救被捕黨員，資遣散兵游勇，不得不留下來。但又怕被法國警察抓到，只好先將眷屬遣返香港，自己躲在黃隆生的洋服店樓上，暗中指揮調度，兩個月沒有下樓。他本來不抽香煙，一個人躲在小樓上，如坐監獄，只好以吸紙煙來打發時間了。

後來找到一個機會，化粧逃到香港，再轉到新嘉坡。

十一

這時東京同盟會黨員多數回國，進行實際革命，革命思想也漸漸瀰漫國內，東京同盟會本部已不如前重要，革命重心已移到香港南洋。

梁啓超的「新民叢報」停刊後，楊度在東京創辦「中國新報」，反對革命。他的言論一點也不高明，不過引用嚴復所譯甄克思的「社會通詮」所標榜的「軍國主義」來反對民族主義。楊度自稱為「金錢主義」，以鐵血與金錢挽救垂死的中國，而且說滿族在幾千年前與漢族同源，不必妄生枝節，中國人民應該擁護滿清政府，實行君主立憲，就可以勵精圖治。楊度完全是想以「中國新報」作敲門磚，向滿清政府暗送秋波，想入憲政編查館。留在東京的黨人劉光漢，寫文章駁斥楊度。劉光漢本來長於考據，文章也典雅簡練，胡先生和汪精衛看了都十分佩服。楊度更不能反駁。可惜劉光漢因為太太愛慕虛榮，生活奢侈，受端方金錢誘惑，終於變節作端方的清客。胡先生十分痛惜，常常舉劉光漢的故事，告誡青年同志。

因為孫先生在新加坡，胡先生也於一九〇八年七月由香港赴新加坡。汪精衛已經遍經越南、暹羅及英、荷屬地，他因為沒有籌到大量軍費，使河口之役失敗，內心不安。胡先生安慰他說：

「你縱然籌到了大筆軍費，也無濟於事。以我親身的經驗證明，會黨頭目很難用，烏合之衆更不可靠，以後必須全力注意正式軍隊。」

「會黨性質我當然知道。」孫先生接嘴說：「論戰鬥力自然不如正式軍隊，但是軍隊裏的人也有毛病，這個毛病就是正式軍人太持重，所以不能不以會黨發難。這幾次戰役雖然沒有成功，但已經影響不小，今後正式軍隊一定能夠起來參加。革命的一切失敗，都是成功的種子，我們千萬不要灰心。」

「標統以上的軍官，往往持重，部隊沒有革命思想更不足怪。以後軍隊運動，應該注重連排長以下基層幹部。」胡先生說。

孫先生連連點頭，又下了幾道密令給負有特殊任務的黨員。

「南洋的保皇立憲派到處煽動華僑，阻止革命，你們兩人還要多作點宣傳工作。」孫先生又對胡先生和汪精衛說。

兩人同時點頭。於是孫先生授意，要胡先生寫「立憲問題」，汪精衛寫「外交問題」，這兩篇文章各編印了幾萬本小冊子，散布各地。

這時滿清政府已經頒布欽定憲法，而保皇黨又比革命黨先到南洋，康有為、徐勤都能言善辯，有錢的華僑更相信他們的理論。康有為更以光緒皇帝載湉老師的身份，謊稱攜有衣帶血詔，對華僑說大話：

「我是當今聖上的老師，凡是跟我走的，都有官做。」

虛榮心重的人，凡是從內地來的舉人進士，都可以用扇面條幅，博取酬贈，何況康有為？他要華僑出錢，華僑就踴躍捐輸；他教他們保皇，他們就保皇。在這種情形之下，革命黨的宣傳工作，自然十分重要。胡先生他們的兩本小冊子，在華僑社會傳播起來，不下於兩顆宣傳原子彈。

鄧澤如、吳世榮、陸秋傑、陳楚楠、張永福、鄭螺生、李源水等，先後在星加坡、庇能、壩羅、吉隆坡等地成立同盟會分會之後，保皇派的勢力仍然未衰。

孫先生決定在星洲創辦「中興日報」，對抗保皇派機關報「南洋總滙報」。「中興日報」出版後，兩派的論戰馬上展開。八月二十六日（九月二十一日）胡先生在中興日報發表了「嗚呼滿洲！所謂憲法大綱」，並著有「駁康書」，論戰像在日本一樣熱鬧，但對手遠不如梁啟超。胡先生、汪精衛兩人只以餘力應付，不過文字更深入淺出，和東京時不同。東京的讀者是留學生，知識水準高，南洋的讀者是一般華僑，水準很低，文章亦因對象不同而異。在星洲的保皇派不是對手，連忙從美洲請徐勤來壓陣，徐勤也沒有什麽高見，寫了幾篇稿子就難以為繼，藉故溜了。

保皇派在筆戰中完全失敗，華僑才漸漸傾向革命。

胡先生另外還替吳稚暉在巴黎辦的「新世紀」撰稿，如「粵中女子之不嫁者」是提倡女權的文章。

此外他還時常講演。

孫先生為了擴充南洋黨務，將新嘉坡同盟分會擴充為南洋支部，使各埠分會都受轄制，並派胡先生為支部長。孫先生更自十月初四（十月二十八日）起，率領胡先生、汪精衛、黃隆生等，自新嘉坡出發，到各埠指導黨務、籌募款項。當天抵達芙蓉，住礦務會館。胡先生和汪精衛在當地戲園演講民族主義，聽衆一千多人，情緒熱烈。演講完畢，主席鄭先生問聽衆：

「諸位贊不贊成他們兩位所講的民族主義革命的意見？」

「贊成！」大家一致起立舉手。

汪精衛很有演講天才，出口成章，文詞優美，雅俗共賞，氣度雍容，操縱聽衆於口舌之間。在東京，他沒有演講過，胡先生第一次聽他演講時，大為嘆服：

「二十年來，我沒有看見過像你這樣會講演的人！」

汪精衛聽了胡先生的話也很高興，拍拍胡先生的肩說：

「不怕滿洲人坐了兩百多年的江山，不管滿清有多少槍桿，我們兩人要以兩枝筆、兩張嘴，把滿清政府推翻！」

「好！」胡先生也重重地拍拍他的肩：「這才叫做氣吞河山！」

「你的講演也和你的文章一樣擲地有聲！」汪精衛對胡先生的講演也十分佩服，因為胡先生在東京講演就出了名。

十月二十七日（十一月二十日），胡先生又隨孫先生赴暹邏，同行的還有胡毅生、何克夫等，他們都任在華暹新報社。該報由蕭佛成、陳景華主持。同時呂天民、居覺生正任光華報主筆，時常發表革命言論，革命宣傳工作已經在南洋次第展開。

到暹邏不到十天，滿清政府嗾使暹邏驅逐孫先生出境。暹邏警察總監是英國人，孫先生當面斥責他：

「你不應該對中華民族作出這樣無禮的舉動。」

警察總監語塞。民部大臣相見，孫先生也同樣責備他，他哭喪着臉說：

「暹邏是小國，只能答應別國政府的要求。」

十一月十七日（十二月十四日）胡先生隨孫先生由暹邏到新嘉坡，留下胡毅生協辦華暹新報，並佈置軍事。

十二

一九〇九年三月二十（五月十一日）胡先生奉命返回香港，與黃克强、趙聲、倪映典等密謀廣州起義，及擴充南方黨務。

他到香港後，廣州黨人鄒魯、姚萬瑜、陳炯明等由朱執信介紹來香港和他聯絡。

這年夏天，廣州軍中黨人數十人，在白雲山莊開會，選定幹事、負責運動，由倪映典、朱執信、徐維揚等分別主持聯絡新軍，香港、廣東之間革命空氣立刻緊張起來。

九月，同盟會南方支部成立，孫先生任胡先生為支部長，主持西南各省黨務軍事，任汪精衛為支部秘書。但汪精衛專心籌畫暗殺事，並沒有負責秘書工作。支部分設籌餉、軍事、民事、宣傳等組，另外設實行委員，由林直勉、胡毅生、洪承點、林時塽、李文甫、朱執信、陳炯明等分別負責。部址設在香港黃泥涌道，一切費用也由黨人負擔，林直勉、李海雲，更是傾家蕩產，支持革命。胡先生還派人到荷屬各埠籌款，英屬各埠由鄧澤如負責籌募。

臘月中，倪炳章（映典）從廣州到香港向胡先生報告運動新軍成績，胡先生邀黃克强、趙聲（伯先）、譚人鳳（石屏）等來香港，共圖大舉。

一九一〇年一月二十九日，黃克强由日抵港，譚人鳳也從南洋來香港，趙聲因為滿清督府猜忌，也辭掉軍職來香港。

趙聲軍事學術出類拔萃，而且經驗豐富，個性豪邁，詩文也好，可以說是文武全材。他當陸軍學校監督，帶領新軍時，總是以民族大義激勵學生、士兵，人人佩服。江南、廣東新軍革命種子，大半是他所播種的，也正因為如此，才遭滿清官吏猜忌。

黃克强、趙伯先到香港後，廣州起義的軍事行動都由他們兩人規劃。省垣新軍運動，由倪炳章（映典）為總主任。

倪炳章才幹不亞於趙伯先，而他的刻苦耐勞，又非趙伯先所能及。一九〇七年，他和熊成基在安慶起義失敗，改名逃到南方，原先想到河口參加革命軍，河口失守，才來廣東。因趙伯先的關係，當了新軍的排長，可以說是大才小用。他精力過人，又長於煽動，運動新軍，進步神速，幾個月內，便和本團的排連長相互結納，被協統（旅長）偵悉，撤職。他雖然排長職務掩護，秘密運動成績更好，至一九〇九（己酉）年冬士兵加盟同盟會的已經三千多人，而廣東全省新軍不過一萬多人。新軍不但訓練有素，武器也最好，這是滿清政府作為保衛他們專制政權，對付革命黨的大本錢，但是所有新軍已經革命黨人滲透，廣東新軍不過是一個例子。

倪炳章的秘密運動雖然有這麽好的成績，胡先生、黃克强、趙伯先還怕力量不够，又要姚雨平、張醁村他們運動省會附近的巡防營；要朱執信、胡毅生聯絡番禺、南海、順德的民兵，作為響應。朱執信介紹鄒海濱、陳炯明到南方支部工作，鄒、陳是廣東法政學堂學生，執信、君佩自東京畢業後就到該校任教授，因此鄒、陳兩人才參加同盟會。

陳炯明是廣東諮議局議員，歡喜發言，有點名氣，黃克强更喜愛和他討論問題。臘月中，倪炳章來香港，決定正月元宵左右起事。胡先生命各分部依期準備，更派夫人陳淑子偕女同志徐宗漢、李自平携炸藥子彈進入廣州，他妹妹寧媛也奉命去廣東傳遞情報。

倪炳章回廣州後，臘月二十八日忽然發生一件意外事：新軍二標士兵因印名片，和警察衝突，風潮擴大、倪炳章來不及制止。青年軍人躁急，有人主張乘機發動。倪炳章連忙趕到香港報告，隨後又說：

「這眞是小不忍則亂大謀！我想新軍運動已經成熟，這件事發生後，很難制止，不如提前，不要等到元宵。」

胡先生與黃克强、趙伯先商量很久，才決定改為初六，卽時通知各分部，並與倪炳章計劃臨時佈署，以倪炳章、黃克强分別統率新軍、巡防營，作為進兵江西、湖南兩路的準備。以趙伯先留守廣東，胡先生主持民政、財政。

倪炳章開會時神態雍容，說話有條有理，通宵達旦，毫無倦容。胡先生暗自驚嘆，認為是一位不可多得的將才。

舊曆元旦，港輪不開，倪炳章等到第二天晚上才走。

到廣州後，新軍形跡已經暴露。粵督張鳴岐，水師提督李準，嚴加戒備，協統張培哲等，收繳士兵子彈，八旗兵運砲上城，李準更將他的精銳部隊部署在牛王廟。新軍在燕塘，牛王廟是由燕塘到廣州的要隘。

倪炳章登陸，卽進入諮議局，不見自己人，連忙取手槍兩枝揣入懷中，突入新軍陣地，恰巧遇到向來反對革命的齊管帶，倪炳章假扮向他拜年，一槍把他打死。隨卽吹號集合，當時大家正驚驚慌慌，不知道怎麼辦？看見倪炳章，十分高興。倪炳章對大家說：

「弟兄們，我們都是黃帝子孫，革命的同志，現在情況緊急，如果馬上起義，推翻滿清，將來在功勞簿上就有我們一筆，否則大家都活不成！」

大家同聲響應，公推他為司令。搜集各團部子彈，只有一萬多發，但被倪炳章的萬夫莫敵的豪氣所鼓勵，人人爭先，沒有一個怕死。於是，倪炳章直向廣州進發，將到牛王廟，李準部屬管帶三人攔路，想勸新軍停止前進，倪炳章看他們都是同盟會員，便大聲對他們說：

「你們不都是革命黨員嗎？現在革命軍已經起義，你們應該立刻參加，不要遲疑！」

其中一位姓李的回答：

「是，是，是！起初我們以為是兵變，不知道你已經有了部署。現在牛王廟的就是我們的部隊，一切都聽你的命令。張培哲雖在，但他一個人也孤掌難鳴。好，現在我們作你的嚮導。」

說完，三人躍上馬背，飛奔而去。

「怎麽不把這三個傢伙逮住？」有人大聲詢問。

「既然他們已有準備，逮住這三個人無益。」倪炳章說。「如果這三個人眞是同志，逮了他們反而引起猜疑。」

於是倪炳章自己拿着帥旗，騎馬率隊前進。剛走到一座山坡地，大炮與機槍一齊發射，倪炳章首當其衝，中彈落馬陣亡。前鋒死的很多，羣龍無首，大家作鳥獸散。

倪炳章的惡耗傳到香港，大家都很難過，痛惜黨內又少了一個人材。趙伯先瞭解倪炳章最深，原來倪弱冠時不好讀書，又放蕩不羈，同學都看不起他。後來他交了熊成基這些黨人，就痛改前非，來一個一百八十度的轉變，前後判若兩人。趙伯先自視在倪炳章之上，後來看到他修業進德之快，也暗自嘆服，自愧不如。所以他寫了一幅輓聯輓倪炳章。

生平幾個言能踐

死後方知君不多

廣州起義失敗後，寧媛、譚人鳳、莫紀彭等匆促離開省城，原先滲入新軍中的黨員幹部，大多亡命香港南洋，胡先生分別設法收容。孫先生的哥哥孫眉及鄧三，在九龍都有墾地，也安插了一些人耕種。

一切粗定，胡先生與趙伯先、黃克强便往南洋籌款，一方面善後，一方面想再舉事。

十三

二月十八日（三月二十八日），胡先生與黃克强趙伯先同赴新加坡。到新加坡沒有幾天，突然接到香港的電報說汪精衛、黃理君（復生）謀刺載灃被發覺，兩人都被捕。胡先生看到電報後淚如泉湧地說：

「精衛死定了！」

趙伯先、黃克强也嘆息流淚。他們兩人不知道汪精衛早有行刺之心，覺得事情有點突然，因此向胡先生探問，胡先生一五一十地告訴他們，黃克强嘆口氣說：

「唉！這種事那是他幹的！」

「精衛一介書生，不是使槍弄棒的，何必去冒這個險！」趙伯先也說。

「眞是三軍可奪帥也，匹夫不可奪志也，精衛犧牲決心如此堅定，也非我始料所及。」胡先生說。

他想起汪精衛入京刺殺攝政王載灃前，曾血書「我今為薪兄當為釜」八個字寄給他，一時感慨叢生，隨手寫了一首五律：

挾策當興漢　持椎復入秦

問誰堪作釜　使子竟為薪

智勇豈無用　犧牲共幾人

此時眞欲絕，淚早落江濱

過了幾天，又接到香港的電報：

「方嚴訊，未遽置刑辟。」

胡先生以為汪精衛絕無生理。當初他們兩人在日本時，滿清政府曾懸賞十萬大洋，購買他們的首級，現在既然落在他們手中，那有活命的機會？因此又不禁落淚。

「精衛要是殺身成仁了，天下人都會知道，死一精衛，將會有千百個精衛繼之而起，你又何必這樣難過？」趙伯先安慰胡先生說。

「我們兩人不但是併肩作戰的同志，私人感情也如兄弟，精衛死了，對我是雙重打擊，我怎麼不難過？」胡先生說。

黃克强，趙伯先知道胡先生處理公事一是一，二是二，果斷明快，決不徇情；甚至汪精衛也勸他「不以精明者流於刻薄寡恩」。因此大家以為他是一個不大重感情的人。想不到汪精衛的事他這麼傷心，眞是男兒有淚不輕彈，只因未到傷心處。兩人不禁互相看了一眼，胡先生的重感情，實在出乎他們的意料之外。

趙伯先在星加坡一再與華僑黨員張永福等會面，談籌款的事，毫無所獲，他寫了一封信給胡先生說：「此事非我所長」，便一氣回到香港。

黃克强也回到東京。

後來胡先生到庇能，陳壁君、黎仲實也來了，他才知道汪精衛與黃理君都沒有死，判終身監禁。

胡先生知道汪精衛沒有死，便擱下其他的事，專為營救汪精衛而奔走。

一天夜晚，他在陳璧君家裡召開分部會議，希望大家贊助。可是一提到錢，大家都冷淡得很。他非常失望、傷心。入睡後，恍惚看見汪精衛已死，頭掛在城門樓上，他不禁失聲大哭。哭聲驚動了隔壁的黎仲實、陳璧君，黃金慶、吳世榮、陳新政他們也跑過來問：

「到底是怎麽回事？」

「我作了一個噩夢，夢見精衛死了，所以大哭。」胡先生回答。

黃金慶、吳世榮、陳新政他們自慚涼薄，悄悄退出。

四月十六日（五月二十四日）胡先生偕陳璧君母親衛五姑，黎仲實、陳璧君、吳世榮到星加坡，四處籌款，稍有所得，衛五姑更將她的私蓄拿出來，陳璧君、黎仲實才回香港，派人去北京探望汪精衛。

胡先生和鄧澤如仍然在星加坡繼續籌款。

一天，他們兩人去看一位新出售橡膠園得款三十餘萬的姓盧的僑商，請他捐款，細談半天，最後盧說：

「我當盡黨員的義務樂捐一份。」

鄧澤如將捐册交給他，他拿進房内填寫，很久都不出來。他們兩人等得不耐煩，只好大聲告辭，他才慢慢出來，把捐册交還鄧澤如說：

「小弟已竭盡棉薄。」

兩人走出門來，打開捐册一看，只寫了二十塊錢。鄧澤如很氣，脫口罵了出來：

「豈有此理，一個橡膠園就賣了三十多萬，捐二十塊錢還說竭盡棉薄！就憑我們兩個人的面子，和他磨菇了半天，也不止值二十塊錢！我非回去質問他不可！」

鄧澤如轉身回頭，胡先生把他拉住，自責地說：

「只怪我們自己不對，起初就不應該把這些人當作同志。算了、算了，回去，回去。」

南洋大資本家如陸佑、黃仲涵等，憑藉帝國主義剝削工人發財，平日根本不談祖國，更不知道革命是怎麼一回事。有一次鄧澤如向大霹靂的余東純募捐，余東純坦然對他說：

「我不是不知道革命很有道理，但今天的我不是過去的我，現在我有百萬以上的產業，怎麼能學你們一樣為別人玩命？」

鄧澤如氣得再也不肯去向人募捐。汪精衛這次的深入虎穴，想作搏浪之一擊，也是受了上次去南洋募捐的氣，覺得革命不易，只有自己犧牲。

不久，胡先生也回香港。

李佩書、陳璧君、黎仲實、喻培倫都住在九龍城外，胡先生時常過去和他們商量營救汪精衛的事。胡先生說他想親自去北京看看情形，陳璧君、黎仲實都說：

「你去無異送肉上砧，不但無益，反而會連累同行的人。」

此後數月，胡先生總有點精神恍惚，茶飯無心，寫文章也不能成篇，一顆心總是擺不平，不知道怎樣是好。

有一天，陳璧君忽然對他說：

「沒有大錢，救精衛的事就很難辦。近來已經走投無路，我聽說有人賭博發財，我們也不妨去孤注一擲。」

胡先生向來不作荒唐投機的事，這時他也一籌莫展，大表贊同。大家七拼八湊湊了一百塊大洋，胡先生便偕同陳璧君、李佩書一道去澳門賭場。陳璧君剪髮作男人打扮，與李佩書扮作少年夫妻。

他們三個人都是十足的外行，從來沒有進過賭場。一進門就眼花撩亂，糊裡糊塗地把一百塊大洋跟着別人放到輪盤上，自己還沒有定神，錢就被別人收去了。

三個人像太傻瓜一樣走出賭場。陳璧君又後悔又生氣，想到明天的菜錢都沒有，便向海邊跑，她想跳海自殺，胡先生趕上去一把拉住她，安慰她說：

「我們眞是急瘋了，才做出這樣糊塗的事。現在應該清醒清醒，不能再糊塗了。」

陳璧君欲哭無淚。胡先生默然無語。

以後陳璧君籌到了一點錢，她便和黎仲實一道去北京活動。胡先生送行時和她握手道別，不禁脫口唸了兩句葉清臣賀聖朝的詞：

「不知來歲牡丹時，再相逢何處？」

他們兩人都悽然落淚。

十四

六月初五（七月十三日）孫先生經由三藩市、檀香山、日本來港，約胡先生、趙伯先、黄克强等商量再發動進攻廣州計劃。孫先生一看見胡先生便說：

「我知道你們想營救精衞，但我想再起革命就是救他。因為殺太上皇居然可以免死，在中國歷史上没有前例，何況滿洲？他們之所以不殺精衞，實在是被革命的氣勢嚇住了。你既然認為滿清必亡，何不勸璧君仲實他們集中精力於革命軍事行動？而聽任他們到北京去作那種無益的事？我想不到你也被情感冲昏了頭，失去了理智！」

「當初我的確是因為和精衛的情感太好，不顧一切的去救他。不過現在漸漸冷靜下來了，恢復了往日的精神。」胡先生回答。

孫先生聽他這樣說，便不再責備他。

黃克强也因為最近的失敗，顯得相當困頓，而且面有憂色。孫先生鼓勵他說：

「我失敗的次數比你們任何人都多，可是我從來沒有氣餒過。革命本來就不是檢便宜的事，失敗是成功之母，今天的失敗，就是明天的成功，有什麼好灰心的？現在國內革命風潮正高，華僑的革命思想也比從前堅定多了，只要我們有計劃，有勇氣，革命一定成功。」

黃克强因為和孫先生相處的日子沒有胡先生多，不知道孫先生失敗時是什麼心情。孫先生失敗時的確不曾灰心，他認為失敗是革命必經的過程，不斷演進必然成功。胡先生、汪精衛失敗時便以詩詞小說消遣，孫先生却專心研究專門巨著，以吸取經驗教訓。汪精衛常說他生平沒有看見第二個人能够如此冷靜進取。

黃克强聽了孫先生的話，也振作起來。趙伯先說：

「如果眞要再舉事，應當恢復黨內外機關，以便指揮各省同志，分途進行。這樣一來，又需要很多經費。」

孫先生同意，隨即召集當地黨員，對大家說：

「上次廣州起義雖然失敗，但那是我們自己聯絡不好，走漏了消息，不是敵人怎麽堅强。現在國內國外革命形勢對我們十分有利，滿清政府已經風聲鶴唳，草木皆兵，因此我決定再接再勵，在廣州起事。不過革命要錢，希望大家能够盡自己的力量，捐獻出來。聚腋成裘，聚沙成塔，有錢便好辦事。」

當晚就捐了八千。以後又分派黨員到各地勸募，數日之內便達五六萬元。孫先生說的革命形勢有利，從這件事也可以看出來。

六月十三日，孫先生赴庇能，月底，派胡先生赴安南籌款。

十月十二日（十一月十三日），孫先生在庇能召開軍事會議，胡先生、黃克强、趙伯先、鄧澤如、黃金慶、吳世榮、孫先生的哥哥孫德彰，都參加了這個會議，決定以新軍作主幹，並選拔黨人五百人為先鋒，負責發難，領導新軍和民軍。如果廣州得手，便由黃興領軍出湖南，趙伯先領軍出江西，直趨南京，並決定籌款十萬元。孫先生赴歐洲籌款，胡先生赴南洋各埠籌款，大家分途進行，但成績不太理想。

一九一一年二月初，胡先生自西貢回香港，黃克强、趙伯先已經先到，國內和東京本部黨人也紛紛來港，為了便於指揮聯絡，便在香港跑馬地三十五號成立統籌部，以黃克强為統籌部長，趙伯先為副部長，軍事方面卸以趙伯先、黃克强為正副總指揮。統籌部分設調度、交通、儲備、編制、秘書、出納、調查、總務八課，胡先生負責秘書課。

三月初十（四月八日）在統籌部開發難會議，決定三月十五（四月十三日）發難，十路進攻廣州，由趙伯先、黃克强、林時塽、熊克武、何天炯、姚雨平、陳炯明、張醁村、徐維揚、劉古香等分任召集人，共得四百多人。新軍由姚雨平、趙伯先舊部繼續運動，民軍由朱執信、胡毅生負責進行作為支援。長江上下游同時發動呼應；陳英士、宋教仁、譚石屏（人鳳）、居正（覺生）等都受約束行事。又事前秘密運輸武器到廣州，並在廣州佈置機關。運輸由胡毅生黎仲實負責；運到廣州後，便以女黨員秘密配送，因此胡先生夫人淑子女士，妹寧媛女士天天都為這件事奔走。在廣州城設立製造彈藥機關兩處，由喻培倫、李應生兄弟分別負責。

黃克强以為趙伯先、胡先生都是廣東人，認識的人多，恐怕暴露身份，他請求自己先到廣州佈署，在趙伯先未到廣州時，由他代行總司令職權。

一九一一年四月初（舊曆三月）一切準備都快好了，想不到黨員溫生才突然於初十刺殺廣州滿將孚琦，廣東省和香港黨部事先都不知道這件事，溫生才的壯烈成仁，反而妨碍了革命的軍事行動，一方面是革命軍不能利用敵人的恐怖心理，一方面使敵人提高了警覺，加強了戒備。

黃克強臨行時已經決定猛攻督署，同時以一部份兵力襲擊水師行臺，一部份兵力襲擊督練公所。新軍與巡防營傾向革命的，則於最短期間內入城，鞏固戰果，傳檄全省，估計一兩天內全省可定。

二十六日，傾向革命的觀音山巡防營突被調往別處，革命機關也有一兩處洩漏，幸好沒有牽連到其他機關。

黃克強和在廣州重要幹部緊急會商，決定展期，並遣各選鋒返港。二十八日，統籌部又接黃克强密報，又定於二十九日發動。

胡先生、趙伯先又趕快派選鋒上廣州，但很多人來不及成行。

趙伯先、胡先生於二十九日晚間分船抵達廣州，船已不能停靠碼頭。滿清軍艦派人上船檢查，胡先生知道這不是好兆頭。他和陳璧君、黎仲實、方君瑛、李佩書同船，檢查員手上拿了他們的照片，看了半天，他們強作鎮定。胡先生生怕李佩書、陳璧君兩位女同志露出馬脚，暗自擔心。幸好陳璧君膽子大，她不在乎，李佩書看她面不改色，膽子也大了起來。胡先生早已置生死於度外，平時也比別人冷靜，堅強、這時仍有一種凜然不可侵犯的正氣。檢查員也似乎有意放他們一馬，看看照片，又看看人，然後不聲不響地走了。

隨後又有警察上來盤問，胡先生用普通話回答，警察以為他們是外省旅客，也就算了。

他們一道進入海珠酒店。黎仲實先回家，隨即請他姑母來酒店通報說：

「黨人圍攻督署已經失敗，死了很多，現在偵緝隊到處抓人，旅館周圍也佈滿了偵探，你們應該趕快躲到鄉下去，繞回香港。」

李佩書聽說失敗，又死了很多人，不禁失聲大哭。陳璧君連忙用手掩住她的嘴，教她不要再哭。胡先生說：

「此地不是死所，應該趕快進城，我想一定還有沒有破獲的機關，可以作為據點，繼續殺敵。」

陳璧君便和黎仲實姑母一道出去打聽，兩小時後回來說：

「城門緊閉，不准進入，應該作其他打算。」

方君瑛接着說：

「我有一位姓魏的親戚，是水師學堂總辦，家在城外，不如先到他家，或者有機會進城。」

胡先生同意，大家一道去魏家。

到魏家時，魏某人和家眷都躲藏起來了，只留下丫頭老媽子看家，陳璧君叫她們作飯。

胡先生用日語和大家商量：

「我們手無寸鐵，求死不能，不應該長久留在敵人手中，不如上船回香港，以後再捲土重來。」

於是大家連夜上船。船上已經有警察在檢查，看他們好像避亂的外省官眷，就不大留難。

在船上他們還强自鎮定。半夜到達香港時，看見淑子、寧媛在碼頭等候，大家不禁抱頭痛哭。

原來淑子、寧媛兩人比他們先回香港一步，她們已經知道這次失敗，死了很多同志，却不知道胡先生他們生死如何？因此十分擔心，便在碼頭守候，等到見到他們回來，便有再世為人的感覺，眼淚便如突破堤防的洪水，一發不可收拾。眼淚裡有夫妻之愛，手足之情，和同志的愛與關懷。

他們原先以為黃克强必死無疑。就是以他們幾個人的情形推算，趙伯先恐怕也活不成了。

第二天，趙伯先回來，帶來黃克强的親筆信，才知道原委。起初本來決定延期舉事，因為姚雨平說新調防到廣州的軍隊更有把握運用。林時塽等都慷慨地說：

「我們只求殺敵，革命黨人的血流不完，革命黨人也死不盡，成功失敗，不必斤斤計較。」

黃克强也說：

「如果延期，我們都要出城躲避，重入虎穴，很不容易。我們準備了快一年，還延退却，何以對天下人？」

在場的沒有一個人說退，因此取消展期。

二十九日下午四時，黃克强率領一百多人，以手槍炸彈猛攻督署，衛隊管帶上前抵抗，當場被打死，其餘士兵都逃走了。

黃克强、朱執信、林時塽、李文甫、鄭坤、嚴驥等衝到張鳴岐的臥室，搜不到張鳴岐，就在他床上放把火走了。

出來時正好碰着李準率領大隊人馬趕來，雙方交戰很久，黃克强他們人少，彈藥不够，便分三路突圍。

黃克强率領了幾十個人走大南門，碰上了巡防營，邊打邊走。他忽然回頭一看，身後一個自己的同志也沒有，連忙用肩推開一家店門，隨後追來的敵人，被他一連打死了七八個。他躲進店內，敵人走後，才找到機會出城。

本來朱執信、何克夫都是跟着黃克强的，他們邊打邊退，打到雙門底，子彈打完，他們便躲進朋友家去了。而喻培倫、方聲洞、宋玉琳、劉元棟、李文甫……都先後成仁，有些是彈盡力竭被捕後遇害的，當時只知道一共七十二位，後來又查出十四位，總共八十六位。其中除了一位姓王的是工人，姓鄭的是農人外，其他的都是世家子弟，一介書生。他們參加攻打督署，都抱着必死之心，有的先寫好了絕命家書，其中李炳輝本來是大霹靂的華僑，他母親知道他參加革命，寫信要他回去，他却給他母親寫了一首七言絕句，作為答覆：

回頭二十年前事，此日呱呱墜地時；
慚愧劬勞恩未報，只緣報國誤烏私。

壯烈成仁時剛好二十歲。

其他被捕後審訊的，供詞多洋洋洒洒長達好幾千字，義正辭嚴，然後從容赴義。張鳴岐、李準不敢將供詞公開，擔任審判的清吏，有愛他們的文詞的，便暗自傳誦出來。

黃克强雖然没有死，但他右手的兩根手指也打掉了。第二天，他逃到香港，十分傷心，右手不能執筆，請胡先生替他作報告，告海內外同胞。他講，胡先生寫，講的時候他聲淚俱下，而且說姚雨平、胡毅生、陳炯明三人虛妄誤事、該死。胡先生當時也悲憤至極，照寫不誤，而且共同署名。後來朱執信、何克夫逃出以及各方的調查，證實出於誤會。因為起事時間，再三更改，力量不能集中，李準未受打擊，及時支援，加上與防營聯絡作戰方法，發生問題，不能呼應，所以進攻督署，不能一舉成功。

胡先生知道香港警察會逐戶搜查黨人機關，一方面銷燬秘密文件，一方面與黃克强遷居九龍。

孫先生在三藩市還没有接到他們兩人的報告，看到報紙後就打電報到香港黨人機關，而無人名，因為報紙上誤傳胡先生已死。電報只有三句話：

「聞事敗，各同志如何？何以善後？」

汪精衛在北京獄中，看到報紙說胡先生死了，當時哭暈過去。醒後和淚寫了一首五律，其中有兩句是：

「如何兩人血，不作一時流！」

趙伯先因為悲憤至極，便借酒消愁，痛飲半月，突患盲腸炎，病危時才去醫院開刀，但已化膿，終於不起。

胡先生、黃克强，因怕香港警探發現，不敢送喪。但內心的悲痛却難以形容。胡先生想起當初黃克强赴廣州之前，寫信給朋友說：

「丈夫不為情死，不為病死，當為國殺賊而死。」

趙伯先對這幾句話還特別稱讚，想不到他自己却病死香港。胡先生十分痛惜黨內又損失了一位大將人才。上次廣州起義時，倪炳章戰死，他很傷心；這次趙伯先又因為攻督署失敗，悲憤而死，連失兩員大將，他更加痛惜。

黃克强性子急躁，常常看着失掉的兩個指頭的右手生氣，跺脚，自言自語：

「如果逮住了張鳴岐，殺了李準，失掉兩個指頭我也甘心！現在我少了兩個指頭，那兩個傢伙却毫髮未傷，我黃興怎麼能嚥下這口氣？」

「孫先生說過，失敗是成功之母，這次我們的損失雖然很重，但是下次還可以東山再起。」胡先生安慰他說。

「東山再起？」黃克强望望胡先生，重重地嘆口氣說：「黨裡的同志，犧牲這麼多，而且都是精英，東山再起，談何容易？」

「林時塽不是說過，革命黨人的血流不完，革命黨人也死不盡嗎？」

「可是他自己都死了，像他這樣優秀的同志，那裡去找？」

想起林時塽，胡先生也很難過。他是福建侯官人，十一歲時就能詩能文，十九歲赴東京留學，初進成城學校，後上日本大學習法律，並加入同盟會，曾任民報經理，星加坡中興日報總編輯。他和黃克强的私交最好。黃克强告訴胡先生，攻總督署時，他左手執號筒，右手握手槍，身懷炸彈，腰佩短劍，首先衝入總督署，投擲炸彈，搜索張鳴岐，張鳴岐已先逃走，他憤憤出來。在東轅門外，遇到大隊清廷援軍，他勇往直前，向清軍高聲喊話：

「我們是為漢人吐氣，你們也是漢人，漢人不打漢人，歡迎你們參加革命！」

話剛說完，一粒子彈飛來，正中頭部，腦漿迸裂而死。

想到這裡，胡先生也沉痛得不能再講話。

黄克强突然雙手握拳，咬牙切齒地說：

「現在只有實行個人暗殺，否則對不起死難的同志。」

本來胡先生不大贊成暗殺，因為孫先生說過這樣的話：

「暗殺應該顧到當時革命的情勢，與敵我兩方損失的輕重。如果暗殺阻止了我方其他運動的進展，就是殺了敵人的巨魁，也不值得；敵人勢力未破，死了張三，會換上李四，照樣作惡。我們以自己的優秀同志去作這種事，實在不合算。如果暗殺與革命計劃相互配合，而不動搖我們的根本，這樣才行。」

這次「三二九」之役，如果不是三月初十突然發生了溫生才暗殺孚琦的事，便不會打草驚蛇，使敵人嚴加戒備，因而失敗。所以汪精衛要實行暗殺，胡先生不贊成，因為他是黨內不可多得的人才。但是現在黄克强說要實行暗殺，他却點頭同意：

「這不但是為了替死難的同志復仇，也要使敵人膽寒，同時重振我們的士氣。」

胡先生料理「三二九」之役善後完畢，便去南洋，隨後又到西貢，住美荻街三十四號和泰東京莊，從事籌款，並積極擴充安南黨務。派人赴各地宣傳，加盟的很快超過了一萬人，閏六月初一，在逸仙大樓成立與仁社，作為安南黨務統一機關。黃克强則密令黨人進行暗殺。

六月十九日、陳敬岳、林冠慈，在雙門底以炸彈炸李準，不幸失手，林冠慈當場斃命，陳敬岳被捕處死。

但是黨人前仆後繼，九月四日，李沛基終於炸死了滿將鳳山。

原來李沛基奉到暗殺密令後，便和他哥哥應生，以及周之貞、高劍父等，在南門出城必經之地的倉前街，開了一爿假店，在屋簷裝了三顆炸彈，以木板掩蓋，大的有十七磅重。木板上暗裝了一根繩子，通到屋後，割斷繩子，炸彈就會掉下來。

九月四日早晨，接到密報，說鳳山要從這裡經過，其他同志夥伴都先走了，只留李沛基一個人執行任務。

鳳山適時偕衛士十多人到來，他坐在轎子裡面，前呼後擁，十分威風。李沛基看得十分清楚，鳳山一行人剛到門口，他就在屋後割斷繩索，轟然一聲，鳳山上半身炸成灰燼，一隻腳飛出幾十丈外，衛士全部炸死，並排七間店面全部倒塌。李沛基也被震倒，人也成了灰人。他爬起來就跑，遇到一個四五歲的孩子指着他訕笑：

「喲，爬灰的！爬灰的！」

李沛基恍然大悟，連忙拍掉身上的灰塵，抱起孩子哄着他說：

「小弟弟，你眞乖！我買糖給你吃。」

小孩子聽說有糖吃，十分高興，讓李沛基抱着他走。到大街之後，買了一包糖果交給小孩子，然後從容出城。這時李沛基不過十六七歲。

由於鳳山死得很慘，報紙又大加渲染，不但張鳴岐、李準膽落心寒，滿清大臣與各省疆吏，都人人自危；革命黨人的士氣也大振。胡先生所說的兩個目的同時達到。

十五

三月二十九日廣州之役以前，統籌部已密令陳英士、宋教仁、居覺生、譚石屏等在長江方面支援廣州革命。因此沿江各省，黨人活動十分積極，已到了風聲鶴唳，草木皆兵的地步，尤其是長江中游重鎮武漢方面，清廷新軍中的革命黨人已經佔了一半。恰巧這時四川發生鐵路風潮，端方調兵入川鎮壓，湖北總督瑞澂，便將最富革命思想的步兵第三十一、三十二聯隊調往四川，以分散新軍中革命份子的勢力。留在武漢的只有砲兵工輜等營，而且子彈大部被瑞澂沒收，每人只留五顆。但軍中革命份子仍然躍躍欲試。

武漢的革命機關突然被破獲，捕去了三十多位黨人，並且搜出黨人名冊。這時胡瑛還在武昌坐牢，他聽到消息便設法通知陳英士等不要到武漢來。

新軍中士兵參加革命黨的已經很多，名冊既被搜去，不免人人自危，為了活命，便迫不及待地採取行動。

八月十九日(十月十日)夜晚，草湖門四馬路民房失火，城內工兵隊熊秉坤等乘機集合革命份子，丟掉原來肩章，臂纏白布為號，叫嘯衝出營房，隊長阮榮發出來阻止、吆喝：

「你們好大膽子，居然敢造反了？還不趕快回來！」

一顆子彈迎面飛來，正中咽喉，阮榮發立時倒地。

熊秉坤等便去攻擊楚望臺，擊斃旗人一百多名；又轉戰軍械局，奪取子彈，進攻督署，城下輜重隊放火響應，破門入城，與工兵隊會合。十點多鐘，砲兵隊已攻佔蛇山，以機關炮助戰。

瑞澂命張彪等率部抵抗，他和布政使連甲等却躲到楚豫艦上。張彪知道瑞澂他們都逃跑了，他那有心打仗，也隻身逃到漢口去了。

半夜砲聲停止，整個武昌都掌握在革命份子手中，但革命黨重要幹部都沒有及時趕到，蔡濟民不得已，便抬出清軍二十一混成協統黎元洪為都督。

湖南江西兩省次第響應。廣東張鳴岐為了緩和人心，也通電宣布獨立。廣東人士歡迎胡先生出任都督。胡先生正在西貢籌款，得到消息，連忙趕回香港。

幾天後，張鳴岐又取消獨立。胡先生連忙命令黨人散發傳單，歷數張鳴岐罪狀；一面運動軍隊驅逐張鳴岐，同時要朱執信、胡毅生潛入內地，發動民軍進逼省城。

在三月二十九日之役時，黃克强他們攻入督署，為什麽抓不到張鳴岐？原來張鳴岐躲到李準那兒去了。李準因為自己有功，便不把張鳴岐看在眼裡。張鳴岐受不了這口惡氣，又怕李準奪走他的位置，便奏請清廷調龍濟光部到廣東來，因為龍濟光是他任廣西巡撫時的部將。

龍濟光調到廣東後，又兼任廣東新軍鎮統，地位權力都在李準之上，因此李準憤憤不平。

胡先生得到這個情報後，當時就派了一位密使去和李準聯絡，密使對李準說：

「革命的目的是推翻滿清專制政府，為漢人揚眉吐氣。你是漢人，何必効忠滿清政府？何況你救了張鳴岐，張鳴岐不但不感激你，反而調他的親信龍濟光來壓迫你，在這種情況之下，對你實在不利。」

李準沉默很久，過後才說：

「我實在無路可走。」

「如果你肯棄暗投明，我保證你有更光明的前途。」

「你是說投効革命黨？」李準壓低聲音說。

密使點點頭。李準遲疑地說：「恐怕革命黨不會忘記三二九。」

「革命黨不究既往。革命黨的大敵是滿清，不是漢人。」密使說。

「我怕黃興他們忘不了那筆仇恨。」李準仍然遲疑不決，他記得那天他和黃興那批人碰個正着，一見面就開火，打死了不少革命黨，黃興的兩個手指也被打掉，這些事他都知道。後來他之所以被刺，他也知道是黃興派人幹的，雖然只負輕傷，但他知道革命黨不會和他罷休。

「只要你不和革命黨作對，我就敢保證革命黨不會和你為難。」

李準不是初出茅廬的小子，他很深沉老練，他打量了密使一會，很有禮貌地問：

「請問閣下是代表那一位說話？」

「胡漢民胡先生。」

李準沉吟很久，過後才說：

「現在時機還未完全成熟，我不能明目張膽地贊成革命，不過以後我對革命黨人可以睜一隻眼閉一隻眼就是，麻煩你向胡先生致意。」

「好，今天我們就談到這兒為止。」密使知道李準已經動搖，笑着起身告辭。

「我不奉送，」李準站起來輕輕地說：「今天我們的談話千萬守口如瓶。」

密使會意地一笑。李準吩咐馬弁把密使送了出去。

從此之後，李準不再和革命黨結怨，還為革命黨人陳敬岳說情免死，暗中護送但懋辛回家，中路清鄉的任務他也讓給別人。

這樣一來，張鳴岐更懷疑他與革命黨人勾結，便和龍濟光商量：

「我看李準這傢伙越來越不對勁，濟光，你以為如何？」

「當初他為革命黨陳敬岳求情，我就覺得奇怪，」龍濟光說：「現在他又推掉中路清鄉任務，這就更可以證明他在暗中與革命黨私通了。」

「在這種情況之下，我又不便奏請朝廷革他的職。」張鳴岐審慎地說。

「大人還有什麼顧慮？」龍濟光問。

「一來他手下還有不少兵力，二來我又怕眞把他逼上梁山。」

「有我在這裡，他還能造反不成？」

「話不是這麼說。你要知道，現在我們只能吃補藥，不能吃瀉藥。」

「依大人之意，應該如何處置？」

「他既然不肯擔任中路清鄉任務，我想趁機把他所統領的中路三十個營，撥給你指揮，你看怎樣？」

龍濟光心裡高興，嘴裡可不說出來。只是順水推舟：

「大人認為怎樣安全就怎麼處置好了。」

「好，這件事我們就這樣決定。」張鳴岐果斷地說，隨後又沉吟起來：「不過，虎門要塞還在他手裡，也應該釜底抽薪才是。你看有什麼更好的辦法？」

「大人要是想釜底抽薪的話，那就把大炮的撞針收回來好了。」

張鳴岐嗯了一聲，手在桌上輕輕怕了一下，表示讚賞：

「好！就這麼決定。」

李準被抽走了三十營兵力，虎門要塞大炮又取走了撞針，彷彿老鷹剪掉了翅膀。他知道張鳴岐不能容他，但又不敢相信革命黨人，因此他秘密派遣幕友謝義謙到香港來看胡先生。謝義謙是黨人謝良牧的叔父，謝良牧帶他見胡先生，胡先生待之以禮，謝義謙便坦率說明來意：

「胡先生，這次李大人要我專程到香港來看你，實在很有誠意。但他對三二九的事始終耿耿於懷，恐怕革命黨不會原諒他，所以不敢貿然採取行動。」

「這點請他放心！」胡先生毫不遲疑地回答：「革命黨不報私仇，我們革命是為漢族請命。現在滿清政府大勢已去，如果他能及時反正，效忠革命，可以將功贖罪，這是他最好的機會。他本來認識精衛，還不能相信革命黨嗎？」

「有胡先生的金言，我就可以回去向李大人交差了。」謝義謙十分高興地說。

謝義謙回廣州報告李準，李準還不放心，問他：

「你看胡先生的話眞的可靠嗎？」

「我看胡先生是個說一不二的君子，又是同盟會南方支部的負責人，他的話應該信得過。」謝義謙說。

「我也聽說胡先生是個正人君子，只是他們人多嘴雜，萬一參加三二九之役的人中途反對，我就左右為難了。」李準世故地說。

第二天，他又秘密派遣電報員黎鳳墀到香港來，由韋寶珊帶來求見。黨人怕李準不可靠，有不主張接見的。

「李準是滿清的爪牙，和這種人打交道靠不住，說不定還會中他的圈套。」

「現在武漢起義已經成功，江西湖南已經獨立，形勢對我們絕對有利。李準已如喪家之犬，加之又受張鳴岐壓迫，他個人決不敢存有不利於我們的念頭。我收李準，廣州就可以不戰而定，退一步說，縱有危險也值得一試。」

大家看胡先生意志堅決，便不再講。胡先生坦然接見黎鳳墀，而且開門見山地對黎鳳墀說。

「黎先生，我已經明白你的來意，我坦白告訴你，現在你們李大人只有兩條路好走：一、若是為滿清盡忠効死，就應該與革命黨再戰；二、如其不然，就應該歸順革命黨。首鼠兩端，禍在眉睫。現在我只問他的決心如何？」

黎鳳墀看胡先生説話斬釘截鐵，知道不能討價還價，便說：

「李大人已經下定決心，要歸順貴黨，但是不知道貴黨的條件如何？」

胡先生早已胸有成竹，馬上提出四個條件：

一、李準應該親自書寫降表，同時廢去滿清旗幟，改用青天白日旗幟，通電反正。

二、立刻驅逐張鳴岐，逼迫龍濟光投降。

三、歡迎民軍。

四、在李勢力範圍内的要塞、兵艦、軍隊，必須全部交出，由革命政府處理。

黎鳳墀滿口答應，立卽回到廣州。第二天，帶來李準上書同盟會南方支部，表示降服，並遵照胡先生所開條件，一一執行。

他首先向龍濟光下説詞，龍濟光當初是由雲南調出來的，這時雲南已經宣佈獨立，他知道大勢已去，李準又已向革命軍投誠，李所統率的兵艦砲火犀利，不能輕視，犯不着和李為敵，只好順水推舟。

李準知道龍濟光已經動搖，便打電話給張鳴岐：

「報告大人，現在形勢已經很明顯，我決定擁護革命，識時務者為俊傑，大人你怎樣打算?」

張鳴岐聽了電話一驚，但他還强自鎮定，反而對李準說：

「現在鹿死誰手，還很難說定。我們的部隊元氣未傷，也不是紙扎的人馬，怎能望風投降?」

「報告大人，我說了識時務者為俊傑，我既然擁護革命，你就看着辦吧！你以為陸軍部隊抵得住我手下兵艦的大砲嗎?」

張鳴岐掛下電話，連忙找龍濟光。一見面他就問龍濟光：

「李準反了，你能不能撲滅他?」

「不能。」龍濟光搖搖頭，他說兵艦上的砲厲害，步兵打不到兵艦，兵艦却可以攻打步兵。

張鳴岐知道自己完全孤立，而南海、番禺、順德的民軍又漸漸逼近，香山新軍一營叛變，南路東江都來告急，恰巧上海也打來電報說「京陷帝崩」，他便搜刮全城官庫，發龍濟光部雙餉，自己則席捲官庫餘款潛逃。

張鳴岐逃走後，李準電告胡先生：「張鳴岐已走，諮議局開會，已舉公為都督，盼卽來省。」

隨後諮議局及廣州黨人陳景華、鄧慕韓等也來了電報，並且說已舉蔣尊簋（伯器）為副都督，在胡先生未到廣州時，由蔣尊簋暫代。本來前一天諮議局已開會宣佈獨立，並舉張鳴岐為都督，龍濟光為副都督，輿論大譁，張鳴岐龍濟光都不敢就職，李準更適時對張要挾，各界再在諮議局開會，限制選舉黨人為都督，於是一致推選胡先生擔任。

香港黨人以李準新降，龍濟光居心叵測，新軍在廣州只有兩營，朱執信、胡毅生都未到省，胡先生手下無一兵一卒，都勸他不要冒險到廣州去。

胡先生絲毫不為所動。當年東京學潮，秋瑾他們已判他死刑，秋瑾率領各省分部黨人浩浩蕩蕩地要他出來相見，他便單刀赴會，毫不退縮，對現在這件事他更義無反顧。他對大家說：

「諸位的好意我很感激。但是現在革命空氣已經籠罩全國，廣東已經起義多次，鳳山被炸之後，滿清官吏個個膽顫心驚，我們所靠的不僅在兵，更重要的是一股正氣，如果我稍一遲疑，李準、龍濟光他們豈不笑我胡漢民怕死？我身為革命黨人，豈可持重求全，去作太平官？正因為怕他們翻手為雲，覆手為雨，所以我要趕快去。」

當晚他即偕夫人淑子、妹寧媛、謝良牧、李應生、李文範、黃大偉、李郁堂趕往廣州。

抵廣州時，果然看見河中兵艦都懸掛青天白日旗幟。上岸時李準率領部屬歡迎，隨後步行到諮議局，接受各界歡迎。蔣伯器卽日移交。

十六

諮議局在滿清時官紳結納，作威作福，其組成份子純為紳士，此時諮議局性質已有改變，商人抬頭，士紳隱退，由官紳結納，演變為官商勾結。因此，商會、教育會、善堂、報界成為諮議局的樑柱，這些構成份子都是小資產階級與知識階級。而廣東善堂則為特殊的慈善團體，在滿清時附庸士紳，此時則附庸商人。所以張鳴岐反革命時，九善堂與七十二行商會通電誣蠛革命，指為廣東輿論代表；張鳴岐逃走後，又通電頌揚革命，好話說盡，這就是商人的本質。

胡先生受任廣東都督時，原任官吏都已走光，陷於無政府狀態。因此他任命陳景華為民政部長，先處理警政；任命李郁堂為財政部長，處理財政；陸軍部長、參謀長為新軍反正時所推的舊人；任李文範（君佩）、汪宗珠等為秘書、參議。並通電內外，通令剪髮，布告安民。

這時財政問題最為嚴重，清理官庫，只有一萬元，而新軍及旗營等部隊官兵薪餉一個月就需要二十多萬元。張鳴岐逃走時訛說過這樣的話：

「革命黨就是得到廣東，也守不到三天。」

胡先生知道情形嚴重，立刻採取兩項緊急措施：一方面要李郁堂、楊西巖、陳賡虞等向港商借款四十萬，三個月加倍償還；一方面將張鳴岐印行而未流通市面的紙幣兩千萬元加蓋軍政府財政部印公開發行，使商會承認通用。這樣就解決了財政困難。

軍事問題最為複雜。新軍全協向來是革命中堅份子，但這時黃仕龍所率領的一團在高州，廣州的一團又分了一營到香山，因此勢孤力單。巡防營共有六十多營，人數最多，但武器與訓練又遠不如新軍，而且散佈全省。中路三十營原歸李準指揮，張鳴岐削去李準二十四營，只留六營，幸好統領偏裨都是李準舊部，所以李準還可以號令指揮，龍濟光率領九營濟軍來廣東，再加上合併桂軍的三營，共十二營，兵力集中，但新到廣州不久，受革命影響不深。龍濟光雖隨李準反正，並非忠於革命，只是觀望而已。連李準也是迫於一時利害，歸順革命。民軍雖以首義自居，但份子複雜，素質太差，以赤貧農民與因失業而流為土匪的為基本隊伍，加上裹脅鄉團及防營的散兵游勇而成，無異烏合之衆，但士氣旺盛，自視又高，把其他部隊看成俘虜。其他部隊又把他們看成土匪草寇，稍一不慎，就會引起火拼。因此胡先生決定先鞏固新軍，使居中不動，監視降軍與防營，以壯民軍聲勢。

這時朱執信、胡毅生已來廣州，受他們平日運動的如李福林、陸蘭清、譚義、張炳、黎義等人都很服從，便對他們的部隊補助軍費，予以積極訓練。其他如楊萬夫、石錦泉、周康等便任為民團督辦編練。但這一着沒有效果，因為民軍首領跋扈成性，督辦劉永福雖在安南抗法、臺灣抗日有名，平日為會黨游勇信服，不過這時他已經老了，加上用人不當，他的副手何克夫也無法糾正，所以治事一月，毫無成績。後以黃世仲取代他，黃雖能操縱關人甫、王和順之流，但他又包藏禍心，想使民軍作亂。

李準對軍政府極為服從，但他的部隊受人煽動，使他無法指揮，加上黨人揚言要為七十二烈士報仇，他十分害怕，逃上兵艦，不再上岸，他的部隊更加離散，他便稱病辭職。

胡先生為了安慰他，特地親自前往探視。李準警衛森嚴，艦上士兵兩手端着步槍，槍尖上了刺刀，子彈也進了膛，對胡先生虎視眈眈。李準也雙手握手槍，嚴陣以待。一看是胡先生，才把槍插進槍袋。

「你怎麽這樣如臨大敵？」胡先生笑着問他：「我還以為你眞生病呢，所以特別來看你。」

「不瞞都督說，」李準嘆了一口氣回答：「不是我李某人多心，實在是黨人始終不原諒我，連夜以水雷炸彈進攻我的兵艦，我怎麽敢掉以輕心？」

「眞有這回事？」胡先生笑著說，他實在不知道黨人是否對他採取行動，「還是你杯弓蛇影？」

「決非我杯弓蛇影，實在有人要取我的性命。」李準心有餘悸地說。

「那我今天晚上陪你在兵艦上住一夜，看有沒有什麽動靜？」胡先生說。

「那怎麽敢當？」李準搖搖頭。「都督實在不必冒這個險！」

「我對人向來開誠布公，如果我不住在艦上，何以向你交代？」胡先生說。

「都督言重了！」李準惶恐地說：「無論如何，我不能讓你冒這個險。萬一風吹草動，那我更該死了。」

胡先生還是堅持要住在艦上過夜。李準無奈，也只好由他。

胡先生趁在艦上過夜的機會，對李準說了不少安慰話。不知怎麽的，這天晚上竟平安無事。

「昨夜如何？」第二天早晨，胡先生起床，看見李準，笑着問他。

李準十分感激，幾乎落淚。過了很久才說：

「都督住在艦上，誰敢來犯？我托都督的福，一夜無事。但都督不能天天陪我，而不過問政事。請都督回府，如不十分危急，我仍然在艦上聽命。」

胡先生吃過早餐後，便回府上班。

胡先生走後，李準又十分擔心。他的母親妻子更哭着勸他：

「革命黨人不會忘記『三二九』的事，你還是趕快逃到香港去吧！我們也不要在這裏提心吊膽。」

「我也知道革命黨人不會忘記『三二九』，但是胡先生對我這樣推心置腹，使我一時也難下決心。」李準說。

「胡都督雖然言而有信，但是革命黨人多手雜，胡都督也不知誰會放冷槍。」李準的太太說。

「我這麽一大把年紀，也應該落個壽終正寢，你總不能要我陪着你玩兒命？」李老太太又哭又說。

李準無可奈何，只好携家帶眷逃往香港。

十七

在軍政府成立之初，龍濟光還留着一條大辮子，盤據城內，不准民軍進入。他看到軍政府有條不紊，其他部隊紀律漸漸嚴明，覺得張鳴岐絕對無法捲土重來，這才剪掉大辮子，完全服從命令。

蔣伯器在反正之前，態度曖昧不明，這時亦見機而退。

當初陳炯明（競存）、鄧仲元攻打惠州，曠日持久，實因守將秦炳直不願投降。胡先生知道秦炳直是李準舊部，便對李準說：

「現在滿清政府已經垮了，張鳴岐也跑了，苦守惠州一地無益，而且也守不下去，你不如去封密電，勸秦炳直早日投降，免得生靈塗炭。」

李準倒很聽話，隨即去了一封勸降的密電給秦炳直。同時鄧仲元也派人秘密運動另一守將洪兆麟，雙管齊下，秦炳直不得已，始開城投降。

胡先生立即發餉十萬，慰勞陳炯明部隊。

惠州既定，又邀陳炯明到廣州來。鄧仲元先到，與胡先生談惠州軍事，既高興又感慨：

「如果不是都督收了李準，廣東的局面是什麼樣子，就很難説。連惠州這麼一個小地方我們都費了許多手脚，最後還得力於李準的一封電報，可見很多事不能力取。」

「這次攻打惠州，你是智勇雙全。」胡先生也高興地讚揚他：「總理革命，手無寸鐵，不過因勢利導，所以我們革命黨人應該多用頭腦。」

這時黃士龍也電告胡先生反正。

黃士龍一到廣州，就造謠説：

「陳炯明將以重兵進攻廣州，胡漢民、陳炯明必然有一番龍爭虎鬥。」

他一見到胡先生，表面上雖很恭順，可是却借機攻擊林雲陔：

「林雲陔在高州殺人放火，罪大惡極。」

胡先生知道林雲陔是奉黨內命令在高州起義的，而黃士龍卻率新軍前往鎮壓。因為士兵受革命思想影響，不肯打仗，黃士龍才被迫反正，把部隊交給蘇慎初，隻身到廣州來。他既造謠於先，又當胡先生的面講林雲陔的壞話，胡先生不但覺得他為人荒謬，也對他起了戒心。

但是各界代表大會開會時，除推陳炯明為副督外，又推黃士龍為參督。推陳炯明為副督是胡先生的主張，推黃士龍為參督却是出於一部份自稱穩健的黨員的主張，而事先又沒有告訴胡先生，所以胡先生沒有來得及糾正。

陳炯明在惠州設立嶺東守府後，才來廣州。

胡先生與陳炯明本來無絲毫間隙。陳炯明一到廣州，便和胡先生商量軍政大事，談到深夜，胡先生留陳炯明共榻，這樣一來，胡先生陳炯明交鬨的謠言便不攻自破了。陳炯明請派鍾鼎基任師長，王肇基、任鶴年任旅長，胡先生立卽發表。

這時漢陽已經失守，革命軍進攻南京又打不下來。胡先生為了支撐大局，彼此呼應，決定組織革命軍，出師北伐。他和陳炯明、黃士龍商量北伐軍事，黃士龍極力反對北伐：

「現在不是北伐的時候，一則廣東人不宜於嚴寒季節在大江南北作戰，更不必說黃河流域了；二則廣東局勢還沒有完全穩定，一旦精銳盡出，萬一有變，何以鎮壓。依我看，不如先守廣東。」

胡先生不以為然，他說：

「革命在進取，不在保守。這時滿漢鬥爭，已漸漸演變成南北決戰，如果我們革命形勢頓挫，廣東也不能割據苟安，何況廣東現在兵太多，內部也沒有什麼顧慮。至於說氣候差別，只要注意防寒保暖就行，怎麼能坐待來春解凍，才談出兵？」

陳炯明來廣州那天，胡先生就和他談過北伐的事，兩人意見早已一致，所以他十分贊成胡先生的意見。

「現在廣東形勢已定，而天下大勢未定，廣東有足夠的兵力，正應該出師北伐，支援長江方面的革命軍，漢陽收復，南京一下，就可以逐鹿中原，直搗北京。所以我完全贊成都督的意見，應該出師北伐，不要坐失良機。」陳炯明的口才很好，黃克强就很歡喜同他談論天下大事。「至於說到氣候，軍人赴湯蹈火在所不辭，何況寒冷？」

黃士龍因為當過新軍的團長，新軍裝備優良，訓練有素，一向瞧不起其他部隊，尤其是民軍。胡先生說廣東兵多，他已不大高興，陳炯明再提到廣東的兵力，他便冷笑幾聲，譏諷地說：

「談別的問題我不敢冒充內行，談到軍隊，我倒略知一二。目前廣東軍隊雖然不少，但大部份都是民軍，民軍是綠林土匪七拼八湊的烏合之衆，要他們打家劫舍可以，把他們當作革命軍，要他們硬碰硬地去打仗，那不是送死？」

陳炯明是一個予智自雄的人物，他攻打惠州久久不下，就是因為民軍素質不好的關係，他認為黃士龍的話不但侮辱革命軍，簡直是指着鼻子駡他，因此勃然大怒，把桌子一拍：

「你這是什麽話？你簡直是侮辱革命軍！你是故意長他人志氣，滅自己威風！革命軍不行，張鳴岐怎麽會夾着尾巴逃跑？你又怎麽會投降？」

黃士龍也像被黃蜂螫了一口，頓時跳了起來，掏出手槍指着陳炯明，胡先生連忙叫邱仙根攔住他。

陳炯明自然不是弱者，他幾乎同時掏出手槍。胡先生搖手示意，同時邱仙根又把黃士龍推走，一場鐵公鷄才没有上演出來。

但此後兩人就避不見面。

陳炯明不但贊成北伐，更自請以他自己的部隊與其他部隊改編，合為一系，自任北伐軍總司令。但姚雨平不願受他節制。胡先生和朱執信也以為北伐軍既由各省陸續出發，到前方後自然有人統一指揮，廣東省不便事事遙領，而且等待大軍組成後再出發，已經緩不濟急。所以胡先生雖然答應陳炯明的請求，卻讓姚雨平的部隊先出師北伐。

十八

黃士龍素無革命歷史，他的反正完全是被部屬所迫。但他自各界代表大會推他為「參督」之後，以為自己深得人望，便野心勃勃；加上胡先生從大處着眼，給他留些餘地，他便以為胡先生可欺，更肆無忌憚。當初各界代表之所以推他為「參督」，也是受了他的欺騙。因為黃士龍曾繼趙伯先為團長與陸軍學堂監督，庚戌新軍之役，他曾跪在地上勸士兵不要動，士兵不聽，他假裝自殺，廣州商民頗為稱道，卻不知道他是故弄權術，所以受愚，因此代表大會選他為「參督」。其實他一開始就反對革命，反正後，仍然處處施展陰謀，反對革命，想自己獨攬兵權。

第三次各界代表大會在總商會開會時，胡先生作軍事政治報告，他即公開指摘各軍糾紛情形，提議統一軍權：

「在現在這種糾紛時起，彼此磨擦的情形之下，只有統一軍權，統一指揮，由軍事將領負責領導，才能成為強有力的軍隊，否則仍然是烏合之衆，沒有一點作用。」

商界代表不知他別有用心，紛紛鼓掌贊成。

陳炯明知道黃士龍的司馬昭之心，便站起來說明：

「現在的廣東部隊，因為背景各有不同，份子也相當複雜，訓練有好有壞，因此小的糾紛自然難免，但決不像黃先生說的那麼嚴重。現在所有的廣東部隊都由胡都督統一指揮，軍權並不分散，還談什麼統一軍權?至於部隊是否能打仗，全在於平時的訓練，訓練嚴格，紀律嚴明，裝備良好，就會成為精兵。現在胡都督正朝這方面作，三個月以後，就可以耳目一新，大家不必擔心。」

陳炯明的話使會場安靜下來。胡先生更義正詞嚴地說：

「革命戰爭是一種主義思想的戰爭。有主義、有革命思想的部隊，不管他們來自那一方面，一定會發揮以一當十的戰鬥力量;沒有主義思想，沒有共同信仰，不管他們的裝備怎麼好，還是沒有作用。就以新軍來講，裝備最好，滿清政府用他們來對付革命黨，廣東新軍也在張鳴岐的統一指揮之下，但是新軍不但不助紂為虐，反而幫助革命黨，推翻滿清，趕走張鳴岐，這點黃先生應該清楚?」

胡先生特別指着黃士龍說出最後那句話。

黃士龍臉上掛不住，不等胡先生說完，就起身溜走。

但是他並不死心，他一面秘密勾結龍濟光，想利用民軍譚義部與濟軍衝突事件，勸龍濟光作亂，幸好那次衝突由胡毅生制止，龍濟光知道形勢於他不利，才不敢發動。一面自己住進商會，日夜煽動商民提倡三督分權，軍民分治。

胡先生洞燭其奸，一面要朱執信令陸蘭清、陸領等部隊陳兵西關，以作鎮懾，一面與鄧仲元約好，如各界代表大會堅持異議，便解散代表大會。

各界代表看看情勢，知道利害，不敢妄加附和。

黃士龍在第三次代表大會失敗後，還不死心，又想運動民軍。

民軍將領在東園開會時，黃士龍請求出席，胡先生知道這件事後，立刻通知各部隊，先行告誡，有人對胡先生說：

「恐怕這是陳炯明和黃士龍個人的恩怨、鬥爭。黃士龍要參加會議，也沒有什麼不對。」

「不然！」胡先生回答。「黃士龍反正是迫不得已，並非贊成革命。他首先挑撥離間我和陳炯明的情感，隨後又在代表大會主張統一軍權，希望大家推他掌握重兵，接着又勾結龍濟光，煽動商民提倡三權分立，軍民分治，包藏禍心。這些陰謀既未得逞，現在又想運動民軍，處處圖謀不軌，簡直是叛徒。因為商人不懂事，他的惡跡未彰，所以才沒有將他明正典刑。這是黨國大事，怎麼是他與陳炯明的個人之爭？」

那人無話可說。胡先生又接着說下去：

「民軍為革命而來，怎麼能容許反革命份子胡說八道，妖言惑衆！陳炯明是同生死共患難的老黨員，他的地位可以支撐艱巨，支持他就是支持政府，決不能徘徊瞻顧。」
民軍將領開會時，黃士龍還是去了。他想乘機遊說，民軍將領羣起責難，李就等尤其激烈。李就指着他的鼻子說：
「民軍是革命軍，你是迫不得已才反正。既然棄暗投明，就應該安份守巴，努力革命才是。怎麼你還想來挑撥民軍的感情，分化民軍？你要我們跟着你去反革命？我告訴你，你如果再不識相，我要你的腦袋搬家！」
黃士龍沒想到會碰這一鼻子灰，因此灰頭灰臉狼狽退席。
他以為自己和新軍的淵源很深，想憑過去的關係再去煽動新軍。他直接與標營聯絡，要向標營士兵講話，各營一律拒絕。
他知道自己再也沒有戲可唱了，這才絕望而去。

十九

自各界代表大會選出黃士龍為「參督」，以及黃士龍利用代表大會，幾乎造成廣東的紊亂之後，胡先生更覺得代表大會份子複雜，良莠不齊。尤其是商界代表，知識水準不高，卻唯利是圖，見風使舵，毫無原則，不能配合革命形勢發展，而諮議局的舊議員，也沒有讓他們東山再起的必要。已經光復的各省，都先後成立了省議會，改選議員，廣東人士也紛紛要求改選。因此，胡先生、陳炯明、朱執信等，草擬了「臨時廣東省議會選舉法」，規定各界按比例選舉，而且特別規定同盟會代表二十人，婦女代表十人。

根據這個選舉法所產生的臨時省議會代表，十之八九都是同盟會員，而且在亞洲首先產生了女子議員，開民主風氣之先，實現了男女平等。

從此省議會與政府之間，意見溝通，而無分歧趨向。

而這時英國領事詹米純卻故意與廣東省政府過不去。原因是英帝國主義根本不願意中國革命成功，完全統一。眼見廣東省政漸上軌道，上下團結，他們無從分化挾持利用，自然要找麻煩。

當初張鳴岐逃到沙面，英領事詹米純便居為奇貨，想幫助他復職。張鳴岐知道大勢已去，不敢作此打算，因而逃往香港。

張逃到香港後，香港總督梅還想利用他，張鳴岐也不敢一口答應，心存觀望。港督責怪他說：

「你怎麽這樣膽小？」

「我對財政没有辦法。」張鳴岐回答。

「胡漢民能發行紙幣，你就不能？」

「胡漢民可以軍政府財政部的名義發行，我用什麽名義發行？」

港督覺得張鳴岐没有出息，異常鄙視。張鳴岐在香港住不下去，只好逃到別的地方去了。

廣州英國領事與香港總督自然是一個鼻孔出氣。起初他以外交文書致胡先生說：

「彼此不宜廢官僚大人之稱。」

胡先生置之不理。他很不高興，又藉保護商船名義，派遣兵艦闖進西江，巡弋到梧州。胡先生不甘示弱，便命令軍務處恢復段艦。所謂段艦，就是在西江沿途分段，雙方交互巡緝，同時另外派兵艦尾隨英艦往還。這樣持續了十天，緊密監視，未動干戈，英國領事無所藉口，便自動撤消。

香港方面的英文報紙，對胡先生卻大肆攻擊，罵胡先生是「暴徒」，罵廣東軍政府是「暴民專制」。

胡先生知道英國人居心何在，認為這是必然的反應，也就懶得理會他們。

二十

胡先生任都督兩月，各個機關先後成立，一切都有了頭緒，樹立了規模，但他個人卻忙得廢寢忘食。朱執信協助他規畫，更忙得不可開交，光是接電話就把耳朵弄腫了，這是外人想像不到的。

由於兩個月來軍政府事如蝟集，接觸很多，胡先生對於黨人的看法又深一層。他覺得黨人的弱點正和英國帝國主義和英文報紙的批評相反。

軍政府本來應該實行革命集權，可是偏偏以自由相號召，行動散漫，因此予反動份子以可乘之機，如果稍一疏忽，就動搖了根本，影響了大局。像推舉黃士龍為「參督」，黃士龍的野心如果得逞，那革命成果，就毀於一旦。

書生革命，本來經驗不够，加上革命黨人都具有浪漫的氣質，又好談自由平等，不重視革命紀律，只要大節不虧就行，中規中矩那就免談。而且人人都很自負自以為了不起，以訐為直。光復後即准許人民出版自由，非黨人所辦報紙，言論還比較持重，能守分寸；而黨人所辦報紙卻肆言無忌，不但對黨國大事，妄加批評，對革命領袖也常作人身攻擊，往往摭拾一些雞毛蒜皮小事，加以描寫諷刺。如廖仲愷常入督府商議經濟措施，往往到深夜才出督府，而某報卽為文諷刺：「有新官兒仰臥籐兜，口喃喃猶囈經濟術語。」又如香軍諸人，竟想獨樹一幟，又大談無政府主義，簡直忘記了他們是三民主義的信徒，是革命黨員了。因此朱執信對於宋儒的「天君泰然，百體從令」這兩句話，斥為三家村老學究不知天高地厚的無稽之談。書生誤國，就誤在迂腐兩個字上。

民軍號稱十萬，外國報紙造謠，說民軍如何胡作非為，全省擾攘不安。但胡先生、陳炯明常常不帶衞士，徒步行走；朱執信、胡毅生，從來就不帶衞士，社會秩序全靠革命空氣維持。民軍最糟的也不敢公然違令作惡。石錦泉是民軍中最蠻悍的了，他想拆毀城隍廟，破除迷信，商人大譁，陳景華用都督的命令制止，他就不敢拆。又他屢次搜捕私藏軍器，及滿清旗幟軍服，都奉令解送陸軍軍法處，不敢自行處置。對於軍政府任用行政人員，民軍將領更不敢干涉請託，比書生黨人好調理得多。一般商人對民軍也很敬畏。

當漢口漢陽失陷時，黎元洪卽電告胡先生，說文書散失很多，恐怕有敵探拿着散失的文書到各省工作，也請胡先生嚴加防備。湖南也有電報來，提到同樣的事。

不久，有三個青年人拿着湖北都督的文書到廣東來見胡先生。胡先生問他們有什麼事？

他們異口同聲說：

「漢陽失守了，黎都督要我們與黃克强分別到廣東廣西來求救兵的。」

胡先生看着他們的年齡和職務，都不相當，便不置可否。

胡先生換衣服時，這三個人却偷看他案上的機密文件，胡先生突然想起湖北、湖南督府來的那兩封電報，以為他們是敵人的間諜。便問他們：

「你們坦白告訴我，到底是來幹什麼的？」

「我們是來求救兵的，都督已經看過文書了，怎麼又見疑起來？」

「剛才我換衣服時，你們為什麼偷看我桌上的機密文件？」

「我們好奇，不過隨便看看而已，沒有什麼用意。」其中一位輕鬆地回答。

胡先生不知道是眞是假，先將他們三人看守起來，再以密電問黎元洪。兩天後黎元洪覆電說：

「本督府無使至粵。」

胡先生把黎元洪的電報拿給那三個人看，那三個人急得跺脚，指天發誓：

「我們確實是黎都督派來的，如果有半句謊言，不得好死！」

陳炯明以為他們狡辯，便對胡先生說：

「現在探子很多，黎都督的電報在此，他們還要狡辯，不如拉出去槍斃了，以絕後患。」

其中一位膽子小的白面書生，馬上嚇得面無人色，雙脚一跪，仆倒在陳炯明面前，磕頭不迭，口裏喃喃地說：

「求副都督饒命，小人實在冤枉！」

其他兩人也連忙跪下去求饒：

「我們確實不是探子，是黎都督派來的，也許貴人多忘事，請再去一份電報問問，說不定黎都督能夠記起來。」

陳炯明望望胡先生，胡先生對他說：

「不妨讓他們三人擬稿聯名再發一封電報過去問問，也許能弄個水落石出。」

「好吧！那就讓他們多活幾天。」陳炯明看看胡先生不想殺他們，也就順水推舟。

三人聯名電報去後，第三天又接到黎元洪覆電：

「絕無此事，諒係三人僞託，宜嚴懲勿貸！」

胡先生再拿黎元洪的電報給他們三人看，他們看過之後，個個面如死灰，最後仰天長嘆：

「命也！命也！我們就是跳進黃河也洗不清了！」

三人都黯然落淚，不再講話。

胡先生已經秘密檢查過他們三人的行裝，問過他們的隨從，再看看剛才的言語舉動，覺得不像間諜，只是少不更事的書生，便和顏悅色地問他們：

「黎都督派你們到廣東來時，有沒有別人知道。」

「有！」三人異口同聲回答，並且舉出人名。

「你們是那一天領的文書和盤費？那一天動身的？」

三人又說出日期和旅費的數目。

「黎都督左右有什麼人見證？」

他們又說出兩個人名。

胡先生已經明白七八分，料想他們不是間諜，便對他們說：

「我再給你們一次機會，去封電報詳細問問。我不會寃枉殺一個人，也不會隨便放過一個有罪的人。」

三人千恩萬謝，又要跪下去磕頭，胡先生連忙伸手攔住。

胡先生分別去電黎元洪和他左右的證人，詳細詢問。最後覆電來了：

「前以漢陽失陷，檔案盡失，兩電又未及詳詢左右，匆遽發出，頃經左右證實，確曾使三人求救，千請開釋。」

胡先生接到這份電報後，親自到禁閉室，把他們請了出來，笑着對他們說：

「恭喜三位！我剛接到黎都督的電報，已經查個水落石出，三位確實無辜，我特地來向三位報告好消息，同時表示歉意。」

「多謝都督不殺之恩！」三人同時躬身下拜：「要是別人當都督，我們早進枉死城了！」

「不必客氣，等會我備桌水酒給諸位壓驚。」胡先生扶着他們說。

晚上，胡先生在督府備了一桌酒菜，請他們三人吃飯，陳炯明、朱執信、胡毅生等也都在座。陳炯明首先舉起酒杯，敬他們三人說：

「恕我那天鹵莽，得罪，得罪！請多包涵。」

那三人看着陳炯明，啼笑皆非。那位膽子最小的白面書生最後解嘲地說：

「幸好那天沒有丢掉吃飯的傢伙，不然現在我就不能回敬了。」

說完他舉杯一飲而盡。

第二天他們就匆匆趕回湖北覆命。

十天後，胡先生接到黎元洪一封謝函，謝謝他的支援。最後還說：

「外人皆言君暴，觀乎不殺三使，眞乃仁者也。」

二十一

武昌起義成功，革命黨重要幹部都沒有及時趕到，因此羣龍無首，不得已臨時推滿清二十一混成協統黎元洪為湖北都督。

黎元洪在熊秉坤等義軍攻取武昌，砲聲震耳時，嚇得躲到床底下去了。熊秉坤蔡濟民想找他出來當都督，却不見踪影。起初他們還以為他逃到漢口去了，但是黎元洪的部下又說他沒有去。蔡濟民、熊秉坤找了半天，還是找不到黎元洪，熊秉坤又氣又急地大叫：

「難道他上天了不成？」

「我諒他沒有這個本事。」蔡濟民冷靜地說。「別急，我們慢慢地找，除非他躲進茅坑底下，總會找到他。」

他們帶着士兵到處搜查，有些士兵脾氣暴躁，邊搜邊罵，用槍托搗得乒乓響，使人心驚膽顫。

最後還是蔡濟民叫士兵把黎元洪床前的踏板搬開，用手電向床下照射，才發現黎元洪像狗一樣蜷伏在靠牆角裏面的床脚下，他嚇得渾身發抖，不敢出來。一個士兵看了生氣，鄙夷地說：

「協統大人，你出不出來？再不出來我就用刺刀捅了！」

黎元洪聽說要用刺刀捅他，連忙求饒地說：

「壯士，請手下留情，我出來就是。」

他身體肥胖，笨手笨脚，慢慢從床底下爬出來，灰頭灰臉，像戲臺上的劉彪，大家看了好笑。他不認識蔡濟民、熊秉坤他們，不知道他們準備怎樣對付他？他戰戰兢兢地說：

「諸位，我首先聲明，我不是反革命，諸位可不可以高抬貴手？」

「我們是來捧你的。」蔡濟民說：「請你不要多心。」

「捧我？」黎元洪睜大眼睛，不敢相信。

「是的，」熊秉坤接着說。「我們起義倉卒，陳英士、黃克強他們都沒有趕到，我們請你出來當湖北都督。」

黎元洪眞的受寵若驚，陪着笑臉說：

「諸位該不是來尋我開心吧?」

「時機緊迫，我們那有心情尋你開心?」蔡濟民說：「請你立刻就職，通電宣佈獨立。」

黎元洪就這樣黃袍加身，所以大家笑他是「床下都督」。

這位「床下都督」，起初宣佈獨立時只是被迫畫押。但是既然有了都督的名位，他就漸漸引用私人，排擠革命黨人，尤其注意報復當初起義時對他不大禮貌的那些人，因此內部分裂，給敵人製造了機會。

黃克强雖然趕到武漢，被推為戰時總司令，但兵力實在不足以對抗北洋四鎮。黃克强曾寫信給胡先生說：

「鄂軍怯，湘軍驕，敗無疑也。」

漢陽、漢口因此相繼失守。

幸而陳英士在上海大有作為，他以少數人襲擊上海製造局，攻打不下，反而被擒。看守他的士兵是漢人，他便對那個士兵說：

「我們都是漢人，我攻打製造局，發動革命，是為漢人爭氣。滿洲人統治我們漢人兩百多年，我們受盡了壓迫，現在他們又把中國搞得亂七八糟，如果我們再不推翻滿清，中國就會亡在他們手裡。兄弟，最好我們一起推翻滿清，製造局有的是武器，我有的是人，全上海的人都是我們的後盾，少數幾個滿洲人還不容易制服？你說是不是？」

那個士兵眞的被他說動了，不但把他放了，還邀了一些同事，一起行動，製造局就攻下了，全上海也盡入革命黨手中。

上海是東南鎖鑰，全國產業、交通、文化中心，取得上海足以抵漢陽、漢口之失，進而還可以攻略南京。

陳英士機警慷慨，不守繩墨，能運用一切勢力，而且態度强項，英、法租界當局和上海縉紳對他又嫉又怕，但又莫可如何，只好罵他「無賴」，正如香港英國人罵胡先生是「暴徒」一樣。

上海既定，蘇、浙兩省繼起，南京各軍聯合驅逐鐵良、張勳。於是各省派出代表，商議組織統一政府，選舉黃克強為大元帥、黎元洪為副元帥。因黎派反對，又改選黎元洪為大元帥、黃克強為副元帥，而由黃克強在南京代行大元帥職權。

這時清軍已完全潰敗，但袁世凱所建立的北洋軍還舉足輕重，為清廷唯一的依靠，而袁世凱是一個梟雄，他擁兵自重模稜兩可。清廷不得已，又任命他為內閣總理，北洋諸鎮始用命攻打革命軍。在石家莊的吳祿貞，是革命黨人，日本士官學校畢業，才氣縱橫，在北洋軍中負有盛名，一如趙伯先之在南方，但他的實力遠勝於趙伯先。當北洋軍開始攻擊革命軍時，吳祿貞揚言將直搗北京，京師震動，袁世凱也不敢掉以輕心，便買通吳祿貞的部屬將吳暗殺，而諉過張良弼。以後張紹曾、藍天蔚繼起，也因袁世凱的關係沒有成功。如果吳祿貞未死，滿清政府必然已垮，袁世凱也不能翻雲覆雨，擁兵坐大了。

袁世凱既任內閣總理，又掌握北洋數鎮兵力，大權在握，野心更大。留歐洲黨人吳稚暉等知道袁世凱是革命的一大障礙，很不好對付。這時孫先生剛好到英國，他們便勸孫先生說：

「現在袁世凱勢力很大，北洋軍裝備又好，革命軍不能和他硬拼，不如打封電報給他，勸他為漢滅清，成功之後，推他當民國總統。」

「袁世凱野心勃勃，一旦授以名器，後果恐不堪設想。」孫先生說：「床下都督黎元洪尚且排斥黨人，引起分裂，招致失敗，何況梟雄袁世凱？」

「如果不動之以利，袁世凱不會倒戈，那革命戰爭就要拖延時日，還不知道鹿死誰手。」吳稚暉說。

孫先生無可奈何，便拍給袁世凱一通電報：

「如閣下能倒戈為漢滅清，當推為民國總統。」

二十二

一九一一年十二月二十一日，孫先生由歐洲回國抵港，胡先生大喜，連忙同朱執信、陳炯明、廖仲愷等商議，決定挽留孫先生在廣東主持國家大事。原則決定後，他便偕廖仲愷乘兵艦到香港迎接孫先生。

見到了孫先生，三人都同樣高興，孫先生對他們說：

「你們在廣東作得很好，其他各地同志的表現也很不錯，英士在上海起義成功，更是機智過人。革命就要能自發自動，武昌起義以來，證明本黨同志個個優秀，人人不怕死。」

「這是因為有了三民主義作為中心思想，所以全黨同志都好像有了指南針，大家朝着一個方向努力，前仆後繼，所以才有今天這個局面。」胡先生說。

「聽說外人罵你是暴徒，罵英士是無賴，是否眞有其事？」孫先生問胡先生。

「一點不假。」朱執信回答。

「你有沒有分辯？」孫先生又問胡先生。

「那有時間去打這種筆墨官司？」胡先生淡然回答。「當年別人罵你是大炮、大寇，你還不是沒有理會？」

「革命自然難免挨罵，」孫先生自嘲地說：「不過必要時還得分辯分辯，以免以訛傳訛。」

「現在實在太忙，執信接電話把耳朵都接腫了，這件事說出來別人都不會相信。」胡先生說。

「我相信。」孫先生點點頭。

「這次我們到香港來，一方面是歡迎，一方面是想接先生去廣州，希望先生在廣州主持黨國大計。」胡先生說。

「為什麼？」孫先生沉吟了一會之後才問。

「現在滿清政府雖然人心盡失，但是還有北洋數鎮兵力，所以才能苟延殘喘。如果先生留在廣州整頓軍事，可以得到數萬精兵，以實力廓清強敵，革命基礎才能穩固。」胡先生說。

「以形勢論，上海南京在前方，如不身當其衝，而在後方備戰，恐有負四方同志囑望。」孫先生說。

「最近南京選舉克強為大元帥，黎元洪反對，只好改選黎元洪；克強雖以副元帥代行大元帥職權，但革命軍實力不足，因此命令不易貫徹，大元帥也形同虛設。我看革命到現階段還得靠點實力。」

「敵人靠兵力，我們靠人心，何必捨長用短？現在湖北既走入歧途，南京內部又有糾紛，如果我們棄東南不顧，正所謂趙舉而秦強。先失東南，然後再舉兵恢復，豈是上策？朱明之所以敗亡，正是東南不守，粵桂也就支持不下去了，所以我們不能蹈此覆轍。」

「最近福建、廣西、貴州諸省，正因為南京、鄂北首當其衝，要推廣州為首都，我們再三謙讓唯恐不及，先生正可以坐鎮廣州，控制全局。」

「武昌革命軍突然起義成功，各省紛紛獨立，列強措手不及，不知如何是好，只得暫守中立。如果我們形勢頓挫，列強未必再守中立，太平天國時的戈登、白齊文就是先例。袁世凱擁兵自重模稜兩可，自然不能相信他；如果我們能夠利用他推翻兩百六十多年的貴族專制的滿清，不比用兵十萬更好？」

「袁世凱不比黎元洪，縱然他肯推翻滿清，一旦假以名器，後患無窮，黎元洪殷鑒不遠。」

「這我知道。袁世凱縱然想繼滿清為惡，但基礎比滿清相差太遠，要推翻他自然容易得多。革命事業現在可以先告一段落。我如果不到南京上海，一切對內對外大計，別人難以勝任，你還應該同我一道去上海南京才是。」

胡先生自覺他的看法沒有孫先生深遠，便不再講。廖仲愷自始至終無法插嘴。

孫先生既然這樣決定，胡先生馬上寫信給陳炯明、朱執信、胡毅生，要陳炯明代理都督，並下令各軍服從陳炯明指揮。這些信件都交廖仲愷帶回廣州，他自己單人匹馬隨同孫先生搭船去上海了。

廖仲愷到廣州後，把胡先生的親筆信件都交給陳炯明他們。他們看了信後，問廖仲愷：

「當初我們不是說好了要孫先生留在廣州嗎？怎麼孫先生不但沒有留下來，反而把胡都督帶走了？你是怎麼搞的？」

「孫先生和胡都督辯論時，我簡直無法插嘴。他們既然這麼決定，我只好奉命回來。」

「那你來當都督好了。」朱執信、胡毅生說。「我們都到上海南京去。」

「這樣不是孤立了競存？拋棄了廣東？不是孫先生和胡都督的本意。」李君佩說：「競存現在正整頓新軍，必須民軍服從，然後防營與濟軍才不會發生問題。你們兩位掌握了一半以上的民軍，此時正舉足輕重，怎麼可以輕言離去？」

朱執信、胡毅生決定不走，陳炯明才勉强受命，代理都督。

十二月二十五日，胡先生同孫先生到上海時，陳英士、黃克强都到船上迎接，互道辛苦。孫先生對他們兩人說：

「這幾個月我在國外，偏勞了你們兩位，十分抱歉。」

「有了三民主義，我們就有奮鬥的目標。」陳英士說：「你在那裡都是一樣。」

這時汪精衛已自北京出獄，也來迎接。胡先生看到了汪精衛，兩人都高興得抱着跳躍不已。

「唉！這眞是恍如隔世，當初我以為你一定活不了！」胡先生說。他沒有告訴汪精衛他做過噩夢哭醒過來那件事。

「我也沒有想到會活着出來！」汪精衛說。

「還是孫先生料事如神。」胡先生說。「他說革命聲勢已經使滿清心驚膽寒，他們決不敢斷然處置你。」

「要不是武昌起義成功，我沒有這麼快出來。」汪精衛說。

原來湖北、湖南兩省宣布反正，清廷就連忙把汪精衛放了出來，希望緩和革命氣氛。

「出獄後你先到那裡？」

「聽說吳祿貞要起兵直搗北京，我就趕到石家莊去，想不到他在石家莊被刺！」

「吳祿貞被刺，是本黨一個重大的損失！」胡先生慨嘆地說。「如果他起兵直搗北京，袁世凱就無足輕重。」

「聽說這件事是袁世凱幹的。」

「袁世凱是個梟雄，當時我就認定是他幹的。」胡先生說。「後來你又到什麼地方？」

「後來我折回天津，與天津同志作秘密活動。」汪精衛說。「袁世凱當總理後，他的兒子袁克定以太原公子自居，他讀了我在獄裡作的詩『引刀成一快，不負少年頭』後，就要與我唱和。我也趁這個機會和他結納，希望對革命事業有點幫助。」

「聽說袁世凱私自約見過你，有沒有這回事?」

「有的。」汪精衛點點頭。

「談些什麼?」

「他表示對本黨輸誠。」

「你相信他的話?」

「他姑妄言之，我姑妄聽之。」汪精衛一笑。

南京光復後，汪精衛便到上海。

清廷與袁世凱派唐紹儀與各省革命軍代表伍廷芳議和。汪精衛、王正廷、王寵惠、溫宗堯、胡瑛都參與其事，唐紹儀也時常與汪精衛密商，不拘形迹。

國內黨人知道孫先生到上海後，便商議建立政府，推孫先生當總統。可是章炳麟因為在東京與宋教仁破壞秘密運輸武器支援黃岡起義事，雖未遭受處罰，却耿耿於心，因此他揚言：

「若選總統，論功，應該是黃興；論才，應該是宋教仁；論德，應該是汪精衛。」

不但如此，他還為江浙立憲派人士張謇、趙鳳昌、湯壽潛之流操戈，明顯地背叛革命黨。

宋教仁在東京留學時，對於政黨操縱術，頗有研究，他曾與胡瑛操縱學生聯合會，和胡先生、汪精衛等唱反調。現在又不免內挾黃克强以自重，外與張謇、趙鳳昌、湯壽潛、熊希齡等結納，立憲派人也樂得捧他，因此謦謦雀起。所以章炳麟說他有才。

起初宋教仁想擁黃克强當總統，他自已作總理。由於大家都擁護孫先生出任總統，而孫先生又堅持要行總統制，他雖仍然主張內閣制，却受到代表會的否決。

因為各省革命軍所派代表都是同盟會黨員，只有直隸、奉天例外。組織政府及選舉總統問題，當然由黨內決定。因此在寶昌路孫先生寓所召開了最高幹部會議，討論總統制與內閣制。出席者有胡先生、汪精衛、黃克强、陳英士、宋教仁、張靜江、居正、馬君武等。

宋教仁還是主張內閣制，他說了一篇大道理，却没有一個人點頭附議，孫先生看看没有人說話，他才發言：

「內閣制是平時不使元首在政治衝突中成為主要目標，所以要總理對國會負責，但決非此種非常時期所宜採用。我們決不能對於唯一信任的人，再設法加以防制，我也不會照大家的意見，自居於神聖地位，以誤革命大計。」

張靜江首先贊成，他說：

「對！除孫先生而外，沒有第二個人能說這種話，我們只有遵照孫先生的意思行事。」

大家同聲附和。

第二天宋教仁等都去南京，出席選舉大會。各省佔一投票權，共十七省，孫先生以十六票當選為中華民國臨時大總統，並決定於次年陽曆一月一日就職。

胡先生立刻在旅滬的廣、肇、潮嘉同鄉中募捐到軍資七十多萬，以壯孫先生行色。

一九一二年一月一日，孫先生到南京就任大總統，改元為中華民國元年，並發表宣言，統一各省軍事、民政、財政，及漢、滿、蒙、回、藏五族為一共和國家，結束了滿清兩百六十八年的專制政府，和中國四千多年的君主制度。孫先生的就職誓詞特別强調：「誓覆一姓專制之政府，至民國鞏固，憲政告成，卽返初服。」

同時布告全國，廢除滿清一切法令，禁止買賣男女及奴隸他人；凡中華民國人民，人人自由平等；主權在民，著於「約法」。並曉諭北方將士，不要為一姓效力，抗命民國。

孫先生就職後即正式成立中華民國臨時政府，指定胡先生為總統府秘書長，他下面設有秘書員五十人，馮自由、石瑛、但燾、彭素民、黃復生、任鴻雋、鄧家彥、李曉生等都是。

各部組織採納黃克強意見，名單如下：

陸軍部長黃興，次長蔣作賓。

內務部長程德全，次長居正。

外交部長王寵惠，次長魏宸組。

財政部長陳錦濤，次長王鴻猷。

海軍部長黃鍾瑛，次長湯薌銘。

司法部長伍廷芳，次長呂志伊。

教育部長蔡元培，次長景耀月。

實業部長張謇，次長馬君武。

交通部長湯壽潛，次長于右任。

以上所有各部長中，只有黃克強、王寵惠、蔡元培是同盟會黨員，其餘都是清末大官，新近同情革命的；次長全部都是黨員。

本來內務部長提宋教仁，因他主張內閣制，又想當總理，參議院沒有通過（由各省代表行參議院職權），而改用程德全。程德全本來是江蘇巡撫，南京未破時即先反正。黃克强本來推張謇或熊希齡當財政部長，孫先生說：

「財政不能給別人，我知道瀾生曾為清廷訂幣制，向國外借款有信用，而且不敢有異同，應該由他擔任。」因此用陳錦濤。

王寵惠因為資格不夠，想辭外交部長。孫先生對他說：

「我們正要破除所謂官僚資格，外交問題我自己決定，你不要怕。」

王寵惠這才未辭。

張謇、湯壽潛就職後即住上海租界，程德全本來就臥病上海租界。伍廷芳是和議代表，無法兼理部務。陳錦濤因為天天想辦法借款，也住在上海租界、所以這五個部都由次長代理，實際負責的部長只有黃克强、王寵惠、蔡元培三人。而這時戰事未停，中央政府命令不能達到各省，各部只是聊備一格。只有黃克强身兼參謀總長，軍事大權集於一身，雖無內閣之名，實際上是各部的領袖。

黃克强因為「三二九」之役及督師漢陽，聲名洋溢於黨內外。但他素性謹厚，又沒有學過政治經濟，一與立憲派人士相遇，就自愧不如。既引進張謇、湯壽潛，又庇護有反革命嫌疑的楊度、林長民等人，所以他的政見也一天天右傾。這就是他長於軍事，而不了解政治經濟的弱點。

二十三

胡先生主持總統府機密文書，件件都親自過目，每天求見孫先生的人又多，不論孫先生見與不見，他一定要先接見。事情之忙，與他任廣東都督時沒有兩樣。他和孫先生共寢室，每夜都要將白天所處理的重大事件告訴孫先生，沒有處理的也要說明原因，兩人常常談到天亮。

一天，姚雨平的部隊過江進擊北洋軍，這是廣東部隊的精英，是胡先生任廣東都督時派遣北伐的。孫先生聽了這個消息十分高興，半夜忽然對胡先生說：

「你在南京留守，我明天過江擊賊。」

胡先生覺得不妥，便對孫先生說：

「雨平的部隊是粵軍的精英，一定能打敗張勳的北洋軍，毋須先生自己去指揮。如果偏師進展太快，而其他部隊難以為繼，不但危險，也是暴露自己的弱點，大可不必。」

孫先生聽了胡先生的話，就放棄親自過江指揮作戰的決定。

總統府庶務長沈某，自稱內務大臣，在外招搖，又強拉民間車馬，分文不給，強橫霸道，老百姓告進總統府。胡先生了解實情後，就將沈某交付江蘇都督莊思緘正法，以正視聽。

繼任的是應夔丞，兼衛隊長，也很跋扈，胡先生也要繩之以法，孫先生不同意，革職了事，以朱卓文代理。

參議院議員大多數是同盟會黨員，聽慣了西方民主政治三權分立的學說，而不識時務，好發議論，愛唱反調，使政府為難。胡先生常以政府委員身份出席，在參院發言，他一再強調說：

「現在是革命非常時期，不是太平盛世，大敵當前，政府基礎薄弱，議院如果不能充分信任政府，而處處掣肘，華盛頓抗英初期故事，可以為鑑。卽使政府不垮，也沒有辦法推行任何計劃，這不是代表民意的正當辦法。」

議員們對於胡先生的敢言直言，多少有幾分畏忌，有些事情就不得不適可而止。他們說

政府定都南京的提案，參議院予以否決。尤其是章炳麟、宋教仁最為反對。他們說遷都遷都南京，就是放棄滿、蒙。章炳麟還在追悼陣亡將士時撰了一副對聯侮辱譏嘲政府：

羣盜鼠竊狗偷死者當不瞑目

此地龍盤虎踞古人畢竟虛言

章太炎的公然反對言論，影響參議院很大，也給孫先生製造了許多煩惱，他覺得黨人不識時務，不顧全大局的很多，因此他想把總統職位讓給黃克强，自己再全力從事著作宣傳，以謀補救。他把黃克强召到總統府，表示讓位的意思。黃克强說：

「這是什麼話？黨內不應該有異議。」

孫先生又召集參議院黨人黃復生、李伯申、鄧家彥等，請他們就定都南京事評論得失，他們都不反對，只是說：

「依參議院法，必須政府再交議才能推翻原決議案。」

黃克强聽了直截了當地說：

「政府決不能作這種委屈的事，參議院要自動翻案，就在今天！」

黃復生，李伯申、鄧家彥等聽了一怔。

這天正是祭明陵的日子，黃復生等走後，黃克强請孫先生，去祭明陵，胡先生託病不去，獨自在總統府起草文書，交參議院再議，一方面快馬飛報孫先生。等孫先生祭陵回來時，參議院已經通過。孫先生也沒有責怪胡先生。

一場定都風波就此解決。

一天，安徽都督孫毓筠派專人到南京來，報告孫先生：

「安徽財政十分困難，軍隊薪餉拖了很久，如果再不發餉，恐怕會激起兵變。」

孫先生不知道財政部有沒有錢，隨手批了二十萬。

胡先生去財政部提取，打開金庫一看，只存十塊大洋。部長在上海，次長徬徨無策，急得滿頭大汗。

胡先生提取粤北軍款六萬，再拼湊其他款項，總共也只有十萬，全數交給來人。來人不知底細，反而抱怨說：

「我明明看見總統批了二十萬，秘書長怎麽打了一個對折?」

胡先生不想把實際情形告訴他，恐怕動搖民心士氣，只支吾地說：

「你先拿回去應急，餘款三五日內一定撥到。」

安徽來使不相信國庫連二十萬元都拿不出來，更不知道庫存只有十元大洋，他以為胡先生弄權，故意不給他。胡先生知道他不高興，但不對他解釋，也沒有對孫先生報告實情，他獨自承擔一切。

胡先生不但了解臨時政府財政情形，更了解孫先生節儉平實的精神。所以總統府的薪俸標準他訂的很低，自秘書長到錄事，一律月俸三十元，食宿由政府供應，一律平等。滿清官僚習氣，一掃而光。

財政部也在總統府內，部長陳錦濤實在受不了。一天他對胡先生說：

「我身為財政部長，待遇還不如前清的一名司員！」

胡先生對他說：

「革命不僅是推翻滿清，也要革新社會風氣。我們不能只顧自己享受，單叫老百姓吃苦。何況政府經費並不寬裕，你是財政部長，應該比我清楚。」

陳錦濤也無可如何。

唐紹儀曾在總統府住過兩天，發覺大總統也沒有特別浴室廁所，十分詫異。他對胡先生說：

「大總統沒有特別浴室廁所，固然是異聞；孫先生在海外生活二十多年，能夠習慣這種簡陋生活，更是奇聞。」

不但陳錦濤、唐紹儀如此，連黃克强也不以為然。這時各省軍人往來南京上海的多縱情聲色，反而以英雄自居。社會亦漸趨奢侈，政客獵官風氣也日甚一日。

胡先生自己雖然是舉人出身，可是作宣傳文章決不掉書袋子，弄些艱深生僻的辭句，使人家看不懂便以為高明。可是他手下的秘書却喜歡舞文弄墨，引經據典，都是陳義過高而又言之無物的四六句子。有一天他要秘書雷鐵錚起草一份告北方將士的佈告，就犯了這個毛病，他看了之後便對雷鐵錚說：

「這份佈告的對象是北軍將士，他們讀書有限，識字不多，駢四儷六他們看不懂，沒有什麽效果；我們應該用人人都懂的文字，才能達到宣傳目的。」

雷鐵錚不作聲。胡先生看他有點不高興，不好要他重寫，便要另一位秘書任鴻雋改作。雷更不高興，捲起鋪蓋就走，而且留了一首詩，其中有兩句是：

十年革命黨

三日秘書官

胡先生看了啼笑皆非，隨後嘆了一口氣說：

「名士氣這麼重，怎麼能為黨服務！」

後來張謇推薦了他十幾位門徒給胡先生當秘書，胡先生一看，都是雷鐵錚一流人物，而且有酸氣，因此他一個也沒有用。張謇很不高興，在上海揚言：

「胡漢民是第二總統。」

汪精衛在上海聽了這些蜚短流長，便寫信告訴胡先生，最後他說：

「惟負責，故有此謗；毀之，適以譽之耳。」

二十四

其實，這時最嚴重的問題還不是財政困難，或參議院杯葛總統府，而是南北議和。

議和的目的是要清帝退位。但是清帝退位的條件，不但要保留尊號，每年還要幾百萬兩歲費；而袁世凱又要乘此機會取得政權。他一方面挾清廷為難革命黨，一方面又抬革命黨壓迫清廷，翻手為雲，覆手為雨，國人說他是「新曹操」。清廷主戰的只有良弼一人，正月二十六日，良弼又被黨人彭家珍炸死，清室親貴都心驚膽顫，更沒有人敢主戰。而段祺瑞等北方將領四十多人，秉承袁世凱的意志，贊成共和，實際上是為袁世凱個人着想，而不是為全體漢人。優待清皇太過，對於革命的影響還不太大，把革命政權讓給專制餘孽、軍閥首領袁世凱，與革命主義就完全背道而馳，所以孫先生始終不願妥協。但是負內外重要責任的黨人全都傾向和議，他們的主張大致可以分為三派。

第一派是主張中國固有的宗法倫理思想的。這一派人說：「名不必自我成，功不必自我立；其次亦功成而不居。」

第二派是主張歐西無政府主義的。這一派人說：「權力為天下之罪惡，為政權而延長戰爭，更無可以自恕。」其中李石曾最為激烈，他曾從北京打電話到南京總統府責難，他對胡先生說：「你和孫先生不肯和都是爭權奪利，為了政權延長戰爭，罪不可恕。只要宣統退位，我們什麼事都不必深問。」

第三派是嚮往日本倒幕維新，而不知道修正改良中了社會主義之毒的。這一派人說：「武裝革命時期已經過了，我們應當傾全力爭國會與憲法，掌握了國會與憲法，就鞏固了共和，民主政治就走上了正軌。」

胡先生將以上三派黨人意見，整理集中，交給孫先生裁決。孫先生看過之後，深深地嘆口氣說：

「想不到黨内同志這麼迂腐，這麼没有遠見！我孫某人奔走呼號革命數十年，那一點是為了個人的權利？他們不但不了解主義，也不了解我孫某人。我們黨内有這麼多弱點，黨人如此天真，在這種情形之下，達成和議，眞是集九州之鐵，鑄成大錯！」

「如果在這種條件之下妥協，那是將我們過去的智慧、心血和烈士的頭顱所換得的一點革命成果，拱手奉送給軍閥袁世凱，眞是愚不可及！」胡先生說。

「我看我們的革命主義還須多多闡揚，黨人還須再教育，否則革命不會成功，縱然僥倖成功，也會變質。」孫先生語重心長地說。

隨後他們兩人又檢討當前情勢。

湖北省黎元洪實際上已與袁世凱講和，脫離了革命陣營。袁世凱可以集中兵力對付南京。而南京軍隊隸屬於陸軍部的雖號稱十七師，但僅廣東浙江兩省軍隊有戰鬥力。廣東軍隊又不到一萬人，擊退了張勳及北洋第五鎮於徐州，可惜兵力太少。浙江將領向來反對黃克強，不受命令，陸軍部也不能加以裁制。其他部隊，無異烏合之衆，不能面對强敵。因為黨人不知道用法國和蘇俄革命的方法，所以只能將部隊從敵人手裡拉過來，而不能自己運用於革命主義旗幟之下；再則由下級幹部突然升為將領，學問經驗都不足以擔當大任。只求增加兵員，不講戰鬥實力，這是各省的通病。南京更有過之而無不及。

軍餉更成問題、各省自給都有問題，更別說供應中央了。

一千萬公債雖經參議院通過，實際上沒有得到一塊錢應急。財政部向俄貸款一千萬元，幾乎達成協議，又被參議院否決。日商借款五百萬，又被滙豐銀行抵制，不能成交，實際上是受帝國主義的打擊。孫先生主張厲行徵發，黃克强又反對。南京軍隊漫無紀律，不能擔負起軍政府的重責大任。軍隊既不能戰鬥，又恐薪餉不能按時發放，引起譁變，因此黃克强更加窘迫。他曾寫信給汪精衛說：

「和議若不成，自度不能下動員令，惟有割腹以謝天下。」

因此汪精衛極力斡旋於伍廷芳、唐紹儀之間；胡先生又不得不一反初衷，勸孫先生回心轉意，達成和議。

孫先生聽胡先生也勸他不要再堅持下去，十分生氣地說：

「你是最了解我也是對主義最有認識的人，怎麽你也出爾反爾，贊成議和？」

「本來我也想堅持下去，但是克强撐不下去，他說如果和議不成，他要切腹！」胡先生說。「別人動搖我不在乎，克强失去信心，這問題就嚴重了。」

孫先生重重地嘆了一口氣，過後又幽幽地說：

「克强對政治的認識還是不够，既然如此，那就和了再說。現在不願意流血的人，以後恐怕還得流血。原先你主張我留在廣東整軍經武，以實力統一中國，未嘗不對。看來我是性急了一點，對同志們也估價過高。」

兩人相對黯然，很久沒有說話。

孫先生接受了胡先生的勸告，胡先生是憂多於喜，他內心不斷自責。所以後來他在自傳裡還說：

「余與精衛二人，可云功之首，而又罪之魁！然其內容事實，有迫使不得不爾者，則非局外人所能喻矣。同盟會未嘗深植其基礎於民衆，民衆所接受者，僅三民主義中之狹義的民族主義耳。正惟『排滿』二字之口號，極簡明切要，易於普遍全國，而弱點亦在於此。民衆以為清室退位，卽天下事大定，所謂『民國共和』則取得從來未有之名義而已。至其實質如何，都非所問。革命時代本有不能免之痛苦，聞和平之呼聲，足以弛其忍受犧牲繼續奮鬥之勇氣，故當時民衆心理，俱祝福於和議。逆之而行，乃至不易……黨人且未完全認識其革命之使命，則於無組織訓練之民衆，又何尤焉。」

清帝溥儀退位的宣言是張謇起草的，袁世凱在這上面又做了手脚，在後面加了「授袁世凱全權」這句話。這表示袁世凱是從滿清取得政權，不是孫先生移交給他的。

張謇起草的宣言是交給北方和議代表唐紹儀電北京發表的。孫先生看到之後大怒，找唐紹儀來質問：

「溥儀退位宣言怎麽添蛇畫足？難道是溥儀把總統讓給袁世凱的？你們置民國於何地？」

「這是清廷的意思。」唐紹儀推諉地說。

「最後這句話應該去掉。」孫先生說。

「孫先生，退位宣言已經發表，這個宣言等於遺言，沒有辦法更正。」唐紹儀說。

孫先生便對胡先生說：

「你用我的名義打個電報問袁世凱，看他是何居心？」

胡先生照孫先生的意思打了一封電報給袁世凱，袁世凱覆電也說是清廷的意思。不過表示承認臨時參議院與總統就是服從民國，並且通令各軍改用民國旗幟。

二月十三日，孫先生向參議院提出辭表，推薦袁世凱繼任臨時大總統，但條件是要他到南京來就職。

參議院接受了孫先生的辭職，却把孫先生比作羅斯福，稱袁世凱為華盛頓，無知可笑之至。

汪精衛、蔡元培、宋教仁、劉冠雄奉命北上，請袁世凱來南京就職。袁世凱又耍了一手，他要曹錕部下兵變，大肆搶掠。袁世凱藉口鎮壓，不能南下，蔡元培等只好讓他取消就職南京的條件，他們還不自覺，這正是君子可以欺其方的實證。

第一任內閣以唐紹儀為總理，同盟會黨員側身內閣的僅教育蔡元培、司法王寵惠、農林宋教仁、工商陳英士。陳英士因上海軍事關係，沒有就職，由次長王正廷代理。唐紹儀到南京接收臨時政府，孫先生欣然移交。

孫先生移交後，革命將領無所繫屬，惶惶不安，於是另設留守府於南京，以黃克強為留守。

孫先生又對唐紹儀說：

「我不能為本黨同志求官，但有志出國留學的，新政府應該資遣。」

唐紹儀同意。

胡先生把這件事告訴秘書處同仁，願意留學歐美的超過一半，胡先生因對黨人失望，把自己也列在名單上。

孫先生看到留學名單上有胡先生，連忙用筆把他的名字塗掉，並且十分沉重地對他說：

「國事未定，革命尚未成功，你應該跟我留在國內。」

二十五

袁世凱之所以能夠得逞，除了他獨攬滿清軍政大權之外，同盟會本身的弱點太多，也是一大原因。

在南京政府改組之前，同盟會員已經有公開脫黨的。如章炳麟作張謇、熊希齡、趙鳳昌的傀儡，奔走江浙，號召保皇立憲派變相的政黨；劉成禺、時功玖等，以地域意見，另外組織共和黨，擁護黎元洪。他們都公開攻擊同盟會。從同盟會裡面出來的人攻擊同盟會，它的效果比會外的人攻擊同盟會要大得多，因此產生了許多不良的影響。同盟會為謀補救，同時商討黨的政策，便在南京召開黨員大會。

在大會中，黨員意見又十分分歧，各說各話。歸納起來，大致可分為左右兩派。

右派以為武裝革命已經終了，同盟會應該改為公開的政黨，從事憲法國會運動，立於代表國民監督政府的地位，不應該再帶有神秘色彩。

左派說革命的目的並沒有達到，把政權讓給袁世凱，前途危險更大。黨中更應該保持秘密工作，不宜傾向合法的政治競爭，而一切公開。

討論結果，右派佔大多數。並且說孫先生綜理國政，不宜兼攝黨務，因而改選汪精衛為總理。

胡先生覺得右派黨員太天眞幼稚，起來力爭。他說：

「在民主政治已經走上軌道的國家，革命政黨不妨公開活動，成為普通政黨。但是我們的民主政治剛剛萌芽，軍閥操縱政治，從事憲法國會運動根本沒有可能。袁世凱之所以挾清廷要脅本黨交出革命政權，挾本黨逼迫溥儀退位，他自己從中漁利，就是因為他有武力。他可以解散國會，逮捕議員。在這種情況之下，還談什麼民主政治？」

他的話有人鼓掌，但沒有反對的人多。

「至於說到改選總理，精衛和我可以說情同手足，在私交上說，我不應該反對。但是孫先生是黨的創辦人，三民主義的創作者，沒有孫先生就沒有本黨。，沒有孫先生就沒有革命的目標，沒有思想領導。孫先生雖然綜理國事，黨務還是由他領導才對。何況西方民主政治，執政黨黨魁也就是政府首長，更何況我們是革命政黨?無論如何，總理不能改選。」

但是右派人多勢衆，只有他一個人敢這樣直言，其他的人都噤若寒蟬，因此總理還是選了汪精衛。胡先生只好嘆息而退。

幸好汪精衛一直謙讓，未敢就任總理。

同盟會員份子複雜、良莠不齊，所以參議院才有把孫先生比作羅斯福，稱袁世凱為華盛頓的笑話。同盟會在東京吸收的會員當然都是智識份子，另外再加上國內一部份學生，構成了領導階層，此外三教九流都有。當初為達到國民革命目的，也只好兼收並蓄。其所得歐洲各國革命歷史教訓，又遠不如日本倒幕維新的影響。黨人不了解革命不徹底，讓反動勢力坐大的危險。黨對黨員也缺少約束力量，更不能收以臂使指之效，也不能深入羣衆。好的黨員，信仰堅定，自動犧牲獻身精神，使人肅然起敬，七十二烈士就是屬於這一類型。由於黨紀不嚴，流於疏闊，所以脫黨的，詆毀黨「機械」、「專制」，甚至予智自雄，好唱反調的，無所不有。

宋教仁在臨時政府中沒有取得舉足輕重地位，不甘雌伏，所以他多方結納，主張對袁世凱妥協，隱然成為同盟會的右派領袖。馬君武對他頗為誤會，罵他出賣黨於袁世凱。于右任把馬君武的話告訴宋教仁，宋教仁自然很不高興。

一天，他們兩人在總統府不期而遇，宋教仁質問馬君武：

「馬君武，你是不是罵我把黨出賣給袁世凱了？」

「是。」馬君武率直回答。

宋教仁立刻打了馬君武一個耳光。馬君武還擊，打傷了宋教仁的眼睛。胡先生、黃克強兩人連忙把他他們拉開。馬君武說：

「我因為不了解鈍初的政治手腕，所以才講這種話。如果鈍初眞的願意始終忠於本黨，我願意認錯。」

宋教仁住了十來天醫院，眼睛才好。

關於約法問題，孫先生曾指示胡先生召集黨內同志和黨籍議員開會討論，為了中央集權與地方分權問題，法制局長宋教仁與胡先生也爭得很厲害。宋教仁主張中央集權，他說：

「起義以來，各省紛紛獨立，中央等於綴旒。如果不糾正這種缺點，將會分裂；而且必須中央有大權，國力才可以復振，日本倒幕，可以作為我們的借鏡。」

胡先生主張地方分權，他說：

「中國地大，而交通不便，滿清末年，只想中央集權，以挽頹勢，以致當時中央有權無責，地方有責無權，滿清因而覆亡。而且中國變君主為共和，不能以日本相比。美國當初十三州聯邦共和，就没有反覆過。法國集權，野心家再三篡奪，殷鑑不遠。何況中國革命，首都毫無破壞，特權者腦中只有千百年專制的歷史，而不知其他。如果特權的野心不能防制，共和政體會立刻被推翻，還談什麼富强？」

「你不過是懷疑袁世凱。如果改總統制為內閣制，總統權力很小，縱有野心，也不得不就範，不必以各省監制。」

「內閣制完全靠國會，中國國會基礎脆弱，一受壓迫，就無法抵抗，必然會蹈一九〇五年俄國國會的覆轍。没有國會，那有內閣？今天革命勢力在各省，而專制餘毒積於中央，此消彼長，如果再削弱地方權力，將後悔莫及。」

宋教仁始終不同意胡先生的見解，而一心致力於籠絡工作。因此能左右參議院，掣肘政府，不利於孫先生，而有改選汪精衛為總理的決議。袁世凱亦因而坐收漁利。

臨時政府改組前後，各省都督也有變動。

江蘇都督莊蘊寬，因反對定都南京，江蘇人士又推程德全為都督。

江西都督馬毓寶，冗沓不問政事，贛省軍隊多洪江會黨，士兵没有一定軍籍，輪月更替，馬被部下挾制，一事不辦。當時贛人李烈鈞在湖北，江西人士便驅逐馬毓寶，歡迎李烈鈞回贛。

安徽都督孫毓筠，不能統一安徽，黎元洪又使黎宗嶽和他為難，安徽人便請南京第一軍軍長柏文蔚回皖。

南京第二軍軍長朱瑞，也回浙江任都督。

陝西都督張鳳翽、山西都督閻錫山，當初兵敗棄職，南北和議達成時，雙雙回任。

山東都督孫寶琦，僞裝獨立，實因他的部屬大多贊成革命，不得已而宣佈獨立。南京政府使海軍護送閩滬北伐部隊從烟台登陸，聲勢很壯。黃克強推薦胡瑛當山東都督，以節制陸海軍。胡瑛本來不是作大事的人，當年在東京當學生聯合會長，想求助端方，曾被胡先生大罵一頓。他從湖北出獄後，娶了兩個太太，又抽鴉片，一舉一動，一言一行，乃至聲音笑貌，都學舊官僚模樣。唐少川到南京時，說胡瑛抽大烟，生活腐化，使山東人士大失所望。於是袁世凱派他的私人周自齊當山東都督。

王芝祥是河北人，為人機警，長於應對，黃克强很喜歡他。他統率廣西北伐軍到南京，黃克强編為第四軍，想派他當河北都督，唐少川也很贊成，這時唐已入同盟會。但袁世凱臥榻之旁，不容他人鼾睡，始終拒絕，沒有成功。

胡先生離廣東隨孫先生到南京後，民軍石錦泉越來越跋扈，陳炯明要魏邦平捕殺。王和順、關仁甫、楊萬夫等，因而自危，他們的黨羽便四處活動，想趕走陳炯明。孫先生的哥哥孫眉，也被他們打動，偕黃仕穀等到南京來遊說。胡先生固然深深了解他們，孫先生也知道王和順他們的為人，便對孫眉說：

「你不要受人利用。」

隨後，民軍擁護孫眉當督軍的電報紛紛打到南京來，孫先生親自覆電報斥責，而且對他哥哥孫眉說：

「我素來知道阿兄不能當此大任，不要誤了粵局。」

於是孫眉很不高興地走了。

而王和順、關仁甫便公開反陳炯明，幾天後兵敗逃走。

陳炯明通電辭職，孫先生慰留。他便推舉朱執信、廖仲愷、胡毅生等治粵。朱執信走避香港，堅持不幹，後來李君佩把他從香港弄回來，陳炯明便不再堅辭。

當時廣東各團體曾推汪精衛為都督，因汪精衛正與吳稚暉、蔡孑民、李石曾發起「六不會」與「進德會」，矢志不作官，不作議員，有無政府主義傾向，因此作罷。

王寵惠反對「六不會」、「進德會」，他說：

「女子參政，男子進德，國家將亡，必有妖孽。」

黨人意見的分歧，在這種小事上也可知一二。

南北和議達成後，陳炯明請廖仲愷到南京，歡迎孫先生回廣東。

二十六

四月一日，孫先生卸掉臨時大總統職權。三日，偕同胡先生、汪精衛、廖仲愷、李曉生等離開南京到上海。在上海孫先生遇見二十年前老友宋嘉樹先生，於是大家住在宋先生家裡。孫先生還托宋先生帶胡先生他們到西服店添製新裝，孫先生對胡先生說：

「你們儘量做，多多益善。這些年來，你們太辛苦了。」

九日清晨，胡先生、廖仲愷等二十多人，又隨孫先生溯江而上，到達武漢，會見了「床下都督」黎元洪。

黎元洪穿着粗布軍服，貌似忠厚，內藏機詐。但知識水準很低，孫先生和他談國際關係，他茫然無知，連倫敦、巴黎是那一國首都，都不清楚。孫先生問他：

「你對三民主義的看法如何？」

他楞了半天，過後才結結巴巴地說，

「我不清楚什麽三民主義、四民主義。」

「你知道我們為什麽要推翻滿清嗎？」孫先生又問。

「同盟會員說滿清不是漢人，所以大家要推翻它。」

「對了，推翻滿清，就是實行民族主義。」孫先生說。「但是光推翻滿清這還不够。……

「孫先生，你是不是還想革命？」黎元洪惶急地說：「依我看，滿清推翻了，就天下太……」

平，千萬不要再搞什麼革命。」

「推翻滿清之後，我們還要實現五族共和的民主政治，怎麼能到此為止？」

「選了總統不就實現了民主政治嗎？」

「總統不過是一種形式，如果表面上掛着總統招牌，骨子裡在作皇帝，那怎麼能算是民主？」

「孫先生，我看換了招牌就行，連我都弄不清楚什麼是民主？什麼是不民主？老百姓就更不必談了。」

「所以我要提倡民權主義，教老百姓怎樣實行民主。」

「孫先生，老百姓不能讓他知道得太多，老百姓知道多了，我們就不好辦事。」

「什麼事都不讓老百姓知道是專制制度的愚民政策，現在既然是民國，就應該讓老百姓多知道一些東西。中國積弱，一是貧，二是愚，要想中國强盛，必須根絕這兩個病根。」

「孫先生，你想得太遠了，那要花多少時間？」

「如果大家眞為國家着想，十年二十年就可以收效。」

「孫先生，我們能不能活那麼久，都不知道。」

「成功不必在我，只要我們有這個理想，這個抱負，就是明天死掉，後人也會接着完成。」

黎元洪搔首苦笑。孫先生看他表面渾渾噩噩，心裡可有鬼，便試探地問：

「黎先生，現在項城繼任總統，你以為政府應該怎樣作為才能造福國家？」

「這我倒不知道，」黎元洪搖搖頭，「我實在不知道宮保袖裡乾坤如何？」

「你同項城沒有交換意見？」

「我是軍人出身，不懂政治，我沒有意見，只知道服從命令。」

胡先生看他唯唯否否，模稜兩可，心裡有點不高興，便問：

「黎先生，當初你怎麼幫助黎宗嶽攻擊孫毓筠？」

「那有這回事？」黎元洪反問胡先生。

「我在總統府看到你的電文，怎麼沒有這回事？」胡先生說。

「哦，哦？那大概是漢祥他們搞的吧！」黎元洪摸摸肥頭說。饒漢祥是黎元洪的秘書，一切函電文稿都出自饒漢祥的手筆，黎元洪看不懂那些文字。

當唐紹儀到南京商組內閣時，袁世凱要將陸海軍、內務、交通等要職都安排他的私人，參議院起初不同意，而黎元洪却一再通電逼迫。電文中竟有這樣極不得體的文句：

「元洪為組織內閣，淚竭聲嘶，乃言者諄諄，而聽者藐藐。」

參議員看到他這種電文，有些人十分氣憤，破口大駡：

「黎元洪不過是床下都督，他現在竟教訓起我們來了！」

但是由於彼此不團結，甚至自己拆自己的台，最後還是全部通過。

胡先生對於黎元洪這樣諂媚袁世凱很不高興。這次見面印象也很不好。和黎元洪告別後，胡先生對孫先生說：

「我看黎元洪這個人首鼠兩端，靠不住。」

「我也知道他靠不住，不過沒有想到他胸無點墨。」孫先生說。

「黎元洪雖然是個老粗，心機倒也不少。」

「何以見得？」孫先生似乎是明知故問。

「武漢同志告我，黎元洪從前以一個協統身份，對袁世凱是可望而不可及。所以袁世凱第一次派人與他聯絡，他便說『一切當如宮保意旨』。袁世凱既假以詞色，又賄賂他的左右，他怎能不奉命唯謹！自北軍停止進攻以來，黎元洪便不好講話了。」

孫先生不作聲，胡先生又說：

「他內以孫發緒、饒漢祥為心腹；外以孫武、劉成禺等有同盟會員身份而樹異幟者為他張目，袁世凱以他為工具，他又藉袁世凱的勢力排除異己，兩人狼狽為奸，目的都是反對革命。所以袁世凱不敢講的，都借他的口講出來。章炳麟還以擁護他為首魁而自得，其實是反而被他利用，隱憂所伏，恐怕不止武漢。」

「這也是我為什麼不讓你出國的一個原因。」孫先生說。

武昌、漢口兩地開羣衆大會歡迎孫先生，孫先生在歡迎會上講民生主義：

「同盟會提倡革命，以三民主義作號召。現在滿清推翻了，民國成立了，民族主義、民權主義，初步成功，而民生主義還沒有努力。中國大患在窮和不均，革命以後，民衆對實行民生主義抱了很大的希望，如果我們不實行民生主義，只顧少數人的利益，那不是革命的本意。民衆不堪痛苦，必然要求第二次革命。……」

聽衆很受感動。而孫武等人却散發傳單，反對孫先生，說孫先生這時主張第二次革命，無異是武漢流氓暴動的導火線。

黎元洪也對胡先生說：

「武漢局勢正動盪不安，孫先生何必講這種話?」

胡先生知道他不懂這些道理，懶得理會他。

四月十二日，胡先生等隨孫先生離開武漢，十四日到上海。孫先生到上海後又作民生主義講演。而于右任、陳英士所辦的「民立報」，因聘章士釗為編輯，竟反對孫先生民生主義主張。他不但不尊重同盟會的政綱和決議，而且時常寫文章譏彈，說「個人不黨，當如是也。」原來，章士釗在東京求學時，章炳麟曾介紹他加入同盟會，他躊躇不決。民國元年由英國回國，覺得自己落伍了，便標榜無黨無派以抬高自己的身份。

由於「民立報」刊載反對孫先生、反對同盟會的言論，於是戴季陶任編輯的「民權報」、鄧家彥任編輯的「中華日報」，便與「民立報」展開筆戰。同為同盟會的機關報，卻同室操戈，兄弟鬩牆，實在是一個怪現象，使外人看來好笑。

這時袁世凱勢力還沒有擴張，表面上恭謹下士，對於同盟會知名人物更是側席以迎，暗中卻以女人、金錢，陷人於不義，認識不清，意志不堅的人，便被他玩弄於股掌之上。孫毓筠、胡瑛就是這樣喪節辱身的。

胡先生、汪精衛由湖北回上海時，唐紹儀就拿出袁世凱打給他們兩人的電報給他們看。

對他們兩人恭維備至，聘為高等顧問，敦請他們到北京去。胡先生看了以後把電報擲還唐紹儀說：

「袁世凱以為我們也會上他的圈套？我馬上回他一封電報，問他是何居心？」

唐紹儀連忙說：

「此事未必蓄有惡意，置之不理可以，何必給他難堪？」

胡先生這才作罷。

後來汪精衛因黨內決議要他北上解散天津、北京秘密組織，袁世凱知道了，特別闢滿清某王府掃榻以待。汪精衛過門不入，冷笑一聲說：「我要這麼大的房子幹什麼？」

他不謝不辭，逕自走了。

二十七

胡先生隨孫先生乘泰順輪南下，四月二十日到福州，各界盛大歡迎。孫先生和胡先生都在歡迎會上發表講演，胡先生說：

「各地政黨很少有確定政見，這是通病。現在民國建設還沒有完畢，如果不相互融洽，怎麼能鞏固國家基礎？」

他們在福州停留了一天，二十四日到香港，改乘寶璧軍艦，二十五日下午到廣州。

孫先生已經有十七年沒有到廣州。他由胡先生、廖仲愷陪同到廣州時，眞是萬人空巷。廣東人對孫先生讓袁世凱作總統，心理很不服氣，他們認為孫先生奔走革命數十年，三民主義是他的整套政治理想，同盟會是他創立的，滿清政府是他和黨人推翻的，為什麼讓滿清餘孽袁世凱來當總統？他們想不通，便把一股怨氣和擁護孫先生的熱忱結合在一起來歡迎孫先生。

孫先生看到這種情形，心裡也很欣慰。

當晚，陳炯明在都督府設宴歡迎孫先生，談到深夜才散。

席間，陳炯明曾問胡先生：

「胡先生，你對最近局勢的發展有什麼感想？」

「共和國的主權在民，但是我國文盲太多，更不知道民主政治是怎麼一回事？我想專心從事社會教育工作，同時宣傳本黨主義。」胡先生回答。

「胡先生，你那裡得來這些悠閒歲月？」陳炯明向他一笑。

「我現在無事一身輕，不是很悠閒嗎？」

陳炯明笑而不答。

第二天，胡先生起床稍遲，鄧仲元已在門外等候。

胡先生剛出來，鄧仲元就迎着他說：

「競存有要事相商，請你過去一趟。」

「什麼事這麼急？」胡先生問。

「去了你就會知道。」鄧仲元回答。

他和鄧仲元一道進入都督府。先到會客室，不見陳炯明；再到書房，又不見陳炯明。胡先生有點奇怪，又問鄧仲元：

「到底是怎麼回事？你們在耍什麼把戲？」

「我看他一定在寢室，我們進去看看。」

鄧仲元一馬當先，向寢室走去。胡先生跟在後面。

一走進寢室，發現朱執信坐在裡面。胡先生還沒有打招呼，鄧仲元就把寢室的門反鎖起來。

「到底是怎麼回事？」胡先生連忙問他們兩人。

「看了信你就會知道。」鄧仲元說。隨手在櫃子裡取出一封信交給胡先生，這是陳炯明的手筆：

「存母年邁，未能奉養，有虧子職，今決心赴港晨昏定省，菽水承歡，不能再任公職。廣東都督原為我公受人民之托，再交存代理，今公返省，存再代無因，青氈故物，應還原主。區區微忱，伏祈垂察。」

胡先生看完信之後，斬釘截鐵地說：

「這怎麼可以？出爾反爾的事豈是我胡漢民作的？」

「競存已經連夜去香港了，他辭意堅決，廣東無人負責，你不幹誰幹？」鄧仲元說。

「我昨天已經跟他講過，我要作我自己的事。我實在不願意再作馮婦。何況他剛剛重懲不法的民軍，省政一天天鞏固，陣前易帥，兵家大忌。不如暫時秘而不宣，由你們代理，同時派人去香港請他回來，他決不應該在這個時候放棄責任。」

「他去志堅決，如果你再不肯接手，隨時都會發生大變，你說他不應該放棄責任，我說你才不應該放棄責任。」朱執信說。

胡先生無論如何不肯答應，他要他們派人去香港請陳炯明回來。

「那我們請孫先生決定好了。」朱執信說。「我們一面部署內部，一面派人去報告孫先生，我想孫先生會贊成大家的意見。今天無論為黨為廣東，你都沒有個人自由。」

孫先生正在省議會講演，講演完畢，匆匆趕回都督府。鄧仲元、朱執信便將事情本末報告他。

「當初我要你跟我去上海，是你把都督交給陳競存的；現在你又跟我回廣東，所以他要把都督交還你，這正是他還識大體之處。何況廣東老百姓都擁護你，你怎麽能不接？」孫先生對胡先生說。

「我難得清閒，實在不想再作馮婦。」胡先生說。

「那我跟你當秘書長好了，這總可以吧？」孫先生說。

胡先生聽了十分惶恐，知道不能再推。便說：

「既然先生非要我幹不可，我只好遵命。不過，必須競存回廣州來處理軍事，我才能答應。」

孫先生望望朱執信，問他：

「你看看競存可不可能回來？」

「如果展堂肯任都督，競存或許會回來。」朱執信回答。

「那就麻煩你去一趟香港吧。」孫先生說。

朱執信立刻啓程去香港，看到陳炯明，便把經過情形告訴他。

陳炯明聽了很高興，爽快地說：

「既然胡先生肯當都督，那我就回廣州幫助他好了。」

「你這一招眞絕！」朱執信聽他答應回廣州，十分高興，想起他留書出走，覺得眞是一着妙棋。

「如果我不來這一招，我知道胡先生是不肯接的。」陳炯明也得意地說。

「要不是孫先生再將他一軍，他還是不會接的。」朱執信說。

「胡先生就是這樣的人。」陳炯明說。

兩人一道回到廣州。二十七日午後，廣東省議會投票決定，推胡先生復任廣東都督。都督以下人事是這樣的：

民政長由胡先生兼任，護軍使陳炯明，陸軍司長鄧鏗（仲元），財政司長廖仲愷，司法司長羅文幹，核計院長兼廣陽綏靖處督辦朱執信，官銀錢局總辦鄒魯。

胡先生另外還兼了同盟會廣東省支部部長。

胡先生就職之後，向全省發了一個通告：

本都督受人民重託，為維持地方起見，斷不敢姑息苟安，以貽後患。粵省匪氛未靖，尤在厲行軍政，務使內地一律肅清，繼續陳前都督所未竟之業；倘有心懷不軌，希圖擾亂公安者，本都督惟知執法嚴懲，決不寬貸。

二十八

民國元年秋，宋教仁使統一共和黨、國民共進會、共和實進會、國民公黨與中國同盟會合併，改組為國民黨。黨綱共有五條：

一、保持政治統一。

二、發展地方自治。

三、厲行種族同化。

四、採用民生政策。

五、維持國際和平。

宋教仁並親撰國民黨成立宣言：

「……相與合併為一，舍其舊而新是謀，以從事於民國建設之事，以蕲漸進於為共和立憲國之政治中心勢力，且以求符於政黨原則，成為大羣，以引起一國二大黨對峙之觀念，俾其見諸實行。」

同時他並以同盟會總務部名義，分函各地支分部說明：

「自斯而後，民國政黨唯我獨大，共和黨雖橫，其能與我爭乎？」

得意之情，難以自掩。

由於刪除了以往政綱中「男女平權」，八月十三日同盟會舉行職員會議時，便發生女會員扭打宋教仁事。二十五日舉行國民黨成立大會時，女會員又再度提出抗議，毆打宋教仁。

胡先生對宋教仁了解很深，很不贊成他這種作為，便力辭廣東支部長。因為他在同盟會和廣東的聲望很高，所以沒有辭掉。

同盟會既已變質，國事又紛亂如麻，胡先生便專心致力澄清吏治，建設廣東。

單。

廣東省有九十個縣，縣是基層自治單位，省政的好壞決定於縣，因此胡先生對縣長的人選特別重視，尤其是品德方面，毫不馬虎。他生平最不齒敗德壞行的人，縣長在前清是父母官，在民國是親民之官，一個好縣長可以造福地方，壞縣長就魚肉人民，天高三尺了。

當初各縣縣長積習很深，官僚氣重，貪污舞弊盛行，他一發現，便撤職查辦。但繼任人選卻十分困難，原先還可以在科長秘書中挑選品德好的外放各縣，去填補一下空缺，但外放的縣長也有舞弊貪污的，這樣他就不得不慨嘆「才難」了。

儘管縣長難求，但是出了紕漏的他一定撤換，決不因循。九十個縣，一年之中，平均換了三次縣長，這大概史無前例。

中國人口統計，自乾隆以來，就沒有再調查過，全國究竟有多少人？眞是一筆糊塗帳。胡先生在廣州就先做人口調查統計工作，作為施政的依據。

一是要警察逐户調查，同時告訴市民，凡是生死、遷移，都要報告警察機關登記，否則處罰。

二是要醫生負責死亡報告。

三是要棺材店報告每月賣出多少棺材。

雖然想盡辦法作人口調查統計工作，可是成績並不理想。一是一般市民根本不報，或是謊報；報上來的幾乎都是一家十口，不多不少，市民希望政府因此打退堂鼓。市民為什麼這麼作，一是怕抽「人頭稅」或徵兵；二是西醫報中醫不報。中醫為什麼不報？是怕別人宣傳病人是他醫死的，妨害他們營業。棺材店更糟，他們根本反對，因而罷市。為什麼反對？因為廣東棺材店有一種陋習，凡是買棺材的人都可以揩油，如果不揩油，反而不吉利。這種秘密他們不願讓第三者知道。

胡先生為了貫徹人口調查統計工作，便令有關單位去西江佛山等地轉運棺材到廣州來賣。後來覺得長久公賣棺材，不是辦法，只好取消棺材店報告營業狀況的規定。

胡先生認為戶口調查工作進行困難有兩大原因：一是以前的滿清政府信用太差，二是人民知識水準太低，自然影響新政府的推行。

上次他任廣東都督時，曾經開創議會選舉十位女議員的先例。這次他重作馮婦，仍然十分重視男女平等，凡是虐待婦女、欺壓婦女的事，都儘量防止。所以廣東女權比別的省份都高，包小脚的婦女也少。

二十九

袁世凱自當總統後，對於財政毫無辦法，只靠借外債度日，而且以影響每一個國民的鹽稅作擔保。在外交上也是一籌莫展，招致俄國侵略蒙古，英國侵略西藏，日本虎視眈眈，內外交迫，危機重重。但他以維持現狀敷衍了事，而且動輒以命令代替法律，漸漸暴露專制面目。

宋教仁先後在武漢、上海、杭州、南京演講，指責袁世凱因循苟且，「不惜以萬難收拾之局貽之後人，此其罪無可逭之處也。」同時提出他的政治主張：

一、總統當為不負責任，由國務院負責。內閣制精神為共和國良好制度，國務院宜以完全政黨組織之。

二、憲法問題當然屬於國會自訂，毋庸紛擾。

三、至先訂憲法後舉總統，不能因對人問題以法遷就之，亦不能因對人問題以法束縛之。吾人只求制定眞正民主共和憲法，產生純粹政黨內閣，此後政治進行，先問諸法，再問諸人，共和國存在之原理大致如此。國民黨現今應有之黨略，亦當依此方針以謀穩健進行。

四、地方問題則分其權之種類，而為中央地方之區別，大綱既定，地方問題自迎刃而解。惟道府制即觀察使等官制最為腐敗，萬不能聽其存在。

他這四點意見又完全與袁系主張針鋒相對，而且起草了國民黨大政見及中央行政與地方行政劃分的大政見，分為「政體」、「政策」兩大部份。

政體方面主張：

一、單一國制。二、責任內閣制。三、國務總理由衆議院推出，國務員由總理組織，不須國會同意。四、省縣並為自治團體，有列舉立法權，惟不得與中央立法抵觸；至自治行政範圍，則以地方財政、實業、交通、工程、學校、慈善公益事業為限。

政策方面包羅萬象，內政、外交、軍事、財政、教育，樣樣俱備，他準備帶到北京去，以求付諸實行。

民國二年三月二十日晚，宋教仁與國會議員同行北上，在上海車站被袁世凱派人暗殺。兇手為應夔丞、武士英。

袁世凱刺殺宋教仁不久，又於四月二十七日借外債三萬萬（合二千五百萬英鎊）。胡先生覺得袁世凱胡作非為，專制陰謀完全暴露，便於五月一日通電抗議：

「……現在正式國會成立，臨時政府不日卽將消滅，豈能以垂盡之政府，秘借巨金，以貽害全國人民？前次粵中人士對於大借款反對甚衆，現聞政府有違法借債情事，愈加激烈，誓死不認，均謂宋案有政府以巨金資助兇手之說……」

五月五日，胡先生又和譚延闓、李烈鈞、柏文蔚等湘、贛、皖三省都督，聯名通電抗議袁世凱違法借債。

袁世凱銜恨在心，以廣東都督誘陳炯明繼任，陳炯明也要他的朋友江紳遊說鄒魯，希望鄒魯贊同，勸陳炯明不要推辭，鄒魯沒有答應。

六月十一日，降將李準也從香港打電報給胡先生，歌頌袁世凱，要挾胡先生：

「……又況人心渙散，勝算未必可期……公固達人，自有卓見，毋俟嘵嘵也。」

胡先生看了十分氣憤，立卽復了他一通電報：

「……苟為保祿位，希望非當，去年軍隊林立，何嘗不可擁以自固，而必悉數遣散，復力持陸軍減師之說，誠欲挪出餘款，以餉中央。區區此心，實不求天下之見諒。迨宋案借款二事適起於臨時政府將終之際，漢民尊重法律，聯合各省電爭……」

六月十四日，袁世凱下令免胡先生廣東都督兼民政長職，調為西藏宣慰使，以陳炯明為都督。在幾天之前，江西都督李烈鈞也被免職。

六月二十日，胡先生通電辭職，第二天乘寶璧艦赴香港。

七月十二日，李烈鈞在湖口宣佈江西獨立，興師討袁。胡先生和汪精衛從香港到廣州，勸陳炯明討袁。陳炯明起初猶豫不決，後來因為東南各省響應，黃興在南京宣佈獨立，岑春煊又迫陳炯明獨立，他才在十八日發表宣言討袁。

孫先生為了國家民族前途，對袁世凱委屈求全，百般容忍，現在已忍無可忍，便電召胡先生到上海去主持討袁大計。

胡先生和朱執信決定去上海，但身邊一文不名。恰好陸文輝送來孫先生在南京臨時政府時期胡先生應得的薪水六千元，當時胡先生拒絕接受，孫先生命陸文輝代為保存，這時正好派上用場。朱執信也將他原來準備留學的一萬二千元一道帶往上海補助革命軍餉，他們兩人却坐三等艙去上海。

胡先生到上海後，孫先生便對他說：

「當初我讓出總統，是希望袁世凱能識大體，維繫共和，顧全國計民生；年來我開誠佈公，並和克强、其美北上，與袁世凱懇談，也是想消除他的猜忌。想不到他梟雄成性，包藏禍心，國家大事又被他弄得一團糟，再這樣下去，國家不成為國家，共和政體也要完全被他毀滅。因此我忍無可忍，才決定公開討伐。我要你到上海來，就是主持討袁大計。」

胡先生想到當初孫先生讓出總統，却不讓他出國，是有先見之明。這一年多的風雲變幻，更使他感慨萬端。但是見了孫先生，他反而沒有話講。孫先生問他有什麽意見，他才說：

「現在國事紛亂如麻，比讓位於袁世凱時更難着手。原因是革命的力量已經分散，國民黨已經被各黨各派滲透，意志不能集中。」

孫先生沉思了一會，慨嘆地說：

「只怪我們革命黨人都是書生本色，可欺的君子，大多失之於天眞。如鈍初以為只要實行責任內閣制，爭取國會多數票就可以抵制袁世凱；改組同盟會為國民黨，兼收並蓄，擴大了黨的基礎，就可以實現政黨政治。殊不知我國幾千年專制餘毒，豈是三天兩天可以肅清的。所以一朝權在手，人人都想當皇帝，袁世凱如此，換了別人又何獨不然？鈍初的想法很天眞，以為民主憲政可以一蹴而就，結果賠上了自己的性命，實在可惜。」

「當年我和他的爭論焦點也就在此。」胡先生說。「他所見的是民主政治的常規，而不是當前中國的特殊狀況。正如一個還不會走路的孩子，一開始就要他跑步，怎麽不跌跤？」

「我不怕失敗，」孫先生說。「不過這次失敗給了我一個更大的教訓。如果討袁成功，我要重新組黨；討袁失敗，我更要重新組黨。」

「我也認為有此必要。」胡先生說。

不幸，七月二十九日黃興棄守南京，使討袁軍事遭受重大挫折。

江西方面也被袁軍水陸夾攻，湖口南昌相繼失陷。

安徽方面，因反正軍隊再反，柏文蔚被迫出走。

廣東方面，原擬援贛軍隊，均被袁世凱收買，龍濟光又奉袁世凱命，由梧州率兵東下，陳炯明因砲兵叛變逃走，鄒魯再謀獨立也失敗了。

福建方面，許崇智本來想援助李烈鈞，後得各地獨立軍失敗消息，都督孫道仁調兵回省防守，許崇智離開福建後，孫道仁便取消獨立。

湖南方面，獨立後便淺籌攻鄂，而各方獨立軍失敗消息不斷傳來，黎元洪又通電勸和，都督譚延闓便取消獨立。

上海方面，陳其美命鈕永建、蔣先生分途督戰，攻入製造局西柵門，因被海軍砲擊，不支而退。

討袁失敗，革命武力全被消滅，胡先生便隨同孫先生，經臺灣到日本籌組中華革命黨。其他協助孫先生組黨的還有陳其美、朱執信、廖仲愷、許崇智、鄧鏗、居正、田桐、謝持、戴傳賢等人。

胡先生到日本後，以二十元租小屋兩間，和廖仲愷同住，生活極其簡陋。外人以為胡先生當過都督，廖仲愷當過財長，想不到會這麼窮困。日本警察更藉故常來攀談、偵察，胡先生不堪其擾，便藉下圍棋時和同志討論革命，日本警察一來，就請他下棋，日本警察自然不得要領而去。

孫先生組織中華革命黨的目的在正本清源，摒斥官僚，淘汰腐化份子。入黨手續特別嚴格，須自寫誓詞，並蓋手印，介紹人並應負連帶責任。原有黨人，均應重寫誓詞。孫先生也是親自書寫誓詞，而且指定胡先生監誓。

黃興、譚人鳳等不滿入黨誓詞「附從孫先生」字句，及蓋右手中指指模。經再三調解，才贊成將誓詞中「附從孫先生」字樣改為「服從中華革命黨之總理」，但仍然反對蓋指模。孫先生一再解釋强調須維持指模，表示慎重。陳英士極為贊同，黃克强因之去美國。

孫先生並手訂總章，揭明實行民權民生主義。黨紀方面訂有黨員規則四條：

一、不得以個人自由意思行動，加入其他之團體或集會。

二、不得受外界之搖動，有違背黨之行為。

三、不得以個人名義發表違反黨義之言論。

四、不得以違反黨義之言論行動，煽惑本黨同志。

民國三年六月二十二日，舉行中華革命黨選舉大會，選舉孫先生為總理。另設協理一人，凡曾任都督的都可被選，胡先生、陳英士堅讓，李烈鈞、柏文蔚不願接近，協理從缺。七月八日在東京築地精養軒開成立大會，孫先生宣誓就職，並任革命軍大元帥，負責指揮全國軍事行動。

中華革命黨總部及各支部負責人也都確定：總務部長陳其美，副部長謝持。黨務部長居正、副部長田桐。財政部長張人傑，副部長廖仲愷。政治部長胡先生，副部長楊庶堪。軍務部長許崇智。南北美總支部長林森。省支部長湖北田桐、安徽范鴻仙、廣東何天炯、江蘇周應時、湖南覃振、江西徐蘇中、浙江戴傳賢、山東劉本、貴州凌霄、河南凌越、廣西蘇無涯、四川楊庶堪、雲南劉德澤、山西宋元愷、奉天朱霽青、陝西徐朗西、甘肅張宗海、吉林徐東垣、黑龍江喬根。

依黨部規定，政治部職掌有四項：

一、物色並培養政治人才。

二、籌備中央政府。

三、規畫地方自治。

四、審定建設規模。

為了加强宣傳，五月十日在東京創辦「民國雜誌」，社址設在東京麴町區新櫻田町，由胡先生擔任總編輯，居正、戴季陶、朱執信、楊庶堪、蘇曼殊、邵元冲、鄒魯、葉夏聲、張百麟等擔任編輯，居正兼任經理。胡先生用去非筆名，作「發刊詞」、「亡國之外債」及「强有力之政府辯」等文發表。

政治部除了創辦民國雜誌外，三月間還在東京神田區三丁目十番地設立政法學校，有政治、經濟、法律、日語四個專修科，並設旁聽生及科外講義制度，有學生三百多人。

九月二十日，在東京赤坂區美甫坡孫先生寓社首次舉行「討論革命方略」會議，參加會議的除胡先生外，還有田桐、謝持、許崇智、廖仲愷、居正、丁仁傑、戴季陶、王統一等。自十月三日至十二月十六日又舉行會議十六次，陳英士、何天炯、周應時陸續參加，由孫先生主席，胡先生或戴季陶擔任書記，胡先生並參與或審訂革命軍編制、告示、軍律、大元帥府及地方行政官署組織等章節。

民國四年八月十四日，楊度、孫毓筠、嚴復、劉師培、李燮和、胡瑛等六人，發起籌安會，鼓吹帝制，胡先生寫信給楊度，歷數其罪狀：

「……夫賣文求祿，曲學逢時，縱其必得，猶為自愛者所不屑；況足下之道，無往而非危。民國確認足下為罪人，袁家究不以足下為忠僕，徒博得十萬金一時之揮霍，而身死名裂，何足取哉……」

十一月十六日，胡先生偕宋振（亞藩）赴菲律賓籌款及整理黨務，成績很好。

民國五年二月五日由馬尼拉啓程回東京，協助孫先生策劃討袁。這時黨務部長居正奉孫先生命去山東發難，胡先生暫時兼黨務部。

在軍事方面，孫先生已派陳其美負責長江方面討袁工作，各省也分別派人策劃。

民國四年九月十八日，袁世凱公開進行作皇帝的準備工作，孫先生通告全黨，揭發袁世凱的罪狀，並發表討袁宣言和檄文。

十一月十日，陳其美殺上海鎮守使鄭汝成，十二月五日又襲擊肇和軍艦。

這時袁世凱已經作了皇帝，改民國為洪憲元年。蔡鍔、熊克武、李烈鈞等在雲南起義，進展順利；居正在山東以中華革命軍東北軍名義舉事，也節節勝利，傳檄山東，聲勢大振。湖南、貴州、浙江、陝西、四川也相繼獨立。袁世凱不得已，便在民國五年三月二十二日，下令取消帝制。

民國五年四月十五日胡先生化名陳國榮乘日輪天津丸到上海。二十七日孫先生也來上海主持。

各省討袁義軍有進無退，勢如破竹。陳其美在上海更為袁世凱所忌，袁黨遂於五月十八日重賄兇手暗殺。

陳其美在上海出入很少戒備，時常一個人在馬路上散步。一天，他和胡先生在路上相遇，胡先生勸他：

「袁世凱的爪牙很多，你還是小心一點好。」

「你也應該小心。」陳其美說。

出事這天，胡先生和陳其美在上海薩坡賽路住所樓上討論籌款問題，突然有人在樓下要見陳其美，說是接洽籌款。陳其美下樓和他見面，不到半小時，胡先生在樓上突然聽見一聲槍響，連忙趕下樓來，陳其美已經倒在血泊中，兇手不知去向。胡先生悲慟不已，作了一幅輓聯輓他：

其魄至弱，其魄至强，死者亦有知，豺狼當道豈能久。

為道太厚，為身太薄，天下正多事，麟鳳非祥奈若何！

孫先生為了加强打擊袁世凱，宣佈恢復約法主張，並電各省義師，合力猛進。袁世凱眼看大勢已去，憂憤成疾，於六月六日死於北京。黎元洪以副總統身份繼任大總統。孫先生發表宣言，並電黎元洪迅速恢復約法，召開國會，黎元洪答應照辦。七月十三日，胡先生和唐紹儀、黃克强、柏文蔚、王寵惠、于右任、鈕永建、溫宗堯等，在上海惠中飯店歡送北上議員，並請孫先生和章太炎作陪。

孫先生也電告各省舉義黨員，暫時按兵不動，靜待局勢發展。

討袁之役，就這樣結束。孫先生感慨地對胡先生說：

「當初黨人如果團結一致，堅持革命原則，就不必多此一舉。」

「如果不是再在東京組黨，整肅內部，重整革命精神，袁世凱的皇帝就作下去了。」胡

先生說○

國內戰爭既平，胡先生便偷閒赴杭州遊西湖○

這是他第一次遊西湖，以前一直抽不出時間○他還作了一首詩紀念：

我與西湖初識面　新交締定可無詩
淡裝濃抹君都好　布襪青鞋我敢辭
前輩風流多勝跡　近人事業有豐碑
相看容與中流便　不為風波艤棹遲

三十

黎元洪繼任總統，恢復約法國會，任段祺瑞當國務總理○

孫先生為了了解北京政府情形，於九月八日派胡先生和廖仲愷到北京去實地察看，並代表孫先生和黎元洪、段祺瑞洽商國事，和內務總長孫洪伊謀組大黨，擴展北方黨務，團結國會黨籍議員○但是北方政治情形複雜，軍閥政客爭權奪利，國會派系林立，組黨非常困難○

九月二十八日，外交總長唐紹儀因受軍閥張勳攻擊而辭職○胡先生接孫先生電報偕唐紹儀回上海，留廖仲愷在北京辦理償還華僑債券事。

胡先生向孫先生報告北上經過，並說：

「國會本黨議員想舉先生為副總統。」

孫先生大不以為然。他說：

「我要造反了！北京當局勾結帝國主義，想解散國會，有搗亂國家的行為，我要討伐他們，你們要小心！」

十月三十一日，黃克強在上海徐家滙福開森路寓所逝世。

民國六年一月十八日，孫先生接受黎元洪大勳位，以示合作。胡先生也接受智威將軍銜。李烈鈞、柏文蔚、陳炯明也有將軍銜，但不帶兵。

胡先生再到北京活動。

段祺瑞主張加入協約國，對德宣戰。汪精衛剛從歐洲回國，也主張對德絕交，黨內也有人附和。胡先生認為在孫先生沒有指示方針以前，不作明確表示，他個人認為應該慎重討論。而段祺瑞卻秘密勾結各省督軍作為外援，以便對德宣戰。

三月九日，孫先生電北京參衆兩院，反對加入協約國，國會議員也多半不贊成參戰。

段祺瑞便假借開軍事會議，召各省附和他的督軍開會，這就是所謂「督軍團」，用來威脅國會通過參戰案。同時收買乞丐流氓，冒充公民請願，包圍衆議院，甚至毆打議員，有些議員憤而辭職。黎元洪便將段祺瑞免職，以外交總長伍廷芳代理國務總理。段祺瑞去天津。六月二十九日，安徽省長倪嗣冲首先叛變，浙江、河南、直隸、山東、福建、奉天、吉林、黑龍江等省段系督軍附和，倪嗣冲並率軍北上，直逼豐台，曹錕等也稱兵附會，都想去掉黎元洪，另組政府。

六月十三日，叛督電請黎元洪解散國會，黎元洪只好照辦。

六月十四日，胡先生奉命到廣州，會晤廣東督軍陳炳焜等，商討護法討逆。

六月十七日，胡先生同他哥哥胡清瑞去南寧，想邀兩廣巡閱使陸榮廷來廣東，商量討逆大計。陸另有陰謀，托足疾不來。

七月一日，張勳率領軍隊進入北京，擁護溥儀復辟。黎元洪躲進日本大使館。（後來段祺瑞打敗張勳，自稱國務總理，以副總統代理大總統，並對德宣戰。）

七月十七日，孫先生率領海軍南下護法。二十二日，胡先生和胡清瑞乘廣西第一號巡艇東返，二十五日到廣州，隨卽去黃埔見孫先生，報告去南寧經過。

孫先生到廣東後，國會議員和海軍都南下護法。八月十五日在廣州召開國會非常會議，三十日通過軍政府組織大綱，主要目的是戡定叛亂，維護臨時約法。九月十日，選舉孫先生為海陸軍大元帥，唐繼堯、陸榮廷為副元帥，成立軍政府，並任胡先生為交通部長。

廣東省長朱慶瀾，因贊助孫先生護法，為兩廣巡閱使陸榮廷不滿而下臺，以綠林出身的李耀漢擔任省長。廣東人不服，省議會於九月六日選胡先生為省長，胡先生堅決拒絕。海軍總長程壁光也是擁護孫先生最力的人，胡先生不肯當廣東省長，桂系又誘程壁光出任，程壁光也不肯幹。以後又想請他當督軍，廣東省議會及粵籍軍官通電擁護，陸榮廷等知道程壁光的聲望不小，便暗殺程壁光。

桂系不但竭力阻止軍政府發展，而且要改組護法的軍政府。這時國會已被政學系領袖岑春煊及陸榮廷等刼持，他們迫使國會議員共同主張改組。

孫先生得到這個消息，便和胡先生商量：

「岑春煊、陸榮廷他們要改組軍政府，也和段祺瑞他們破壞約法一樣，不懷好意。你看我們應該怎樣防止？」

「他們暗殺程璧光就暴露了改組軍政府的陰謀。現在軍政府實力不够，不妨打個電報給唐繼堯，看看他的反應。」胡先生說。唐繼堯和陸榮廷都是軍政府的副元帥，但未就職，是有實力的軍人，他可以與陸榮廷分庭抗禮。「如果他反對改組，我們就有後援；如果他贊成改組，我們就無力回天。」

民國七年四月二日，孫先生打電報給唐繼堯，唐繼堯沒有切實答覆。

孫先生和胡先生一再商量，都想不出一個好的辦法，最後只好決定請全體議員到軍政府談談。

四月十一日，孫先生在軍政府和議員們會談。孫先生說：

「軍政府是依法產生的護法政府，沒有軍政府也就沒有國會，為了維護約法，實現民主政治，不宜改組。」

「改組軍政府不是取消軍政府，只是改大元帥制為總裁制，人多更可以集思廣益。我們是國會議員，不會搬石頭打自己的脚。」吳景濂說。

孫先生知道他們的目的是議和，不是護法，詭計已定，便不再談。

五月四日，國會非常會議通過改組軍政府案，改大元帥制為總裁制。孫先生立卽辭職。

五月二十四日，孫先生和胡先生離開廣東。孫先生取道臺北去日本，胡先生和其他黨人直接去上海。

胡先生在上海閒來無事時，便和鄧魯、林直勉、胡毅生等以讀書練字消遣。胡先生歡喜曹全碑拓字勁秀，便專心練曹全碑，不久得其神髓。鄧魯雖然自幼習曹全碑，仍然趕不上胡先生。

七月五日，國會非常會議選舉孫先生、唐紹儀、伍廷芳、唐繼堯、林葆懌、陸榮廷、岑春煊七人為總裁，並以岑春煊為主席。

九月，北京安福系僞國會選徐世昌為總統，廣東軍政府又依照非常國會決議，宣佈代行大總統職權，和北方對抗。但廣東籍國會議員及省議會反對岑春煊的專橫，上書孫先生派胡先生回廣東聯絡。十一月下旬，胡先生又回到廣東。

這時和平空氣瀰漫，孫先生為了表示尊重各方面對和平的願望，於十二月十三日派胡先生為南北和平會議代表。

民國八年二月二十日，南北雙方代表在上海舉行和平會議，胡先生代表孫先生出席。南方代表十一人，唐紹儀為總代表；北方代表九人，朱啓鈐為總代表。

胡先生在會中堅持維護約法、恢復國會及取消中日間一切密約。從二月到五月，和會開了好幾次，胡先生的立場始終不變。最後一次會議他義正辭嚴地說：

「如果不能維護約法，恢復國會，確保民權，任何方式的妥協，都不能解決問題，本黨誓必奮鬥到底。」

五四運動發生，全國反段空氣濃厚，唐紹儀乘機提八項條件，北方代表不能接受，南北和平會議終於破裂。

岑春煊、陸榮廷想私自和北京徐世昌議和，胡先生電廣州軍政府辭代表職。不久，南北和會有復活之說，有人提議「南北一致以謀對外」的，有主張「南北分治」和「雙方讓步」的。胡先生罵「南北一致」是「一致賣國」，「南北分治」是「武力分贓」，於七月二日再電廣州軍政府單獨辭代表職。他在電文中說：

「士各有志，此後勿論和會是否繼續，都不與聞。」

民國九年六月，孫先生和伍廷芳、唐紹儀、唐繼堯等過半數代表，公開否認他們私自議和，並決議遷移軍政府到雲南，隨後又決議遷重慶。

這時胡先生在上海主編建設雜誌，宣揚三民主義，鼓吹建設思想。胡先生發表的重要論文有「呂邦的羣衆心理」、「孟子與社會主義」、「習慣之打破」、「中國哲學史之唯物的研究」、「唯物史觀批評之批評」、「從經濟的基礎觀察家族制度」、「考茨基的倫理觀與羅列亞的倫理觀」、「儒教排他之態度及其手段」、「階級與道德學說」等。

另外他還和戴季陶、朱執信、廖仲愷研究中小學教育問題，編輯教科書。

建設雜誌的效果很好，入黨的人更多。

三十一

岑春煊、陸榮廷繼續以軍政府的名義向北京求降借款，孫先生派蔣先生力促陳炯明出師討伐。陳炯明在漳州誓師出發；許崇智從汀州進攻；鄒魯以義勇軍名義，派譚啓秀、蔣光鼐、林骨在潮州、汕頭聯絡劉志陸的軍隊作為內應；姚雨平也派人在潮州、梅縣聯絡。因此出師不到十天，潮州、汕頭就完全平定。陸榮廷軍隊在惠州抵抗，相持不下。這時東江軍隊紛紛起義，敵方自廣州輸送彈藥糧秣，沿途被截，補給不上，陳炯明乘機急攻，陸榮廷大敗。虎門要塞也被朱執信佔領，朱執信却不幸於民國九年九月二十一日殉難。

胡先生十分哀痛，作「哭執信」詩一首：

豈徒風誼兼師友　屢共艱難識性情
關塞歸魂秋黯淡　河梁携手語分明
盜猶憎主誰之過　人盡思君死太輕
哀語追摹終不是　鑄金寧得似平生

九月三十日上午，蔣先生來看胡先生，商討收復廣州以後事宜，隨即赴廣東策劃軍事。革命軍直逼廣州，岑春煊逃走；陸榮廷部將莫榮新等也率殘部連夜逃去。十月二十六日克復廣州。

陳炯明任廣東省長兼粵軍總司令。

陳炯明因為軍政大權在手，就越來越專橫。蔣先生、許崇智憤而離開廣東。

民國九年十一月二十九日，孫先生偕伍廷芳、唐紹儀回廣州，恢復軍政府。胡先生隨即回到廣東。

軍政府恢復後，孫先生要親自督師入廣西，胡先生和蔣先生都不贊同，因為他們知道陳炯明心懷不軌。

民國十年二月六日，蔣先生回廣州，和陳炯明、許崇智、鄧鏗研討進軍廣西作戰計劃。

但陳炯明要爭地盤，鄧鏗要避嫌怨，蔣先生又憤而離開廣東；不久，胡先生也去上海。

民國十年四月七日，國會非常會議，議決中華民國政府組織大綱，廢軍政府，成立正式政府，依組織大綱選舉孫先生為大總統。

四月八日，孫先生打電報給胡先生、蔣先生、張靜江、戴季陶、廖仲愷，要他們回廣東商討大計。胡先生接到孫先生電報後就趕回廣州。

五月五日，孫先生就任非常大總統，任胡先生為總參議兼文官長、政治部長。

北京僞總統徐世昌，知道孫先生組織正式政府，十分害怕，便慫恿陸廷榮從廣西出兵，攻擊廣東。

孫先生命陳炯明分兵五路進攻廣西。

原先粵軍回廣東時，廣西師長劉震寰率部駐守梧州，曾經密函鄒魯說應該乘機進攻廣西，他願意作先鋒。鄒魯和陳炯明商量，陳炯明不答應。這次陳炯明出兵後，孫先生便要鄒魯約劉震寰作內應。鄒魯就在劉震寰密函的反面寫明請他內應，派范其務乘緝私艦送給劉震寰，並且參加籌畫響應的事。

粵軍攻廣西，桂軍也全力抵抗，各有勝負。由西江直上的中路粵軍，因有劉震寰響應，在六月二十六日進入梧州。於是各路並進，銳不可當，七月十五日攻佔南寧，八月二十一日攻佔桂林，九月三十日攻佔龍州。陸榮廷逃走，他的部隊也作鳥獸散，廣西全部平定。

陸榮廷逃了，廣西平定了，孫先生以為再也沒有西顧之憂，便想北伐，完成護法心願。他問胡先生有什麼意見，胡先生說：

「心腹之患已除，這是北伐最好的時機。」

孫先生再問陳炯明，陳炯明卻面有難色。現在的陳炯明已非當年的陳炯明，他身為廣東省長、內政部長、陸軍部長，又兼粵軍總司令，水漲船高，因此啓發了他的政治野心，已經秘密和北方軍閥往還，但是孫先生並不知道。

孫先生原來是希望他督師北伐，一看他面有難色，也不問個究竟，便決定自己督師北伐。

原來在八月十日，胡先生和居覺生曾經到南寧和陳炯明討論過北伐問題，陳炯明藉故敷衍。十七日，蔣先生也到南寧和他談北伐問題，陳炯明表示反對，而且說：

「民國二年，展堂一定要出兵討袁世凱，實在害了我。如果那時不反袁，廣東由我幹到現在，豈不是什麼都好辦了嗎？」

現在孫先生再和他談這個問題，陳炯明仍然藉故拖延，孫先生便要他回廣東籌備北伐軍糈。

民國十年十月十五日，孫先生偕胡先生等到桂林，設總統行轅及大本營於獨秀峯山麓舊桂王府。

駐紮桂林的北伐軍有粵軍第二軍許崇智部，福軍李福林部，滇軍朱培德部，贛軍彭萬程部，黔軍谷正倫部。胡先生又兼任大本營文官長及政務處長，綜理文書、軍機、軍餉、軍需等業務。

十二月五日，唐繼堯由港經粵到梧州，黔軍司令胡瑛率部隊一團護送。胡先生打電報給胡瑛，說外界謠傳很多，請唐繼堯直接來桂林，不必去柳州。胡瑛覆電說：

「唐赴柳州乃慰勞軍士，並無他意，在柳不過逗留三數日，即兼程赴桂林。」

唐繼堯到柳州後就設立了滇軍總部。原來唐繼堯是來運動滇軍回滇，驅逐顧品珍，奪回雲南地盤的。

孫先生制止無效。翌年二月，滇軍終於回雲南，同情北伐的顧品珍戰死了。

民國十一年一月十八日，蔣先生由上海到桂林，和胡先生、許崇智、李烈鈞等會商北伐作戰計劃，決定以湖北為第一目的，江西為第二目的。三十日，胡先生偕蔣先生見孫先生，商定出發日期，決定將大本營移設韶關。

二月三日，孫先生下動員令，以李烈鈞攻江西，許崇智取湖南。北伐軍到全州，士氣旺盛，陳炯明却不接濟餉械，他除了和北方軍閥暗通消息外，而且勾結湖南省長趙恒惕，通電反對北伐軍經過湖南。

粵軍參謀長鄧鏗（仲元）兼第一師師長，除了不斷供給北伐軍餉械外，並精選勁卒六百人，作為總統府衛士，陳炯明深為不滿。民國十一年三月二十一日，他由香港回廣州，陳炯明派人暗殺於廣州車站。

大本營得到這個消息，大家非常激憤，胡先生慟哭。蔣先生主張先班師回廣東，剷滅陳炯明，肅清內部，許崇智十分贊同。

三月二十六日，在桂林大本營開會討論，大家議論紛紛，很難決定。孫先生便說：

「看看展堂的意見如何？」

胡先生便對孫先生說：

「陳炯明既然勾結趙恒惕通電阻撓北伐，不但不接濟彈藥糧餉，反而暗殺接濟北伐軍的鄧仲元，叛意已經十分明顯。以前為了顧全大局，凡事都是寬容，為今之計，應趕快回師廣州，鞏固革命基地，再圖北伐。」

孫先生和大家都贊同胡先生的意見。

四月八日，孫先生下令回師廣州，並命粵軍第一軍參謀長蔣先生，帶領一枝軍隊，悄悄急進，陳炯明一點也不知道，十二日就到了梧州。

陳炯明得到消息，大吃一驚，打電報給胡先生詢問眞相。胡先生答覆他：

「欲進不能，乃作歸計。」

四月十六日，胡先生隨孫先生到梧州，陳炯明派廖仲愷迎接，陳少白也從廣州來替他解釋。孫先生起初還想寬恕他，希望他悔悟，決定要他到大本營來親自說明一切。陳炯明作賊心虛，不來，孫先生氣憤至極，要免掉他一切職務。胡先生說：

「操之過急，恐生巨變。不如先將他的內政部長和省長的職務免掉，以觀後效。」

同時胡先生打電報給陳炯明，勸他來向孫先生請罪，告訴他孫先生待人寬厚，不咎既往，但陳炯明不聽。

孫先生於四月十九日下令將先生進軍肇慶，免去陳炯明廣東省長、內政部長、粵軍總司令職務，讓他專任陸軍部長。所有粵軍，全歸大本營節制，總司令一職裁撤。

陳炯明於四月二十日離開廣州，赴石龍，再轉往惠州。他的軍隊退出廣州，在石龍、虎門等處佈防。

蔣先生主張立刻進攻石龍惠州，使陳炯明措手不及；再回師消滅陳炯明留駐廣西的葉舉等人部隊。

「不必，」孫先生說：「陳炯明和他的部隊也為革命奮鬥多年，我不忍心立刻摧毀。我想讓他仍然主持兩廣事務，我自己督師北伐。我以誠待他，或許他還能及時回頭。」

孫先生隨即命令北伐軍不要經過廣州，繞道到曲江、南雄、仁北等處集中。

五月六日，孫先生將大本營遷到曲江，胡先生隨同孫先生到曲江督師，繼續北伐，後方任務仍然交給陳炯明負責。想不到陳炯明乘北伐軍進入江西的時候，就命令葉舉等部隊集結廣州，並盤據梧州和廣州附近要塞，陰謀和北軍吳佩孚、陳光遠等夾擊北伐軍。同時要求孫先生恢復他的粵軍總司令和廣東省長職務，罷免胡先生的職務。此外還向財政部長廖仲愷鬧餉。廖仲愷不得已，請孫先生回廣州鎮壓。

孫先生決定回廣州親自鎮壓，胡先生堅持不可以回去。他說：

「先生回廣州有三大害處。」

「那三大害處?」

「第一、先生回去一定會受包圍。」

孫先生沉吟了一下，又問：

「第二呢?」

「第二、如果受了包圍，消息就要隔絕，我們遠水難救近火。」

孫先生又沉吟了一會，望望胡先生。胡先生說：

「第三、如果陳炯明不聽命令，那後果就不堪設想。」

孫先生楞了一下，突然站起來說：

「我決定回廣州，我不怕他們!」

於是，他要胡先生留守曲江大本營，他自己於六月一日率衛士趕回廣州觀音山總統府坐鎮。一方面使前方將士無後顧之憂；一方面又將總統府衛隊開赴前方，以減少陳炯明的猜疑。同時派人往惠州勸導陳炯明，往白雲山勸導葉舉，兩處專使絡繹不絕。

但陳炯明已經決心叛變，無法感化。他反而僞造北伐軍戰敗消息，對部下說：

「如果我們不變，將和北伐軍同歸於盡。」

六月十五日，陳炯明潛赴石龍，召集部屬，指示叛變詭計。葉舉、洪兆麟、李雲復、楊坤如等部，便於夜間圍攻總統府。

孫先生住總統府粵秀樓，有人勸他離開總統府，他不肯走。以後情況緊急，勸的人更多，他還是不肯走。深夜三點多鐘，號音由遠而近，孫先生要隨身衛士準備防禦。秘書林直勉、參軍林樹巍再去苦勸，孫先生仍然不為所動。他說：

「如果陳炯明眞敢作亂，那麼戡亂平逆就是我的責任，怎麼可以輕易離開總統府，放棄責任?萬一力不從心，只有以死殉國，以謝國人。」

林直勉等人知道勸已無效，於是幾個人合力挾持孫先生匆匆離開總統府。孫先生剛走不久，叛軍就趕到總統府。

孫先生等繞道至海珠海軍總司令部，登上楚豫軍艦，立卽召集各艦長應變戡亂。隨後又遷永豐軍艦。

這時城內砲聲震耳，粵秀樓已被叛軍摧毀，步兵衝進總統府、孫先生衛士殉難的很多。

第二天拂曉，廣州各機關全部被叛軍佔據，但謀害孫先生的陰謀沒有得逞。

這時北伐軍已經克復贛州。胡先生在曲江大本營聽到陳炯明叛變消息，決定去贛州班師回廣東救難。

六月十七日，胡先生率領十多個人，分乘小艇兩艘北駛，營長張發奎率領兩百多人殿後，一路水陸兼程並進，千辛萬苦。胡先生百感交集，寫了一首七律「書憤」；

紛紛孤鼠未驅除　攬轡中原計本疏
紫色蛙聲今竟爾　白龍魚服定何如
桓溫誓墓甘遺臭　趙盾欺人畏直書
猶幸六師能討賊　秦庭不待哭包胥

六月二十七日，胡先生終於趕到江西贛州，連夜在許崇智處召開緊急會議，出席將領有朱培德、李福林、彭萬程、梁鴻楷等，決定班師回廣東救難。

六月二十九日，各軍向信豐大庾前進，沒想到粵軍第一師梁鴻楷居然不聽命令，連夜退回連平，潛往惠州。

七月十日，北伐軍和叛軍在韶關作戰期間，胡先生留守始興處理後方事務。二十九日，前線失利退卻，胡先生偕李福林、許崇智、黃大偉各部於八月三日退往福建。

八月六日，胡先生隨軍到江西會昌。

八月七日，許崇智接到俞子厚、金維繫自汀洲打來電話，詢問善後辦法。許崇智回答：

「實行孫段携手，閩浙聯防。」

俞子厚說：

「他們想請胡先生來一趟，以便商量一切解決辦法。」

胡先生便由會昌去汀州。

這時他還不知道孫先生行踪，心裡十分掛念，也很惆悵，又寫了「嶺外」律詩一首：

嶺外唯看水北流　客程迢遞到汀州
山如有意遮前路　雲似無心人早秋
肯向天涯怨行役　且將風景忘離愁
故人千里音塵隔　鼓櫂滄江可自由

這一帶山高、水淺、河窄，由汀州小桃坐船往延平，一到薄暮，船就停止前進，船伕遝自上岸，不管乘客。每遇天雨，船伕一手撑傘，一手撑船，扁舟烟水，山光水色，別具情調。胡先生一時興起，寫「至小桃寄內」絕句一首：

鞍馬翻成汗漫遊　幾回天際誤歸舟
今朝一事差如意　纔入閩江便順流

八月二十一日到延平，共留了兩天，和段系將領商訂合作條約，達成兩項協議：

一、彼此合作驅逐閩督李厚基，實行孫段携手，閩浙聯防，開創東南新局面。

二、閩局底定後，共推王永泉主持。

上項條件議定之後，胡先生就派人送交許崇智，他自己便秘密由延平到福州。到福州後才知道孫先生已經到了上海，廖仲愷也恢復了自由，他便搭船到上海和孫先生會面。

九月中，胡先生偕汪精衛到杭州和段系浙江都督盧永祥商談合作。盧永祥提議浙、奉和國民黨各派代表一人，在上海組織軍事委員會，以便聯絡。

十七日，胡先生回上海。

十月十九日，駐香港黨人鄧澤如、古應芬、林直勉、林樹巍、李文範等，籌組「討陳駐港辦事處」，公推胡先生遙領處長，古應芬、林直勉、林樹巍、分任聯絡軍事和經濟方面的責任。二十六日，孫先生又派鄒魯為駐香港特派員，聯絡滇桂軍，鄧澤如為理財員。胡先生長兄胡清瑞籌措了討陳軍經費七萬多元。

三十二

民國十一年八月十四日，孫先生到上海。原來孫先生於六月一日自率衛士回廣州鎮懾陳炯明時，他也知道廣東局勢的嚴重，所以他在六月二日便以冬電催促遠在浙江家鄉的蔣先生：「粵局危急，軍事無人負責，無論如何，請兄卽來助我，千鈞一髮，有船卽來，至盼！」十八日，蔣先生在寧波接到孫先生的電報，便於二十日留信給張人傑，寄託後事，洒淚登程。二十九日在永豐艦上見到孫先生，孫先生將海上指揮全權交給蔣先生，並對外國記者說：「蔣君一人來此，不啻增加兩萬援軍。」由於蔣先生冒險犯難，盡力護侍，孫先生才脫險到達上海，着手黨的改進工作。九月四日，召集在上海的各省黨人會商改組中國國民黨，大家同意改組。

孫先生立卽指定茅祖權、丁惟汾、呂志伊、覃振、田桐、葉楚傖、張秋白、陳獨秀、管鵬、孫科、陳樹人等為改進方略起草委員。十一月十五日，各委員因為胡先生和汪精衞熟悉黨內歷史，公推他們兩人起草國民黨改進宣言，預定元旦發表。孫先生並召集黨人，審查修改黨章草案。

十二月十六日，通過草案，修正宣言。

民國十二年一月一日，發表中國國民黨宣言，闡明三民主義、五權憲法原則及國家建設計劃。一月二日宣佈黨章，重定正副部長、參議、及本部幹部書記。

民國十二年一月十六日，滇桂軍討逆軍克復廣州，陳炯明逃往惠州。十七日胡先生由上海到香港，住在杜坤如家。十九日孫先生由上海來電委派胡先生、李烈鈞、許崇智、魏邦平、鄒魯，全權代表行大總統職權；委鄧澤如為廣東省長。但桂軍沈鴻英部進城後，四處繳械，氣燄一天比一天高。政學會又想選林正煊為省長，鄧澤如覺得這個局面很不好應付，便請孫先生改委胡先生為省長。

二十二日，胡先生請李烈鈞回廣州。二十三日孫先生委胡先生為省長，二十五日胡先生就職。

政學系首領岑春煊，利用了討陳炯明的機會，使原在廣西受他影響的沈鴻英部隊，乘機進入廣州。因為他先向孫先生表示服從命令，以沈鴻英部隊參加討伐陳炯明，孫先生一方面需要武力，同時也沒有想到岑春煊別有用心，便答應了他的請求。其實沈鴻英已接受北京任他為廣東督理的命令，所以他一到廣州，便盤據官署，佔取稅收，圖謀不軌。

一月二十三日，他乘各討逆軍領袖在大沙頭參謀部長李烈鈞處開會時，襲擊觀音山的譚啓秀和梅萼的部隊。更利用陳炯明的「客軍入境廣東亡省」的話，煽動滇軍說：「魏邦平將聯合廣東軍隊，解決滇桂軍和我的部隊，非誘擒他不可。」

滇軍楊希閔上了他的當，便聯合桂軍劉震寰，以兩人名義約胡先生、鄒魯、魏邦平、陳策等到江防司令部滇軍楊如軒旅部，開地方善後及追擊敵軍會議。胡先生等人信以為眞，於二十六日，準時前往，而楊希閔却托病不到。沈鴻英和他的部將李易標、劉達慶、黃鴻猷、陳天泰等都身佩駁壳槍來了，衛隊也比平時多，江防司令部四周也佈滿了步哨。開會時沈鴻英故意與魏邦平爭吵，忽然劉達慶在魏邦平後面捉住魏邦平兩手，陳天泰便用駁壳槍打擊魏邦平。同時沈鴻英、李易標、黃鴻猷和他們所帶的衛隊，分別向胡先生、鄒魯、劉震寰等猛烈射擊。一時秩序大亂。

胡先生連忙往樓下跑，隨他下樓的衛士都被打死。他的眼鏡也破了，又被亂兵搶走銀票四萬元。鄒魯躲進楊如軒旅長臥室，楊如軒正伏地避彈。劉震寰逃入後座。陳策跳樓受傷。

起初沈鴻英煽動滇軍時只說「只擒魏邦平一個人。」現在滇軍看到沈鴻英等想將魏邦平、胡先生、鄒魯、劉震寰等統統殺害，這才明白沈鴻英另有陰謀，立卽由楊如軒、夏聲出面說：

「凡是想殺省長胡漢民、特派員鄒魯的，莫想出我的門！」

楊如軒、夏聲並親帶衛士保護胡先生、鄒魯出險。魏邦平也由楊希閔留在滇軍中。胡先生等到省署，剛好楊希閔部屬劉玉山聽說兵變前來慰問，並用他自己的掛了桂軍標幟座車護送他回家。

沈鴻英知道胡先生等一定要回大沙頭住所，密令駐紮在長堤官紙局的部隊，以機槍截殺。不久，一輛掛了桂軍旗幟，旁邊站了幾名衛士的汽車經過官紙局，沈部突開機槍掃射，衛士和坐在車裡的人統統被打死。一看，死的卻不是胡先生、鄒魯，而是沈鴻英的軍長劉達慶、參謀長黃鴻猷，他們兩人作了替死鬼，眞是湊巧。

原來胡先生坐的車子没有經過這裡，走別的路程回家，眞是吉人天相。

這次事變是政學系幕後操縱，原來他們想要沈鴻英煽動楊希閔，殺害胡先生、鄒魯、劉震寰，嫁禍滇軍，使滇軍對孫先生百口莫辯，不能不聽他們要挾投降北京。

事變後胡先生於二十七日下午偕鄧澤如、鄒魯、林直勉等乘廬山丸去香港，留胡毅生代理省政。

二月二日，胡先生由香港上書孫先生報告廣東情況，說滇軍楊希閔部屬都能服從命令，請孫先生回廣東主持。楊希閔並派他的副官夏聲去上海迎接孫先生，孫先生決定回廣東。

二月二十一日，孫先生回到廣州，執行大元帥職權。第二天，任胡先生為大本營總參議，任徐紹楨為廣東省長。二十八日又派胡先生、汪精衛、孫洪伊、徐謙為駐滬和平統一代表。

三月十五日，胡先生偕汪精衛、林直勉、林煥庭、胡毅生等由上海到甬，請蔣先生到廣東策劃軍事，十九日同回上海。

六月十五日，胡先生回廣東任大本營總參議。

七月，沈鴻英被敉平。孫先生全力東征，討伐陳炯明，並親自上前線督師。胡先生留守大本營，負責後方事務。這時滇桂軍將領楊希閔、劉震寰竟然不聽命令，只知道據地索餉。

民國十二年十月十一日，孫先生電上海國民黨本部，裁撤上海總理全權代表及總理辦公處，本部改組，各部部長改為主任，並委廖仲愷、汪精衛、張繼、戴季陶、李大釗為國民黨改組委員，囑孫洪伊密電北京李大釗到上海會商。二十四日，又派廖仲愷、鄧澤如等召集特別會議，商討改組問題，並以鮑羅廷（Miehael Borodin 其原名為 Grusenberg）為顧問。

十一月七日，在廣東成立臨時中央執行委員會。十二月九日，廖仲愷到上海向國民黨中央幹部會議說明改組原由，會中推定胡先生、汪精衛、居正、張繼、葉楚傖、戴季陶、謝持等為上海臨時執行部委員。胡先生正在廣東到上海途中。

這次國民黨改組，黨內意見頗不一致。孫先生曾召集廖仲愷、汪精衛、胡先生等加以研討。他們三人從各種觀點提供了他們的看法，分析利害得失，顧慮都很周到。

廖仲愷是比較贊成聯俄容共的。

孫先生權衡利害得失，贊成共產黨員以個人名義加入國民黨，共同努力國民革命。如果發現他們有別的企圖行動，應該隨時加以淘汰。他說：

「如果我們嚴密了我們的組織，嚴明了我們的紀律，昌明了我們的主義，任何份子加進來合作，我們都不怕的。」

民國十二年十一月間，孫先生發表了改組中國國民黨宣言，並派蔣先生赴俄考察黨務軍事，積極進行改組事宜。

民國十三年一月十二日，胡先生在廣州出席中央臨時執行委員會議，籌劃代表的事。二十日上午九時，中國國民黨第一次全國代表大會在廣州高等師範學校舉行，出席海內外代表一百六十多人。孫先生指定胡先生、汪精衛、林森、謝持、李大釗五人為主席團主席。二十二日下午討論孫先生交議的「紀律問題」，胡先生向大會說明原由，照原案通過。胡先生並在決議說明中提出國民黨民主集體制度。

二十八日大會討論黨章時，關於黨員跨黨事分成三種意見，一是江偉藩等反對李大釗的跨黨行為，廖仲愷卻贊成跨黨，黃季陸說黨員跨黨應有明文適當規定。最後胡先生說：

「大家討論的焦點是怕黨員跨黨違反本黨黨義黨德黨章，此種顧慮只要在紀律章上規定就可以了，似不必再在章程上明文規定何種取締條文。」

表決時胡先生的意見得到多數贊成通過。

三十日大會選舉中央執監委員，胡先生當選中央執行委員。

在大會進行中，為了議案的提出和審查，胡先生和鮑羅廷發生很多爭執。鮑羅廷提議沒收廣東地主土地和廣州大公司資產，胡先生當面指責他說：

「我們是國民黨，不是共產黨，不能實行共產黨那一套作法。」

鮑羅廷又說國民黨有左右兩派，胡先生又糾正他說：

「國民黨儘管各人有各人的意見，但你不能用二分法來分化國民黨。」

大會閉幕後，胡先生和廖仲愷去見孫先生，建議組織民族國際，以揭穿共產黨份子包辦國際聯絡的秘密。孫先生贊成他的意見，便約鮑羅廷談話，鮑羅廷也表示贊同，而且要胡先生負這個責任，孫先生也希望胡先生承當這件事。胡先生提出了具體計劃，要鮑羅廷提供材料，希望他們共同參加，鮑羅廷也同意了，但胡先生等了很多天，鮑羅廷却無答覆，這件事便無結果。

二月二十五日上海執行部舉行首次會議，到會的有于右任等，胡先生擔任會議主席。會中推定胡先生、汪精衛、葉楚傖為上海執行部常務委員，並推定各部部長及秘書，胡先生擔任組織部長，毛澤東為秘書。另外胡先生還兼任國民黨機關報民國日報編輯。

三月二日，蔣先生由甬上書孫先生，建議召胡先生回廣東輔佐內部。信中有這樣的話：

「嘗念吾黨同志，其有以學識膽略並優而兼有道德者，固不可多得；乃祇有求其熟諳本黨之歷史，應付各方，維持內部，如展堂者果有幾人？何先生亦不令隨左右，以資輔翼之助……」

五月十三日，孫先生頓感身體不適，電召胡先生回廣東。二十日，孫先生移居白雲山養病，大本營事務囑胡先生代理。

六月十三日，孫先生任胡先生為聯絡部長，執行他二月間建議的民族國際事務。二十日，又派胡先生兼大本營參謀長。

七月十一日，中央設立政治委員會，孫先生自任主席，以胡先生、汪精衛等為委員，鮑羅廷為高等顧問。這天舉行首次政治會議，決定派胡先生，許崇智等為軍事委員會委員。

共產黨員自從加入國民黨以來，不斷施展他們的陰謀。中央監察委員鄧澤如、張繼、謝持曾向中央檢舉共黨不法案。中央執行委員全體會議於八月十五日至二十三日連續舉行。二十一日這天會議討論共黨問題，由胡先生主席，他首先報告黨內糾紛情形，綜合三派意見，提請討論。最後全會決定按照政治委員會議所擬「國民黨內共產派問題」及「中國國民黨與世界革命運動之聯絡問題」兩草案解決。

民國十三年九月五日，孫先生發表宣言，並在大本營召開軍事會議，決定出師北伐，命胡先生留守廣州，代行大元帥職權，兼廣東省長，負責鞏固後方。廣州自八月九日發生商團運械事件以來，一直沒有解決，孫先生要胡先生接廖仲愷的省長，就是為了解決這件事。

胡先生受命時，要求孫先生准他全權處理，而且不使鮑羅廷干預。孫先生同意。

十月三日，胡先生宣誓就任廣東省長，發表宣言，表示貫徹討賊和自治的目的。他為了解決商團事件，與許崇智商量好了先發還商團一部份槍械，並限即日開市，服從命令，否則宣佈罪狀，斷然處理。

商團因為有英國人庇護，又與廣州一部份滇桂軍勾結，而且揚言政府將用工農自衛軍，實行共產，藉以破壞革命政府。

十月九日，商團又舉行大罷市。孫先生在韶關得到消息，命令組織革命委員會，採取斷然處置。這天，鮑羅廷到黃埔軍校和蔣先生商量革命委員會人選問題，鮑羅廷不想要胡先生和汪精衛參加，蔣先生不以為然，寫信給孫先生一定要胡先生和汪精衛兩人參加，否則寧可暫緩組織。但是孫先生覺得胡先生對效法蘇聯革命已失去信心，他和汪精衛都長於調和現狀，不容易徹底解決，所以仍然不讓他們兩人參加。

九日夜晚五時半，孫先生據胡先生電轉民團督辦李福林所擬的發還團械辦法，核准發還團械五千枝，由商團負責表示自衛。可是，商團得械後，氣燄更高。

十日午夜，軍校學生及廣州農工各界遊行慶祝國慶時，商團軍突然向遊行隊伍開槍射擊，死傷數十人。並且在西關架天橋、築砲壘，封鎖街道。孫先生也在韶關得到可靠情報，證實商團勾結陳炯明，將進攻廣州，便密電胡先生等採取緊急措施。

十月十二日，廣東情勢更加險惡，西關等處貼滿了打倒政府標語，商團並脅迫已開市商店，繼續罷市。

十月十四日，孫先生命胡先生代理革命委員會會長，廖仲愷為秘書，蔣先生為軍事委員會委員長。晚上七時，政府軍與商團軍進入對峙狀態。第二天清晨四點，雙方接戰，將近黃昏時，商團繳械投降，首領陳廉伯逃回沙面。

十一月四日，孫先生應各方敦請，決定北上，解決國是。行前發表命令，由胡先生留守廣州，代行大元帥職權，北伐事宜由建國軍北伐總司令譚延闓全權辦理，北伐軍統歸他節制調度。

三十三

十三日，孫先生由廣州啓程北上，胡先生等送到黃埔，晚上六時，孫先生離開黃埔。

孫先生北上後，陳炯明又乘機作亂。

當初沈鴻英陰謀殺害胡先生、鄒魯，企圖叛變投降北京失敗後，曹錕又令贛南方本仁部隊攻擊廣東，並接濟陳炯明，陳炯明聲勢又壯大起來。鄧本殷盤據南路和瓊崖方面，與洪兆麟在潮州汕頭叛變。許崇智率部進攻陳炯明，無法獲勝；孫先生命滇、粵、桂各軍圍攻惠州，也攻打不下。十二年冬天，陳炯明部隊打到廣州附近的石牌，雖被擊退，但因兵力不足，戰果不大。於是孫先生調湘軍譚延闓、豫軍樊鍾秀部隊到廣州，也沒有討平東江的敵人。陳炯明更由東江攻佔寶安，東莞、石龍。

十四年一月七日，陳炯明乘孫先生臥病北京自稱「救粵軍總司令」，自潮汕會同林虎、方本仁各部十萬人，分三路圖攻廣州。

胡先生以代理大元帥身份，決定以許崇智統率滇、粵、桂各軍，及黃埔軍校校長蔣先生率領的教導第一團何應欽部，教導第二團王柏齡部，分三路進攻，先後克復石龍、樟木頭、東莞。

十四年二月七日，蔣先生所率領的部隊又克復平湖、鴨子舖、平岡、淡水，後來陳炯明增援反撲，都被粵軍和教導團擊敗，並乘勝分途追擊，又擊破洪兆麟主力，連克永湖、白芒、花滘坑洞、通湖圩等。（滇軍也在十七日、二十日克復博羅和飛鵝嶺。）二十二日克平山，陳炯明部向海陸豐潰退。

許崇智以滇桂軍監視惠州的敵人，其餘部隊全力進攻海陸豐、潮梅，又加調第一師第一旅陳銘樞、張發奎等部隊及警衛軍吳鐵城部，開赴淡水，掩護後方。二十四日克三多祝，二十七日克海豐，三月七日克潮安和汕頭。

三月十二日孫先生在北京逝世。當孫先生率汪精衛、李烈鈞、戴傳賢、邵元冲等二十餘人離粵時，段祺瑞、張作霖與孫先生約定，俟抵天津後會商大計，一同入京。想不到段祺瑞於十一月二十一日孫先生在上海啓程時，遽自宣佈施政方針；孫先生到神户時段祺瑞又先到北京，自稱執政。他為了要交換各國承認，又擅自照會各國公使，尊重歷年條約，以外崇國信。孫先生聽到這個消息，十分氣憤。十八日段祺瑞派代表迎接孫先生，孫先生對代表說：

「我在外主張廢除不平等條約，段執政偏要尊重不平等條約，何必歡迎我！」

孫先生因旅途勞頓，已經生病，現在病更加重，經醫生診斷，認定是肝癌絶症。

二十四日病勢更重，由汪精衛筆記孫先生遺囑，並且讀給他聽，他點頭表示滿意。隨後又問東江軍事情形，大家告訴他已經克復潮州、汕頭，正追擊前進。孫先生聽了很高興地說：

「要電告漢民，約束部隊，不可擾害百姓。」

三十一日，孫先生知道自己没有希望，便召集家屬及黨人指示後事，並在遺囑上簽字。

簽字後又說：

「我這次放棄兩廣北上，實為和平統一而來；我所主張的統一方法，就是開國民會議，實行三民主義、五權憲法。現在為病所累，未竟全功，不無遺憾。希望諸位同志努力奮鬥，使國民會議早日開成，達到實現三民主義、五權憲法的目的，那我死也瞑目了。」

隨後呼吸更加困難，一息尚存時，口中還喃喃地說：

「和平、奮鬥、救中國。」

三月十二日上午九時三十分，這位為國家民族奮鬥一生的孫先生，便與世長辭了。

當胡先生接到孫先生病重電報時，便約廖仲愷、伍朝樞及軍政負責人員舉行會議，商善後大計。他說：

「大元帥職權，兄弟實在不敢再行代理，最好將大元帥府改組為政府，並採用委員制，使本黨同志有共同負責機會。」大家一致贊同。他正準備改組政府時，孫先生的去世消息傳來，他特別悲痛。他是孫先生的忠實信徒，追隨孫先生奔走國事，從不計較個人利害得失，而且往往代孫先生受過。孫先生對他也特別信任，在重要關頭，總是要他留在身邊，或是要他擔當重任。如南京臨時政府改組，別人都准出國，偏要他留在身邊；孫先生督師北伐，要他代行大元帥職權；這次北上，又要他代理政治會議主席及軍事委員會主席。民國十二年五月間陳炯明盤據惠州，攻陷博羅，進窺石龍時，廣州震動，孫先生親赴前敵督師，當時廣州政府困難重重，胡漢民受人猜忌中傷，立意辭職。六月七日孫先生曾在前方寫了這樣一封信給哲嗣孫科：

「科兒知悉：今早在博羅城得接你加封寄來朱和中一信，其中所了解皆去事實千萬里之遠，此時為危急存亡之秋，正宜開誠布公，同心協力以扶危局，若彼此互相猜忌，妄相附會，則愈想愈彎矣。財政計畫非軍事解決必無辦法；軍事非我親臨前敵必難解決，故望你們大家一心盡力維持目前之需要。第一、兵站之費，務要使東江戰事無絕糧之憂。第二、海軍之餉不可失信，致彼生變。此二事如果大家同心一致，則目前之困難可抒，而東江軍事不難達其目的。東江一達，則各種財政皆有希望。

故此漢民縱不能代我辦事，必能代我任過，否則，各種之過皆直接歸我一人身上矣。漢民之用甚多，此為其一，故不能任彼卸責也。但等我數日不回，彼必走人（科按：走人為粵人俗話，卽國語離去之意）外間也有成見，你與彼成為兩黨，想你二人或已不免有此意見，故留漢民仍以兒為最相當之人。為大局，為父此時負責任過計，你不得不留之，不得不懇切以留之；而留之必要留住斯可矣，否則，父同時要任種種之過，要當各方之衝，則必不能專注意於軍事，軍事一敗，大局便崩，無可救藥矣。故漢民去留，甚有關於大局之得失成敗也，你須注意勿忽為要。至幸！至幸！父示。六月七日。」

孫科接到這封信後，就去勸胡先生不要辭職，怎麼說也不能打消胡先生的辭意。胡先生侃侃地對他說：

「我追隨先生奔走革命，不是為了做官，我胡漢民視富貴如浮雲。當年我第一次任廣東都督，先生自海外回香港，我去看他，他要我同他去上海，我就把都督交給陳炯明，毫不戀棧，連家都沒有回去。南京臨時政府改組，我本來想出國讀書，不問政事，先生不要我出國，我又留了下來。陳炯明要我再當廣東都督，我無論如何不幹，也是先生逼我，說他要給我當秘書長，使我無法推辭。以後當廣東省長，以及現在的種種職務，都是先生一再要我幹的，如果不信，你可以親自去問令尊大人，看我胡某人是否有半句假話。現在既然有人懷疑猜忌我，我何必再幹下去！」

孫科没有辦法，最後才使出殺手鐧，把孫先生的信交給胡先生說：

「我是奉了家父的嚴命來勸留胡先生的，現在請胡先生看看家父的手諭再說。」

胡先生把孫先生寫給孫科的信從頭到尾看了一遍，他自幼過目不忘，看完了孫先生的信他楞了很久，眼淚慢慢流了下來。半天他才把信交還孫科說：

「既然先生不要我走，赴湯蹈火，在所不辭。」

胡先生回想他和孫先生共患難生死之情，以及孫先生對他的知遇之恩，比當年他夢見汪精衛在北京「引刀成一快，不負少年頭」而半夜哭醒時更傷心十倍，但此時他已哭不出眼淚。

這時譚延闓恰好從北江回到廣州，胡先生告訴他改組政府的計劃，譚延闓沉思很久才說：「你的計劃是對的，可是此刻却萬不能行，請你勉為其難吧！」

因為這時滇桂軍正想乘機作亂，他只好暫時擱置改組政府計劃。

三月十四日，胡先生通告前線各軍壘經從戎，繼續奮戰。

三月二十一日，胡先生聯合各軍總司令、各部部長發表宣言，宣示在國民會議未實現，合法政府未成立前，繼續完成革命工作。

三月二十四日，東征軍攻佔梅縣。

五月，胡先生以代行大元帥職權身份發表宣言：

「誓遵故大元帥職權，與惡勢力奮鬥，實現地方自治，以鞏固國基；反抗帝國主義，完成中國自由平等……。」

自孫先生逝世後，在廣東的滇軍將領楊希閔，桂軍將領劉震寰，更加驕橫，而且陰謀顛覆革命政府。到了五月，情形更加嚴重。十五日，胡先生派廖仲愷去潮州、汕頭與蔣先生、許崇智商討應付策略。

五月二十一日，胡先生下令設立大本營參謀團，由建國湘軍總司令部、建國粵軍總司令部、建國第一軍朱培德部、建國粵軍第一軍、第三軍、中國國民黨黨軍司令部、建國粵軍第一師、第三師、廣東警衛軍、何應欽總指揮所轄北伐軍等十個單位各派高級參謀一員組成。

命令發佈後，鮑羅廷從北京趕到廣州，極力反對。和胡先生發生激烈爭執，從晚上九點爭到深夜兩點。鮑羅廷說：

「楊希閔、劉震寰叛跡還不顯著，時機也未成熟，應該再等幾個月看看。」

「楊希閔，劉震寰，陰謀顛覆革命政府，已經到了忍無可忍的地步，再不採取行動，將來後悔莫及。何況命令已經下達，再也没有商酌餘地。」胡先生說。

「命令下了也要收回來。」鮑羅廷以太上皇的口吻說。

「辦不到！」胡先生堅決拒絕。

兩人不歡而散。

第二天鮑羅廷突然來向胡先生表示放棄自己的意見。過了一會，又偕嘉倫（Galen 原名 Vassily Blucher）來，鄭重對胡先生說：

「六月二號以前，絕對不能和楊希閔，劉震寰他們決裂，無論怎樣為難，應該保持以前的狀態，使軍事圓滿進行，是政治當局的責任。」

鮑羅廷一方面反對胡先生討伐楊希閔、劉震寰，另一方面他的共黨機關報「嚮導」又於五月三十一日誣詆胡先生向楊希閔、劉震寰妥協。共黨份子羅亦農的報導是這樣的：

「……在這個時期內使人可注意的一件事情，就是國民黨中有妥協的傾向。當楊希閔、劉震寰在香港的時候，胡漢民曾派鄒魯赴香港勸駕，汪精衛且親自出馬。及楊希閔返廣州後，二十六、二十七兩日在頤養園連開兩次重要會議，出席者有楊希閔、劉震寰、廖行超、趙成樑、胡思舜、胡漢民、汪精衛、譚延闓等……但據記者所知，有汪精衛提出大本營改組起草反唐宣言，劉震寰、楊希閔等願意簽字的消息，總不外是妥協……。」

這完全是莫須有的事。鮑羅廷這種兩面手法，惡毒攻擊，胡先生十分憤慨，他說：

「他當我們未曾舉動之前，先在報紙上發表這樣的文字，明明是想破壞我們的事情，而趁機中傷我和精衛，這種反動派的陰謀也太為顯著了。幸而他這機關報嚮導，從上海出版寄到廣州時，我們已將楊、劉打破了。」

原來東征軍攻佔梅縣後，潮州梅縣雖全部肅清，但惠州方面陳炯明部還恃險頑抗。不料滇、桂軍楊希閔、劉震寰部竟與北京政府及東江陳炯明勾結，並與雲南唐繼堯暗通聲息，企圖顛覆廣州革命政府。楊希閔、劉震寰兩軍於五月中旬開始軍事行動，滇軍集中廣州，桂軍由東江調赴北江，完全自由行動。

六月一日，將先生東征軍回師抵達三多祝。六月二日，胡先生以大本營總參議代行大元帥職權兼廣東省長名義發表統一軍民財政宣言：

「……須知本政府為革命之政府，斷無縱容少數僉壬假革命之旗幟，為害民之行為；更不能坐視朝三暮四之軍人，陽藉扶翊之名，陰行寇盜之實。……政府自十二年以至今日，無日不以革命福國利民自期，亦無日不以實行三民主義，以與革命人民及諸將士同勗……本政府為上慰大元帥在天之靈，下慰人民喁喁向治之望，茲謹完全接受國民黨整飭軍隊決議案，自後於最短期間，力求軍民財政之統一，對於抗令者予以嚴厲之制裁，對於陽奉陰違者予以嚴厲之懲罰。凡力所能至，決心以行，苟利國家，義無姑縱。……」

這個宣言就是針對楊希閔、劉震寰而發的。

六月三、四兩日，滇桂軍公然佔領廣東省署、財政部等機關。大本營遷到省河南岸，胡先生命李福林部據守河岸，五日並下令免除滇軍總司令楊希閔、桂軍總司令劉震寰各職。另調蔣先生統率的潮梅各部隊與譚延闓、朱培德等部討伐楊劉。

六日下午，省河發生戰事，胡先生坐鎮大本營指揮警察抵抗，譚延闓間道赴北江調動軍隊，以拊楊希閔、劉震寰之背。七日，胡先生發表處分楊、劉通電。九日，討逆各軍分別在東江、北江方面和叛軍接戰。十日，各路討逆軍開始向廣州總攻。十二日胡先生布告安民。十三日，滇桂軍約二萬人繳械，劉震寰逃往上海。十四日全部敉平，楊希閔逃往香港。

劉楊敉平後，陳獨秀又在「嚮導」上為文挑撥誣衊。

六月十四日下午，胡先生就在大本營召開政治會議，出席者有汪精衛、廖仲愷、伍朝樞、鮑羅廷，胡先生主席。會中決定設立國民政府，並令各軍將財政、民政、交通等機關交還政府。十七、十九日會議討論政府組織問題。

六月二十四日，胡先生根據各次會議決定事項，發表「革命政府改組宣言」，宣示設立政府機關如下：

㈠國民政府：分設軍事、外交、財政各部。

㈡軍事委員會。

㈢監察部。

㈣懲吏院。

㈤省政府。

㈥市政委員會。

三十四

共產黨來中國，是想利用國民黨、消滅國民黨，計劃嚴密。他們第一步是要在國民黨中找到有資望而又「夙無主張、夸夫死權」的人，作為他們的工具。民國十二、三年時，鮑羅廷和加拉罕就已經開始物色了。他們兩人所選擇的對象一共有三個人，這就是胡先生、汪精衛、戴季陶。他們詳細考察之後，對這三個人各下了一個考語，對胡先生的考語是「難相與」，對戴季陶的考語是：「拿不定」，對汪精衛的考語是「有野心可利用」。

而俄共鮑羅廷、加拉罕，却想乘改組政府機會，攫奪國民黨黨權政權。因為共產黨員公開加入國民黨的已有李大釗、毛澤東、路友于、于樹德、譚平山、高語罕、楊匏安，吳玉章……，明為國民黨實際是共產黨的還有陳公博、林祖涵、徐謙、鄧演達、李章達、孫炳文……，推波助瀾的有陳孚木、徐天梁、王志遠等。而共產黨員譚平山已盤據中央黨部，幕後操縱一切。

在革命政府改組前一天，鮑羅廷還去找胡先生，他說：

「廣東的軍隊應該改組一下，胡先生看汝為如何？」

汝為是指許崇智。

胡先生對鮑羅廷總是抱着凜然不可侵犯的態度，絲毫不假以詞色。他對鮑羅廷說：

「你有什麼意見，可以貢獻出來，斟酌辦理。不過，汝為在國民黨的歷史悠久，對孫先生很忠實，你難道不知道嗎？」

「當然清楚。」鮑羅廷說：「但胡先生相信汝為可以做革命軍人嗎？」

「汝為這人可與為善，亦可與為不善，全看領導的人如何。就他為黨奮鬥的歷史來看，他總是一個深明大義的軍人。」

胡先生批評人向來一針見血，論政治黨務尤其認眞。鮑羅廷想去掉許崇智，碰了胡先生的釘子之後，走了。

隨後，鮑羅廷又和廖仲愷一道來找胡先生，他主張組織一個類似憲兵司令部的軍事機構，超越軍隊，權力大於一切，隨時可以逮捕處置任何軍人。胡先生知道共產黨正想壟斷一切，篡奪國民黨的領導權，分化離間，無所不用其極。成立這個特殊組織是別有用心，尤其是把箭頭指向許崇智，因此他堅決反對，所以這個組織沒有成立起來。

胡先生剛正不阿，頭腦細密，忠黨愛國，堅決反共，鮑羅廷把他當作眼中釘，肉中刺，他知道如果不排除胡先生，他的陰謀就不得逞。

鮑羅廷為了達到「以汪代胡」的目的，並排除所有國民黨中堅份子，以共產黨員取代，便乘七月一日大元帥府改組為國民政府的機會，抬出汪精衛當國民政府主席及軍事委員會主席。

由於共產黨組織嚴密，佈置周到，加上譚平山幕後操縱，胡先生只當選了國民政府常務委員及外交部長，另代理孫先生遺留的政治會議主席。反共的國民黨員，都沒有得到重要職位。

七月三日，改組廣東省政府，胡先生辭省長職。

鮑羅廷和汪精衛以為胡先生決不會幹外交部長，想不到胡先生坦然接受。本來胡先生以廣東省長兼大本營總參議、代理大元帥及政治會議主席，可以說集黨政軍大權於一身，是孫先生的順理成章的繼承人，為什麼他肯屈就外交部長呢？這有兩個原因：

一是胡先生是一個視富貴如浮雲的人。上一次如果不是孫科給他看了孫先生的信，他已經辭職；當孫先生未去世之前，他接到孫先生是不治之症的電報的那一天，他就召集黨政軍重要人員伍朝樞、廖仲愷等人，要改組大元帥府，實行委員制，共同負責。後來因為楊劉事件才躭擱下來。

二是他知道共產黨要篡奪國民黨，本來他是什麼職務都不想幹，但是黨內反共人士苦苦挽留，他也覺得不能完全置身事外，讓共產黨的陰謀全部實現。

胡先生既然接受了外交部長，鮑羅廷和汪精衛反而沒有藉口排斥他了。排斥胡先生的目的沒有完全達到，鮑羅廷並不就此罷休。由於國民黨內部的矛盾不能統一，終於又被他抓住了機會。

八月二十日早晨，廖仲愷被刺的事件發生。

這天早上也是國民黨中央黨部開會的時間，胡先生向來謹守時間，開會更不遲到。前一小時他就預備進早餐，恰巧陳濟棠來找他，他一面談一面吃麵包，並且對陳濟棠說：

「快開會了。」

早餐還沒有吃完，朱培德的師長朱世貴又來了，因為朱世貴不是深交，不好意思推他走。他向胡先生訴說了一大篇軍隊的苦況，要胡先生在軍餉方面設法幫忙。胡先生說：

「我現在辭了省長，又不負黨政責任，你的事我不能主持，只能從旁協助。」

胡先生看看開會時間已到，正要起身上車，中央黨部忽然打來電話：

「仲愷被刺，已入醫院。」

這時吳鐵城任公安局長，胡先生立刻找他來，同陳濟棠一道去醫院看廖仲愷，廖仲愷已經死了。

胡先生便轉往許崇智處，汪精衛已先在座。

胡先生對許崇智說：

「仲愷在中央黨部被刺，事情重大，應該澈查究辦。」

當天下午，胡先生召集臨時政治會議，決定組織特別委員會處理廖案。

汪精衛極力主張邀鮑羅廷參加，他說：

「必須請鮑先生參加，大家共同研究。」

鮑羅廷不請自來，而且氣勢汹汹。他決定借廖案興大獄，他擬了一個逮捕胡先生、鄒魯、鄧澤如的黑名單，他想把國民黨中反共的人一網打盡。

於是由鮑羅廷提名汪精衛、許崇智、蔣先生三人為特別委員，將黨部、政治會議、國民政府各機關職權，一律交特別委員會統制。這個委員會是一個太上委員會，擁有黨政軍一切大權。汪精衛、許崇智二人同時推薦鮑羅廷為最高顧問，鮑羅廷便成了太上皇。他們幾人一唱一和，胡先生根本插不上嘴。後來在特別委員會之下，又設了一個檢察委員會，澈查廖仲愷案。

第二天，胡先生遇到汪精衛，便問：

「對於廖案的調查，有沒有頭緒？」

汪精衛不回答。

胡先生又說明廖仲愷最近的覺悟和反共主張，希望在這種詭秘的情形之下，不要將這個重大的事件統統辦錯了。

廖仲愷的靈柩停在中央黨部。第三天胡先生到中央黨部，看見廖夫人何香凝女士，很悲痛地坐在靈旁。他上前安慰了幾句。何香凝說：

「今天接到一個消息，說刺廖先生是毅生主使的。」

胡毅生是胡先生的堂弟，早年卽參加革命。廣州之役，他負責聯絡民軍；沈鴻英叛變，胡先生去香港，他曾代理省政，汗馬功勞也不少。胡先生聽了何香凝的話，大吃一驚。便問：

「有什麼根據？可以告訴我嗎？仲愷這樣犧牲，太痛心了！不管是誰犯法，都應該受法律制裁。」

何香凝不作聲。胡先生不知道她的話有什麼根據。

胡先生綜合兩天來的情形，心裡十分疑惑，覺得這件事很奇怪，便再訪汪精衛，汪精衛昨天沒有理他。

一見到汪精衛，他就問：

「仲愷的案子有頭緒嗎？」

汪精衛又不回答。胡先生向來講話坦率，知無不言，言無不盡。他看見汪精衛的態度反常，便說：

「照這兩天的情勢看，內外危機潛伏。特別委員會對這件案子應該審慎辦理。依我推測，仲愷被刺，有三個重要原因。」

胡先生停了一下，以為汪精衛會問他，但是汪精衛仍然悶聲不響，他只好說下去：

一、軍閥作祟。被打倒的滇桂軍隊不平，未被打的軍隊不安，便造出這一個軒然大波，擾亂粵局。

二、同志反共。先生逝世後，共黨猖獗，盤據黨部，干預軍政，一般同志或者疑惑仲愷親共，十分憤激，所以斷然除掉他。

三、同志自相猜忌。這是受了共產黨的挑撥離間，中了共產黨的詭計，所以做出這種事來。共產黨就可以乘這個機會剷除異己，破壞革命。

這是我對仲愷案件的三點看法，你以為怎樣？」

汪精衛還是不答話。胡先生看他神色不好，暗想一定會出大亂子。他便去看蔣先生，把對汪精衛說的話同樣說了一遍。蔣先生說：

「很是。我也這樣想，但是汪先生的意思呢？」

胡先生說：

「奇怪得很，找他幾次，說了幾遍，他總是不作聲。」

蔣先生說：

「胡先生的三點意見，我以為第一點更是事實。辦理這個案子，對於軍隊反側，不能不特別注意。」

蔣先生是黃埔軍校校長，又是許崇智的參謀長，他努力想把黨軍與粵軍合併，所以對於軍隊的情形尤其留心。

這時共產黨的機關報「嚮導」公開誣陷胡先生，把他分成右派，羅亦農在報上說：

「……國民政府成立之後，許多右派的官僚政客，得不到做官的慾望，並且還有許多被裁撤，如胡毅生、林直勉等都是賦閒，且胡毅生失了胡漢民執政時賣官鬻爵的大買賣，那有不惹動他們的無名火積極的鼓吹煽動起來……至於廖仲愷死後之各方面態度，右派當然非常的快意。胡漢民的態度當然最侷促不安，因為有他的堂弟胡毅生參加主謀。據報載，他有參加暗殺的嫌疑。……參加此次暗殺的人實在太多，假若國民政府負責辦理廖案的人沒有決心，不將他們最後的根本肅清，國民政府的前途還免不了危險。……」

這不但是誣陷胡先生，還想把反共的國民黨員一網打盡。

八月二十四日是舊曆七月初七。晚上，胡先生到陳璧君那裡去聊天，他當時住在他大哥胡清瑞家裡，汪精衛住在雙槐二巷，只隔兩條街。

這天晚上談到三更，忽然下起雨來。陳璧君堅留他住，他不肯，冒雨回家。

二十五日清早五點鐘，他剛起身解手洗臉完畢，突然門外槍聲大作，再加上打門聲、呼喝聲。他想：

「難道是強盜打搶嗎？」

他還沒有想完，一大夥人已經衝進他房子裡來了。為首的人端着槍，很兇惡地問他：

「你是胡毅生嗎？胡毅生哪裡去了？……你不是胡毅生，那該是胡毅生的兄弟吧？……」

胡先生昂然挺立不動，反問他：

「你是那裡來的？怎麼這樣兇狠？」

「我是奉命來的，廖先生死了，還有什麼說的？」

其實他們是奉了汪精衛的命令，一共有一營人來包圍胡先生的住宅。鮑羅廷本來要逮捕胡先生，但將先生和許崇智不同意，便來逮捕胡毅生。

這時胡夫人淑子和她的女傭亞容從夢中驚醒，連忙起來，看見這些聲勢洶洶的軍人，胡夫人連忙上前把身體擋住胡先生。為首的軍人惡聲地說：

「女人出去，男人不許動！」

胡夫人和女傭不理，一個在前面拉，一個在後面推，把胡先生推到屋後，由後門進入一個不相識的人家。那個軍人看見胡先生走也不阻止，原來他們是要翻箱倒篋搶東西的。

胡先生走進的這家是一個賣菜的旗人住的破爛的小屋子，一家數口。他們也以為不是强盜便是兵變。

半個小時後，旗人出去探聽消息，一會便慌張地跑回來說：

「外面傳說是李福林造反呢！」

胡先生想：

「那有這回事！不知道是誰造的謠言？」

旗人又問胡先生：

「先生想找什麼人嗎？我可以替先生奔走。」

胡先生突然心血來潮，想起譚延闓來。無論軍隊鬧到什麼程度，譚延闓應該沒有干係，或者還能說話，因此他說：

「好！譚總司令的住址你知道嗎？請你替我找找他。」

旗人趕緊去了。約莫過了一小時，他回來說：

「交通斷了，沒有找到譚總司令」。

胡先生無可奈何，也就算了。

這天出了幾件事：

一是胡先生的大哥胡清瑞被捕，當天下午經陳璧君等人力爭，才釋放他。

二是胡先生堂弟胡毅生捕而未獲，兵士到家時，他倉卒從後門逃走了。

三是林直勉被捕，說他「剌廖有據。」林直勉曾經捐出全部家產支持同盟會南方支部，當過孫先生的秘書；陳炯明圍攻總統府時，他硬挾着孫先生逃出總統府，是堅決反共的國民黨人。但這時他正患肺病，一直在家休養。他生性耿直，看見什麼事不對勁，不管是什麼人，他都會拍桌大罵。

他被捕的當天中午，就有檢查委員會同審訊。

「英國人想打廣東的主意，以兩百萬元運動你作亂，你知道嗎？」問官說。

道。」

「不知道。」林直勉回答：「只略略聽鄧澤如說。風聞魏邦平有謀反之說，此外都不知道。」

「廖仲愷被殺事，你聽到嗎？」

「事後鄧澤如來我家說：廖仲愷被暗殺，幸好兇手已經捉到。我為了防備敵人暗殺，所以也多帶了兩三名鹽警自衛。」

「胡毅生造反，你知道嗎？」

「胡毅生未必造反。」

「你的罪已經夠大了，還要講這種話。」

「你以為胡毅生眞會造反嗎？如果是眞的，可見我不知道實情。那有自己在坐牢，還無故替別人辯護的呢？……或者是我平時好講直話得罪了壞人，受壞人中傷，也是常情。」

「是胡毅生陷害你嗎？」

「他不會。」

「他曾說過你比他清楚。」

「胡毅生是不是說過這種話，那是另一個問題。即使說過這種話，如果沒有上下文貫串也毫無意義。如果說我家裡藏了幾本書，我自然比他清楚。你所講的我比他清楚，究竟指的是什麼事？」

問的人沒有話說。隨後又問：

「廖案與你很有關係？」

「你憑什麼說這種話？」

「你在文華堂曾罵過廖仲愷該死嗎？」

「我一個多月沒有到過文華堂，有夥計可以作證，有開飯簿可以查考。我早就結了飯帳，在家裡養病。你們誣我，不要說沒有大證據，連小證據也說不出來。只是胡亂栽贓，怎能叫人信服？」

「有信報告你。」

「信上怎麼說？」

問官答不出來。林直勉又說：

「原信可以拿出來我看看，我好指出它的錯誤。」

問官不肯交出信來，林直勉又說：

「你以為信該保密，所以不肯交出來，是嗎？好，等你以為可以交出來時，我們再研究研究。」

問官無話。林直勉又說：

「證人對質，才能明白眞相，你怎麼又不交證人？」

問官又不回答，而且面有難色。林直勉說：

「這樣看來，完全是憑空誣陷而已。」

汪精衞本來不想提訊林直勉，他說審訊時林直勉不服，必然大聲抗辯，不如不審立刻了却他。因為陳孚木主張審訊，汪精衞才不得不審。審訊過後，陳孚木來探監，對林直勉說：

「你有什麼話交代？」

林直勉知道他話裡的意思，便說：

「政府可以違法殺人嗎？殺一個無罪的人是不可以的。當然，殺不殺之權在他。如果殺我林直勉而有利於他個人的詭計野心，那就無怪他要殺我。如果殺我反而暴露了他的野心和罪惡，不但使同志解體，也會被天下後世竊笑。我以為他不應該這樣作。」

「他現在是以快刀斬亂麻的辦法殺人。」陳孚木說。

「他的刀雖然快，但我不是亂麻。」林直勉說：「我們為護黨救國，被人誣陷，你應該抱不平，戴季陶也略微知道我們的工作，怎麼不打電話問問戴季陶？那麼眞相就可以明白了。你是我的朋友，我不是向你求情，只是事實眞假，不可不辨。政府如果不怕違法殺人，我又何惜一死？死後是非若能顯明，到時仍然希望你替我表白。我死後，請代買一口薄棺，蓋棺後才可以通知家屬領回，免得家人看見我的遺體難為情。如果你們還有疑問，何不現在一件件問明？」

「現在沒有時間問這些事，明天早晨九點，循例過堂，然後槍斃。」

陳孚木說完了就走。

胡毅生逃走之後，曾經寫了一封信給汪精衛，說明三點：

一、你們說我和林直勉、林樹巍等在文華堂定計暗殺廖仲愷，完全是誣陷。文華堂不是秘密機關，你也時常去。法重證據，證據確鑿，自然令人心服；以「莫須有」三字强人入罪，於心何忍？

二、你們以為「國民新聞」反共，所以把我和林直勉當作殺廖主謀，同樣無稽。難道共產黨就是廖仲愷，廖仲愷就是共產黨嗎？廖仲愷親共，事實俱在，而你比廖仲愷更加親共。

那有一面公開罵廖，一面秘密殺廖的道理？我們雖蠢，也沒有蠢到這種地步。

三、你們說我運動李福林造反，是眞是假，福林人在廣州，可以作證。又說我曾派人去和福林商量，福林與我是舊交，造反是何等大事，同住廣州，那有假手於人之理？故意陷人入罪，枉法弄權，甘為共產黨利用，使親者痛，仇者快，實為我們所不齒。

當胡先生躲進賣菜的旗人家裡時，胡夫人淑子十分驚慌，跑到汪精衛家裡去問：

「到底是怎麽回事？」

陳璧君打電話去問蔣先生。過了很久，蔣先生派王世和帶了通行證來，會同陳璧君和胡夫人來找胡先生。王世和帶了蔣先生給胡先生的信，信上說：

「此事與先生無涉，僅殺生有嫌疑，故派人搜捕。」

王世和先將胡先生帶到蔣先生那裡，隨後又轉送黃埔。蔣先生又親自來看他。

胡先生很感激陳璧君大着肚子往來奔走，又在黃埔陪了他兩天。她快要生產，胡先生勸她回去，臨走時她說：

「胡先生有什麽意見，可以寫一封信給精衛，我給你帶去。」

胡先生寫了，信上說：

「關於辦理仲愷的案，我雖未能與聞，惟兄等主持此案不當枉法，亦不宜徇情，務須根據事實，以求眞相。弟與兄久共患難，不久以前尚相與戮力，肅清滇桂軍等，鞏固後方，此日思之，恍如隔世矣。」

陳璧君把這封信帶回去之後，汪精衛回了他一封信，信上說：

「昨日開中央政治會議，讀遺囑時，不覺淚下。兄於兄個人事，有何意見，仍乞寫示。」

胡先生看了這封信，眞有點啼笑皆非。本來他是中央政治會議主席，汪精衛讀孫先生遺囑，「不覺淚下」，是為胡先生不能當主席而為「階下囚」淚下呢？還是因為遺囑中有「聯合以平等待我之民族共同奮鬥」的話，而一般黨人竟多主張反共，鬧出這麼大的風波而淚下呢？他只好不求甚解了。

胡先生在黃埔的第三天，古應芬、朱培德奉了特別委員會的命令來問話。但古應芬很悲憤，他說：

「這是什麼話？既說刺廖仲愷，又說是受英國人運動，以兩百萬元謀叛，又說運動登同造反，這些事儘可偵察，與胡先生何干？」

外面的消息，胡先生一點也不知道，他不作聲。

朱培德聽了古應芬的話也喃喃地說：

「儘可偵察，與胡先生無關。」

三天之後，陳銘樞來看胡先生，汪精衛大概不好意思也跟着來了。

陳銘樞慰問胡先生。汪精衛的態度很奇怪，好像他們兩人從來不認識似的。汪精衛只顧和陳銘樞談話，胡先生聽見汪精衛似乎對陳銘樞輕輕說了這樣的話：

「你做了公安局長，一切都有辦法了。」

談話之間，汪精衛很想驅逐許崇智。胡先生順手拿起一本書，裝作没有聽見。

他們談完之後，胡先生便對汪精衛說：

「直勉肺病很重，聽說他被捕時很狼狽，在牢裡很苦。」

汪精衛聽了很不耐煩，他的神色很不好，彷彿要找人打架似的。他大聲地說：

「没有的事！」

胡先生對汪精衛這種態度忍受了。他想想汪精衛是「座上客」，他自己是「階下囚」，今非昔比，不能相提並論，他便不再作聲。

九月十五日，廖案暫時告一段落，證實與胡先生無關，但要胡先生離開廣東。

這天將先生來看他，告訴他鮑羅廷要他去俄國看看的消息。

胡先生想，出去走走也好，而且也可以乘機考察蘇俄的情形。他知道廣東局面在共產黨操縱之下，他一個人不假鮑羅廷顏色是沒有什麼用的。

後來鮑羅廷也來了。一見面，鮑羅廷就表現得非常親熱。胡先生仍然冷冷淡淡，凜然不可侵犯的樣子坐在那裡一動也不動。鮑羅廷却陪着笑臉說：

「蘇俄的同志一定歡迎胡先生去，像胡先生理論的深博、態度的光明，我敢以人格擔保蘇俄政府歡迎胡先生一定比歡迎任何大使公使都要熱烈。一般人以廖同志的案子懷疑胡先生，這是沒有的事。不過因此也不宜在廣東，不如到蘇俄去走走，可以考察考察。」

胡先生仍然不動聲色，冷冷地坐在那裡。鮑羅廷又說：

「但胡先生必須坐俄國船去，不能在上海停靠。我們並不是不放心胡先生，不過以胡先生的聲望地位，怕反動份子會利用胡先生的招牌，攪出危害革命的事情來。」

胡先生仍然不理他，由他自說自話。鮑羅廷走後，胡先生也從黃埔回到廣州。

胡先生對於汪精衛這次的措施，十分遺憾。他和胡毅生雖然是堂兄弟，但胡毅生比他先加入同盟會，跟隨孫先生比胡先生久。胡先生作廣東省長、代理大元帥時，根本未用過親戚朋友。汪精衛荐他的內侄到鐵路方面做事，没有成功，還在政府裡大鬧了一陣。至於廖案他以為也和胡毅生没有關係，倒是埋伏在中央黨部的共產黨譚平山有很大的嫌疑。

廖仲愷在廣州時，鮑羅廷是專對付政治會議的，譚平山則專對付中央黨部。廖仲愷身兼幾個部長，共產黨知道他不容易利用，自然想法子謀害他。廖仲愷死後，譚平山就不敢出門一步，這豈不是做賊心虛？何況廖仲愷是在中央黨部被刺？汪精衛不查中央黨部，而向外面羅織，那有這樣辦案的法子？

三十五

十月二日，胡先生搭俄國輪船列寧號赴俄。同行的有朱和中、李文範、杜松和胡先生的十五、六歲的女公子木蘭。

臨行之時，他感慨叢生，作「楚囚」七律一首：

稚子牽衣上遠航，送行無賴是秋光，
看雲遮處山仍好，待月來時夜漸涼；

去國屈原未顢頇；酖人叔子太荒唐；
浮屠三宿吾知戒，不薄他鄉愛故鄉。

船要開航時，突然有一個叫劉鉅泉的人上船來，他說是鮑羅廷夫人派他來的；隨後又有一個俄國人叫搭特暈特的，說是鮑羅廷派來料理胡先生旅行事務的。另外一名隨員朱和中，是鮑羅廷和汪精衛派來監視他的，如果不是朱和中良心發現，悄悄地告訴胡先生，胡先生還不知道。朱和中懂德文，後來反而成了胡先生的好助手。

船在中途遭遇大風，海上浪大，顛簸得十分厲害，很多人都嘔吐了，胡先生也暈眩想吐。木蘭很孝順，殷勤服侍，使胡先生在旅途中得到不少安慰。

二十九日，船停泊在朝鮮釜山灣避風雨天，船傾側四十度以上。胡先生觸景生情，作七律二首，寄陳協之，第一首是這樣的：

秋風不識蛟龍怒　渤海東瀛取次過
擊楫使人驚歲月　迴舟為我避風波
青山如解興亡恨　故國惟聞變徵歌
攜得嬌兒行萬里　元龍豪氣未消磨

胡先生在船上除了寫詩之外，還和女公子木蘭、朱和中習俄文，也開學術討論會，倒也不怎麼寂寞。一天晚上，胡先生和朱和中下棋，朱和中又悄悄地對胡先生說：

「胡先生，鮑羅廷和汪精衛除了派我監視你之外，根本不打算讓你回國。」

胡先生聽了一怔，隨後也輕輕地問：

「他們想長期放逐我？」

「可不是？」朱和中跳了一馬：「因為鮑羅廷認為你是最難對付的國民黨員，你留在國內，他就不能為所欲為。胡先生，我聽說你常常給他難堪。」

「我不奉承他，」胡先生坦率地說：「我向來不給他好顏色。」

「所以這次你吃了大虧。」

「為國家、為主義，死不足惜，何在乎吃這種虧？」胡先生淡然一笑。

「不過我很奇怪，以前你和汪先生一直很好，這次他怎麼和鮑羅廷聯手來整你？」

「在我們私人之間，是沒有什麼過不去的事，汪先生之所以這樣作，恐怕是上了鮑羅廷的大當。如果那次我沒有向精衛分析廖案的三個原因，那我恐怕不止被逐，說不定早已喪命了！」

朱和中嘆了一口氣，繼續下棋。胡先生悄悄問他：

「說真的，當初我沒有想到你是來監視我的。」

「我因為素來欽佩胡先生為人正直，這次又受了這麼大的委屈，所以我才向你自首。」

「別說這種話，我們本來都是同志。」

這盤棋胡先生雖然輸了，但心裡很愉快，他覺得朱和中這個人也是性情中人，上船後他們兩人一直處得很好。他對於那個臨時上船的中國人劉鉅泉和那個俄國人搭特暈特却不能不稍存戒心，因為他們言行詭密，決不是坦蕩的君子。

十月四日午後四點，船到海參崴。由蘇聯外交部駐海參崴代表范斯亭接待，住在薩烏亞飯店。這是一家俄國飯店，茶房也是俄國人，好像都受過特務訓練。

五日上午，由一位與國退伍師長叫做布福班的帶胡先生他們環遊海參崴。海參崴本來是我國的，滿清咸豐年間，割讓給俄國，成為俄國在東洋的唯一重要軍港，有堅固的要塞，戰略、交通價值非常高，是西伯利亞鐵路的終點，蘇俄東方的咽喉，貿易也很興盛。俄國人得到這個重要港口後把它改名為烏拉的窩狄斯托克（Vladivostok），儘量使它俄國化。

遊海參崴時，胡先生又感慨叢生，他心想不知道何年何月才能把它收回來！

隨後又參觀工廠、兵營，他發覺俄國人是在苦心經營這個地方，含有極大的野心。

晚上，范斯亭請他吃飯，席間由塔特暈特介紹胡先生的革命經歷，聽的人一臉驚訝。但他們心裡有數，他們知道胡先生是共產黨的對頭，如果由他來領導國民黨，共產黨休想得勢。尤其是范斯亭，他和鮑羅廷有密切聯絡。

六日上午十時，胡先生一行人由海參崴坐火車去莫斯科，布福班陪行，替他們料理伙食。

西伯利亞的天氣和廣東完全不同，這時草木凋黃，寒氣逼人。車廂外正在飛雪，鵝毛般的雪片，凌空飛舞，草原一片雪白，這是廣州看不到的景色。木蘭看見下雪十分高興。胡先生也憑窗眺望，雪花往往飄在玻璃窗上，擋住視線，木蘭用手絹拂拭，却隔了一層玻璃，外面拂拭不到，却可以拂拭掉她口中呼出的熱氣。

十一日上午九時火車到後貝加爾州的首府赤塔（Chita），他們在這裡下車，參觀學校、醫院、也看了賽馬。晚上一點改搭快車繼續西行。車過貝加爾湖時，胡木蘭被這個波平如鏡、面積廣濶的大湖景色吸引住了，她頓時詩興大發也寫了一首詩，胡先生很欣賞。

十八日早晨到達莫斯科，下榻維爾塞飯店。這家飯店設備、伙食都不錯，只是價錢太貴。胡先生因為帶的旅費不多，不能住這種飯店。恰巧有一位從廣東來的航空處長俄國人李靡(有時譯為米列）和他的秘書范伊博，住在莫斯科歐洲飯店，價錢比較便宜，范伊博又懂俄國話。為了這兩個原因，胡先生決定搬到歐洲飯店去住。

住進歐洲飯店後，胡先生他們發現李靡這個人又貪汚又好色，明目張膽，一點也不在乎。他公開召妓狂歡，通宵達旦，行為粗鄙，完全沒有中國人那種教養。

莫斯科是俄國第一大城市，是俄國的首都，在莫斯科河兩岸，克里姆林宮在城市中心。莫斯科有大規模的機器、紡織、電氣、化學、糧食工業。一一四七年即見於史籍，一七一二年建都。

胡先生到莫斯科的第二天，就要秘書朱和中打電話到俄國外交部，約定時間和加拉罕見面。加拉罕接到電話後立刻派汽車來接，見面後兩人作了一番禮貌上的寒暄，加拉罕對胡先生說要另外選個日子請他吃飯暢談，還答應立刻擬訂一個參觀日程表。

這時共產黨員鄧演達從柏林到莫斯科來，也住進歐洲飯店。鄧演達和胡先生很熟。這個人生活放蕩，也是一個色鬼，和俄國人李靡差不多，而且他還和幾個俄國女人合拍了幾張裸體照片，自鳴得意地拿給胡先生看：

「你看，這眞是幾幅傑作，這多麼文明！」

胡先生看見照片上他那一副醜態，有點想笑，聽了他這兩句話又好氣，便譏諷他說：

「你要說是醜態畢露，多麼野蠻，那倒名實相副；你要說是多麼文明，那就違牛馬猪狗都不如，因爲那些畜牲根本不知道穿衣服，你還是衣冠禽獸。」

鄧演達臉皮很厚，一點也不生氣，反而笑胡先生：

「你的腦筋實在太舊，我們共產黨員認爲這是最自然不過的事，何必矯揉做作？」

「這不是矯揉做作，這是人和禽獸的分野。」胡先生說：

「你眞是國民黨的死腦筋！」鄧演達把照片收回，小心擺進一隻皮夾裡面。

「你們共產黨員都像你這樣嗎？」胡先生還以爲這是鄧演達個人的行爲，懷疑地問。

「如果連這一點都辦不到，那還談什麼革命？還配當什麼共產黨？」鄧演達神氣活現地說。

胡先生没有作聲，他又從另一方面認識了共產黨的面目，他的隱憂更重。

鄧演達看他不作聲，又挑逗地說：

「我看你應改變一下作風才是。」

「為什麼？」胡先生問鄧演達。

「我們共產黨人都知道你是國民黨裡難得的人才，又是孫先生的左右手。本來我們共產黨很敬重你，連鮑羅廷也不例外。」鄧演達說。

「你最好少提這個老毛子。」胡先生對鮑羅廷的印象極壞，一聽到他的名字就有點生氣。

「我老實告訴你，這只怪你自己不好。」鄧演達賣弄地說。

「我有什麼不對？」胡先生理直氣壯地反問。

「你太頑固！」鄧演達一字一字地說。

胡先生笑了起來，隨後又嚴肅地說：

「為了國民黨，為了三民主義，為了中華民國，我不能不堅持原則，我不能看著別人偷天換日，瞞天過海。」

「你眞是死腦筋！」鄧演達也不免嘆了一口氣。「我老實告訴你，如果你稍微圓滑一點，多少給鮑羅廷一點顏色，那你就是國民黨的領導人了，那會輪到汪精衛？」

「我胡漢民決不作對不起黨國的事！決不作共產黨的傀儡！」

「所以你落到今天這種地步。」鄧演達諷刺地說。

「大丈夫立天地之間，仰不愧於天，俯不怍於人，個人的得失，我從來沒有放在心上。」

「你是天下第一個大傻瓜！」鄧演達笑指着胡先生的鼻子說。

「我當初追隨孫先生革命，就決心犧牲身家性命，何在乎作這種傻瓜？」胡先生淡然一笑。

「我鄧演達可不像你這種死腦筋！」鄧演達得意地一笑：「我是共產黨，我也不放棄我的浪漫主義。」

「你們共產黨講的是一套，做的又是一套，你們都是雙重人格。」胡先生說。

「不然你們國民黨怎麼會容納我們？」鄧演達得意地笑了起來。「君子可以欺其方，連孫先生也中了我們的計。」

「欺騙人只能欺騙一次。」胡先生說。

「你可知道，謊話說一千遍，自然會變成眞理。」鄧演達反問他。

胡先生聽了一怔，他眞沒有想到謊話也會變成眞理？

：

鄧演達看胡先生楞在沙發上，便一笑而去。走到門口又回轉頭來嬉皮笑臉地對胡先生說

「這可是我們兩人的私人談話，不能對外發表。我把你當作朋友，所以我才對你說這些眞話。」

胡先生沒有理他，他逕自走了。

胡先生把鄧演達的話思忖了好半天。他覺得鄧演達這個人是浪漫主義加共產黨，所以他在公開場合是滿臉的無產階級相，私生活卻十分享受浪漫。他今天講這些話也是有恃無恐，因為他知道廣州中央方面已經是共產黨的天下，胡先生又被排擠放逐了，所以他才沒有顧忌。

胡先生和加拉罕見面五天之後，加拉罕才送來日程表，多半是看戲、遊樂、吃飯。他覺得這樣毫無意義，他要朱和中向蘇聯外交部交涉改進，蘇聯外交部說還有第二表、第三表在繼續擬訂。

這時突然有一名中國共產黨員袁慶雲來看胡先生，他自稱是第三國際主席團內的職員，有點油腔滑調。他向胡先生吹牛，說參觀日程表將由他向第三國際組織洽訂，但始終沒有送

表來，才知道這是一個共黨騙子。

十一月七日，是蘇俄舊曆十月二十五日，為蘇俄十月革命紀念日，胡先生應邀參加紀念會。莫斯科眞理報布哈林(Nikolai Bukharin)曾約請胡先生撰寫「蘇俄十月革命紀念的感想」。工人報也先約請胡先生撰寫「中國國民黨的眞解」。胡先生在文章中說：

「三民主義是整個的，是一貫的，是依着孫總理的解釋而規定了的主義範圍。固然絕對不容把民族主義變做狹隘的祖國主義，把民權主義變做中產階級的民主政治，把民生主義變做改良的社會主義……國民黨的黨綱由三民主義演譯而出。國民黨是中國革命份子唯一的組合體。」

他在俄國所發表的言論都有俄、德、英、法四種文字轉譯，歐洲人對胡先生十分注意，以為這是中國的一位革命領袖到西方來切實和西方民衆聯絡的。

十一月二十日，胡先生訪問蘇俄衛生委員長，詢問公共衛生和醫藥制度、設施及農村衛生狀況。

十一月二十三日，反共的國民黨員在北京西山孫中山先生靈前舉行第四次中央執行委員會議，決議取消政治委員會，開除共產黨員的國民黨籍，解除鮑羅廷顧問職務。廣州方面說西山會議不足法定人數，決議無效。另在廣州開第四次執行委員會議，決議於民國十五年元旦召開第二次全國代表大會。汪精衛並以黨的名義懲戒參加西山會議黨員。

西山會議開會時，李大釗從北京打電報給胡先生，請他電勸戴季陶、鄒魯、張繼、林森等放棄反共活動。胡先生沒有理會。二十五日打電報給汪精衛，對西山會議不表示贊同。這時第三國際執行委員日本人片山潛驚問胡先生為什麼國民黨要分左右派？胡先生沒有答覆他，因為他不知道國民黨內分左右派是俄共分化離間的陰謀。

西山會議發生，俄共內部也把它當作政爭工具，一派以為中國問題應該公開列入第三國際，不應由史太林個人暗中操縱。這一派人物有脫洛斯基（Leon Trotzky）、坎門列夫（Leo Kamenev）、阿的克（Karl Radek）及第三國際主席團主席季諾維夫（Gregory Zinoviev），日共首領片山潛、德共首領敕德經（Llara Zetkin）與英、法共黨首要也多同情支持。胡先生眼見他們把中國問題當作鬥爭工具，心裡十分厭惡。但他也想利用第三國際關係，揭破中共秘密，所以和反史太林派表面接近。季諾維夫也認為有機可乘，便多方爭取胡先生。其中坎門列夫夫人好像負了特殊任務，首先和胡先生聯絡。她是脫洛斯基的妹妹，住所也和胡先生住處很近，她曾經組織了一個文化社，成立了一個「不侵中國會」，她常邀胡先生去演說，又介紹他秘密拜訪阿的克。阿的克當面對胡先生說：

「史太林處置中國問題很不適當。」

十二月，莫斯科已經很冷了，眞是天寒地凍，大雪紛飛。胡先生患了感冒，便和愛女木蘭在室內靜養。

一天，俄國外交部部員雅格林和朱和中到坎門列夫夫人公寓，坎門列夫夫人問朱和中：

「胡先生這幾天怎樣？怎麼沒有出來參觀？」

「胡先生病了，在旅館靜養。」朱和中回答。

坎門列夫夫人便拿出另外一份參觀程序表說：

「我願意招待胡先生參觀。」

朱和中把表帶回來給胡先生看，胡先生選擇表中沒有參觀過的地方，一一參觀，一共化了上個月時間。

十二月十八日，俄共全國代表大會開幕，季諾維夫與史太林兩派鬥爭激烈。三十一日閉幕時史太林派獲勝，胡先生處境漸漸不利。

中共黨員袁慶雲上次對胡先生說要替他安排參觀日程，結果黃牛了。這次他却陪同第三國際宣傳部拉菲士來向胡先生說教。拉菲士開門見山地對胡先生說：

「我是奉第三國際命令來和你討論問題的，以後每星期四晚上八點一定來。」

「有何見教？」胡先生說。

「我想先提出修改中國國民黨黨綱問題。」

胡先生聽了一怔，隨後又冷靜地問：

「請問是修改那一條？那一款？理由何在？」

拉菲士張口結舌。胡先生反問他：

「閣下看過中國國民黨黨綱沒有？」

「看過。」拉菲士回答。

「能背嗎？」

「不能。」

胡先生馬上正色地說：

「我認為閣下沒有看過中國國民黨黨綱；如果看過，一定知道不必修改的。」

拉菲士一臉羞窘，便命令袁慶雲：

「你趕快將中國國民黨黨綱譯成俄文以後再談，我也要和胡先生討論俄國共產黨問題。」拉菲士自討没趣地走了。

第三次拉菲士獨自到旅社來和胡先生討論問題。朱和中乘袁慶雲不在，向拉菲士訴說中共怎樣無賴，怎樣破壞中國革命的事實。胡先生一件件地指證，拉菲士卻自始至終替中共辯護。這次談得極不愉快，拉菲士悻悻而去。

胡先生、朱和中、李文範三個人，這天晚上也很懊惱，朱和中一夜未睡，天剛亮就起來譯季諾維夫寫的俄國共產黨史，供胡先生參考。胡先生也一夜未曾合眼，也起來想和朱和中談話。朱和中抱歉地說：

「我眞後悔昨夜失言，不該揭穿他們的黑幕。」

「揭穿了有什麽不好？」胡先生說。「你為這件事難過，我反而為這件事高興呢！」

李文範又舉出共產黨對各國的決議案證明，從此以後，他們都有戒心，拉菲士再也不提修改國民黨黨綱的事了。

民國十五年一月一日，中國國民黨第二次全國代表大會在廣州舉行。十六日，胡先生當選第二屆中央執行委員。二十二日，舉行第二屆一中全會，胡先生被推為中央執行委員會常務委員。二十三日，被推為第二屆中央政治委員會委員及中央工人部部長。

這時胡先生還在莫斯科繼續活動，開始訪問俄共首要蘇維埃人民委員會委員長額柯夫（Alexis Rykov?）、第三國際主席團主席季諾維夫、蘇維埃最高經濟委員會委員長脫洛斯基、俄共中央書記史太林、蘇俄人民外交委員長齊啓林（Tchicherin）、蘇俄軍事委員會主席佛羅謝洛夫（Voroshilov）、蘇俄對外貿易部總理客阿辛、蘇俄教育委員會委員長魯納察斯爾基（Lunacharsky）等。會晤史太林的次數更多，每次都有布哈林在座。

俄國共產黨幹部都住在帝俄時代王公住的那條街上，警衛嚴密，手續繁複，一點也不馬虎。胡先生每次去看他們都要特殊通行證，衛兵三番四覆查問，麻煩得很。

二月五日，國民黨中央政治委員會議取消林森國民政府委員及常務委員職務，以胡先生補常務委員。

二月十七日，第三國際執行委員會第六次擴大會議在莫斯科揭幕，季諾維夫仍然想將中國問題列入第三國際公開討論，會前他邀請胡先生作一個報告，由朱和中譯成德文送交第三國際，他還促請胡先生提議中國國民黨加入第三國際。開幕這天，胡先生又被邀列席，還請他向大會發表演說。胡先生講述了自中國同盟會以來革命的經過和國民黨革命的主張與精神，表示願和第三國際聯絡。

季諾維夫自然非常高興。

胡先生這一提議表面上雖和季諾維夫主張相同，而根本上是站在國民黨的立場上打入第三國際，以了解他們的情形，目的完全不同。

史太林消息靈通得很，他立刻知道這件事，立刻約胡先生談話，布哈林也在座。史太林神氣嚴重地問他：

「你這個主張是站在國民黨左派立場提出的，國民黨右派是否同意你這個主張呢？如果不同意，你就站不住脚，何況全世界帝國主義者都在注意中國問題，你把中國問題公開放在第三國際裡面，恐怕弄巧成拙吧？」

「我的意思却不是這樣。」胡先生說：「你們如果承認國民黨是同志，就應該正正式式聯絡，斷不可以用曖昧的手段。因為用曖昧的手段就不是同志，我們國民黨仍舊是國民黨，如果要聯合，我們只有直接參加第三國際。」

史太林無話可答，胡先生又說：

「我們公開加入第三國際比暗中聯絡要好得多。公開加入，帝國主義固然嫉忌，暗中聯絡，帝國主義因不明眞相，更會嫉忌。」

他們兩人為了這個問題辯論了五六個小時，最後史太林只好說：

「現在時機還沒有成熟，凡事不能求速，我想請你保留半年。」

胡先生心想，公開也好，暧昧也好，反正是季諾維夫和史太林把中國問題作為政爭的工具，他已經把他的立場說明了，何必再做他們鬥爭的工具。因此他輕淡地回答：

「我只是一個提案人，決議權在第三國際，我沒有權過問。」

三月十日，第三國際執行委員會議，決定依照東方股審查意見，將胡先生的提案保留，這是印度共黨魯意(M. N. Roy)秉承史太林意旨在審查會中提出的。這又是史太林的勝利。

這次會議胡先生也應邀列席，季諾維夫還特別請胡先生上主席臺向他解釋，問他滿不滿意這樣的決議？胡先生只好順水推舟了。

莫斯科的冬天十分寒冷，天空又是灰沉沉的，彷彿一張寡婦的臉沒有一絲笑容。現在雖然已是陽曆三月，在中國江南，正是草長鶯飛的時候，此地仍然毫無生氣，政治氣壓也很低，胡先生決定早點離開此地。

三月十三日，胡先生一行離莫斯科返國。他本來打算取道歐洲去德國和土耳其考察。朱和中說：

「這樣不好，將招俄共誣陷，而且旅費不多，最好由原路回國。」

胡先生只好同意。

他們離開陰森寒冷的莫斯科，經過烏拉山進入西伯利亞時又是雪花飛舞，一片銀色世界，無邊無際，心情頓時開朗起來。胡先生寫了一首七律即興詩：

大漠歸途春未到　雪花仍與慰塵勞
漫空絮舞風如醉　一色光瑩月漸高
自是九天霏玉屑　翻疑萬壑涌銀濤
灞橋舊日尋詩客　到此應須分外豪

經過貝加爾湖畔，憑弔蘇武牧羊舊地，頗多感慨。看到貝加爾湖的湖光山色，和西湖又是一番景象，一時興起，又寫了「貝加爾湖道中」七絕兩首：

其一

疏林掩映紅橋外　山色深藍入畫圖
猶有玉田三萬頃　貝加湖要勝西湖

其二

遠山漸出天如笑　積雪纔消草已蘇
記得來時兒有句　不曾開卻貝加湖

從莫斯科到海參崴，眞是一次長途旅行。上次去莫斯科坐了十二天火車，這次回海參崴，又坐了十二天火車。西伯利亞的面積實在大，這塊古時稱為鮮卑的地方，本來同中國非常密切，而且胡先生他們經過的許多土地，本來是我們的國土，現在統統變成俄國的了。現在俄國共產黨又包藏禍心，陰謀分化，削弱中國，以達到統治中國的野心，和帝俄如出一轍，只是手段和方法不同罷了。胡先生這次在莫斯科住了五個月，對俄國了解更多，感慨也更多。

二十五日到達海參崴，仍然住在薩烏亞飯店。胡先生這才知道二十日發生了中山艦事件。

在海參崴負責接待胡先生的還是范斯亭。朱和中向他交涉去廣東的專船，沒有成功。胡先生決定搭四月十三日的商船。

四月四日，范斯亭忽然來到飯店，由朱和中接待。范斯亭說：

「加拉罕將秘密來海參崴，請胡先生不要搭四月十三日的商船。」

「我們可以等到十三號，但過期不候。」朱和中說。

「如果過期，可以派專船。」

「以前我向你交涉，你怎麼説没有專船？」

「以前没有，現在有。」

朱和中以為范斯亭在耍鬼把戲。

四月十一日，范斯亭又來飯店，對胡先生説：

「加拉罕轉來了廣州中央執行委員會政治會議的命令，説胡先生應該回莫斯科，另有宣傳。」

「電報呢？」胡先生問。

「電報是俄文，没有密碼，不能翻譯。」范斯亭説。「這是命令，你不能不遵。」

胡先生聽了覺得十分離奇，不禁勃然大怒，指着范斯亭説：

「遵與不遵在我，與你何干？」

范斯亭受了胡先生的搶白，無話可説，紅着臉退出。其實這份電報不假，只是胡先生對俄國人深具戒心，不敢輕信。

十二日早晨，范斯亭又來說：

「廣州參謀團主任羅茄覺夫到海參崴了，想和胡先生見面。」

胡先生同意。羅茄覺夫來旅館談中山艦事件，並攻擊蔣先生，胡先生不置可否。後來黃埔學生也來看胡先生，談中山艦事件始末。午後胡先生又看到廣州民國日報，更覺得自己處境很危險。

朱和中同范伊博到碼頭探聽船期，知道十四日有船開上海，便託飯店經理代辦船票及手續。

十四日船並未開航，而海參崴省署秘書來見朱和中說：

「胡先生不能上船！」話中帶有幾分威脅。

「胡說八道！」朱和中把他罵走了。

十五日早晨，范斯亭又來旅館，告訴胡先生說：

「俄共東方監察委員苦必亞克今天會到海參崴來，下午六點來看胡先生。」

果然，苦必亞克準時到達。此人體壯如牛，態度傲慢，毫無禮貌。一開口就說：

「我才自中國來，三月二十號的事適逢其會，中國的騷亂我都清楚。經過上海、天津時發覺這兩個地方正大捕國民黨員，對胡先生更加危險！」

他帶了一位遠東大學中文教授當華語翻譯。胡先生聽完了之後坦然說：

「怕危險的就不是革命黨。我出生入死二十多年，怕過誰來？」

「雖然你是蘇俄的客人，如果你遭遇危險，蘇俄應該負責。」苦必亞克存心阻止他。

「既出蘇俄國境，便毋須你們負責。」胡先生說。

「那你立好字據，表示自己負責。」苦必亞克說。

「我又沒有賣給俄國，我立什麼字據！」

後來還是朱和中催促他命令范斯亭於五日內以專船送胡先生回廣東。

十九日午後四點，范斯亭派秘書來說：

「晚上一點有船，而且有老朋友同行。」

果然，鮑羅廷、陳友仁、邵力子、顧孟餘、譚平山及其他中共黨員、中韓衛士十餘名同船返粵。

胡先生不知道鮑羅廷怎麼會在此時此地出現，他眞是神出鬼沒！難道眞是不是寃家不聚頭嗎？但他不願意和鮑羅廷打交道，所以也懶得問他。不過鮑羅廷卻裝出熱忱歡迎的樣子，殷勤問候。胡先生仍然冷冷淡淡。這次他在莫斯科住了幾個月，知道鮑羅廷是史太林派，是他們兩人對中國包藏禍心，分化國民黨、篡奪國民黨、阻撓國民革命，陰謀赤化中國。

「胡先生，你這次去莫斯科該不虛此行吧？」鮑羅廷搭訕問。

「嗯，總算上了一課。」胡先生意義深長地回答。他不但對俄共內部鬥爭十分了解，更了解史太林和鮑羅廷的狼狽為奸。和鄧演達的異地相逢，也有助於他對中共黨員思想人格的了解，在國內還看不出他們的眞面目。

二十九日到達黃埔。

胡先生從十四年九月二十二日啓程赴俄，到十五年四月二十九日回國，一共在外七個多月的時間。

三十六

民國十五年五月三日，胡先生出席一三八次中央政治會議，報告考察蘇俄經過。一共有三點結論。他說：

一、蘇俄聯合國民黨，是以國民黨為工具，利用中共陰謀搗亂。

二、蘇俄是共產黨幹部史太林個人專政。

三、蘇俄以中國革命問題，作內部鬥爭的工具，為個人奪取政權藉口，不能代表無產階級。

胡先生為了對付共產黨的分化與破壞國民黨的策略，他提出「黨外無黨，黨內無派」的主張，但沒有被黨內接受，而共產黨卻更加恨他，鮑羅廷排斥他更不遺餘力，終於以陳友仁接替他的外交部長。

胡先生迫於情勢，於五月十一日避往香港，隨後又到上海。他內心充滿悲憤，寫了兩首七絕：

漢節羈留異域遲　懸知相苦是相思
如何邂逅長亭日　不贈當歸贈可離

解衣投地訴君王　百戰餘生亦可傷
無怪旁觀人冷語　從來健者欠思量

胡先生在上海閉門讀書，以翻譯著作維持生計，還替鄒魯校閱「廣州三月二十九日革命史」稿，並交上海民智書局出版。

九月七日，蔣先生率領國民革命軍攻克漢陽、漢口。胡先生知道這個消息，十分高興，他雖然身體不好，還是打起精神，寫了這樣一封長信向蔣先生祝賀：

介石吾兄惠鑒：連日捷電傳來，孱病之軀亦為距躍三百。我軍以空前之奮鬥，摧滅強敵，克復武漢，不僅為十五年來第一快事，亦近代戰史所不常見，由此足以握革命成功之鍵，再造中國，而慰先總理與諸先烈之靈矣。語曰：「秦之武士，不敵桓文之節制；桓文之節制，不敵湯武之仁義。」惟有主義者始足當仁義之稱，以之伐罪弔民，何堅不破？何敵不摧？然溽暑遄征，轉戰數千里，敵兵數倍於我，而三鎮夙稱天險，復有海軍為之掩護接濟，乃不旬日而勝負大定，以素名善戰之軍閥，惟有逃死；中外聞聲，皆為震讋，自非我兄革命之精神，指揮之妙用，奚以及此？猶憶前年兄在黃埔軍校訓話，有「兩年之後克定武漢，三年之後統一中國」之語，兄可謂能自踐其言者。弟既賀此役之全勝，尤祝統一之成功也。自出師以來，大多數輿論皆表其傾嚮，其反此者為甚少數，蓋受軍閥之收買，社會有常識者都能辨之。最難得者，日本兩通信社，不啻為我宣傳機關，大陸報則對於國民政府、北伐軍及兄個人皆極致其推崇，此種第三者之言論，不失公道，更得一般人之信仰，亦由兄等建議出師，名正言順，犛然有當於人心也。居江之下流者，始以嫉妒而觀望，今則知難自全，又不欲遽為人下，遂決心抗戰；惟主力無多，內部複雜，但企我為強弩之末，而上下實已震於我之聲威；此乃曩年竊據興寧、梅縣之林虎，必使葉、洪喪敗而後來，乃適遭各個之擊破也。東北之翦（按指張作霖），亦頗有增援秀才（按指吳佩孚）之說；其實利敗之心尤甚，方且乘間攫取種種。山東與東南，又有宿怨，連雞之栖，祇有相啄，皆不足慮。惟為帝國主義者，必不願失其工具，必多方以為軍閥之援，吾人不啻間接與為戰爭，其利害之不一致，破其聯合，或亦要着也。目前重要問題，當屬財政。武漢久處北洋軍閥之下，元氣可知；幸此次我軍攻取神速，敵方潰兵不及恣掠，社會秩序易復，官紙信用已無，當能設置中央銀行，用我國幣。舊日官僚，已隨軍閥俱盡，鄂人方慶來蘇，社會必有一種清明之氣。破壞之後，從事建設，槩然易舉，如兵工廠軍事命脈，鑛務實業與財政，為密切關係；市政則可以新全國之耳目。凡斯要務想已次第指導其成，瞻望新猷，樂觀無量也。弟宿疴未盡痊，日惟閉戶讀書，冀補年來學殖荒落之憾。念兄此際勞苦，當較兩征東江之役為數倍。茲因黃貽蓀君歸省之便，特緘賀捷，併候起居，惟祝兄精神事業，兩俱與時併進。執筆草草，不盡所懷。專此，即頌黨安。弟漢民頓首，九月十日。

胡先生本來是以一介書生從事革命工作，一切都以國家民族為重，凡是對國家民族有利的事，不管是誰作了，他都贊成擁護。他從不計較個人得失。當南京臨時政府改組，他隨孫先生回廣州時，就對陳炯明說過他要從事著作。從廣州到上海之後，可以說是得償宿願了。他是國民黨最傑出的理論家、宣傳家，除了早年筆戰梁啓超大獲全勝外，對三民主義理論的闡揚更是不遺餘力，他在這方面的著作很多，到上海後又寫了不少。

除了政治理論文字之外，他的詩和書法也很出色，他平時就以寫詩寫字作為消遣。他十三歲就開始寫詩，以後年齡漸增，閱歷更多，學養更深，詩的意境自然也更高了。在上海靜居時，他更以詩消遣。絕句、律詩、五言、七言、古風都寫了不少，他尤其喜歡和朋友唱和，一和就是幾十首，朋友們都說吃不消。

下面的詩就是這個時期的一部份作品。

大厂夏日獨遊兆豐園坐印蓮池畔有律見懷卽次原韻

摩訶池畔尋詩好　其奈相懷百歎嗟
摘句猶傷六朝事　閉門先負一春花

漫蕪天下功何有　詰曲吾行道本賒
讀壐可充新藥物　攤書重理舊生涯

三疊嗟韻寄大厂

一年寂寞常來處　怪得行吟觸所嗟
池水亦知干甚事　污泥終不染於花
故園松菊孝猶幸　敵國旌旗去未賒
曾是欹眠同白下　幾人携手又天涯

雨中感大厂印蓮池畔第三詩意更和一首五疊嗟韻

南朝一笑金蓮出　曾使人間粉黛嗟
天竺幾時貽此種　漢嘉去歲恨無花
偶來濠上人何獲　如坐翠微君更賒
求益便非能作達　有涯原自愛無涯

次韻答孝魯

秋氣初深夜氣寒　一樓風雨足愁歡

峥嶸乍見新來卷　險阻猶思別後巒
浮世功名眞一噱　少年懷抱已千端
南來要是而翁意　莫把珊瑚拂釣竿

題王國卿萬里尋親圖集曹全碑字

季世寧無孝　儒門重事親
百年風雨感　萬里亂離身
所志依然遂　其間蓋有神
好陳周太史　潛德紀斯人

送思毅人鶴北行

孤愁一寸問何堪　百不能言況劇談
塞上蟲沙家萬里　長安佳麗月初三
投鞭流水渠能斷　說將方州幸不慙
要待洗兵魚海日　與君重唱望江南

次韻大厂暮春陰雨見懷

詩老惟知忍古難　惜春常以惜叢殘
輕陰薄暮愁何盡　南陌東阡興未闌
頗說先生能止酒　為言此際莫憑欄
樂君書在燕游罷　未有興亡淚可彈

再疊難韻寄大厂

誰為東皇不作難　一年一度管芳殘
吹成空絮風先亂　落盡檐花夜又闌
祇攪心情當客路　更分惆悵與危欄
晴回倘有驕春雉　為挾隋珠未許彈

三疊難韻寄大厂

無計相安欲見難　一樓烟雨怨春殘
池塘未有蛙聲起　庭院應如蝶夢闌
花落不妨泥作障　風狂仍倚石為欄
淵明自愛門常閉　琴本無絃可得彈

由於胡先生的詩作很多，又愛唱和，所以談的人也多，評的人也不少。陳衍說：

「展堂才思有餘，故喜次韻疊韻，且至百十疊，而未有已。喜集古碑字為古近體，其他以精悍之筆，達沈摯之思，不肯作一猶人語，蓋自成其為展堂之詩，豈屑屑然追摹唐宋諸大家，計較其似不似哉？」

大詩人陳散原說：

「展堂奔走國事，世所推豪傑巨子也，而所為詩乃讀書人本色，絕不作大言以驚人。嗚呼！此其所以為詩人之詩也！」

胡先生除了詩受行家推重外，書法也是如此。因為這兩樣是他的日常消遣，也是他寄托性情的地方。從詩和字可以看出他的至情至性。

起初他寫漢碑，以後專寫曹全碑，他的字也以曹全碑體聞名。任公職時他是每天下午下班回家後寫字，在上海閒居他就每天下午臨池了。

他在上海的著作生活，是屬於他個人的生活，是怡情養性的生活，他過得恬淡自得。

三十七

民國十六年三月十日，共黨份子刼持的武漢中央執行委員會舉行二屆三中全會。胡先生沒有參加。

三月二十八日，中央監察委員吳敬恒、李石曾、蔡元培等在上海開會，提出護黨救國運動案。

四月一日，汪精衛從歐洲經俄國到上海，想去武漢。蔣先生、吳稚暉等挽留他在上海主持清共。

四月二日，中央監察委員吳稚暉、李石曾、蔡元培密議決定查辦共黨份子。

四月三日，汪精衛來看胡先生談到清共的事。

汪精衛說：

「以前我上了共產黨的當，傷了我們兩人的和氣。如果中共黨員不清除出去，國民黨員就團結不起來，革命大業就無法完成。」

「難得你也有這種看法。」胡先生聽了也很高興。「廖案發生時，我就覺得是他們搗的鬼。」

「唉！不要再提那件事。」汪精衛心裡有鬼，他連忙搖頭。

胡先生也想為他留點餘地，便不再提。
「不過，根本的澄清，要等四月十五號中央委員會在南京開會時解決才好。」汪精衛說。
「為什麼？」胡先生問。
「因為那時人多，可以集思廣益。」
「你的話也有理，」胡先生點頭。「黨國大事，總以大多數同志的意見為是。共產黨員是非清除出去不可，開會時我們應該堅持這種意見，我想凡是本黨同志沒有不贊成的。」
「好，我們就一言為定。」汪精衛站起來和胡先生握握手，告辭出去。
胡先生心裡很高興，以為汪精衛眞的覺悟了。
但不到兩天，汪精衛突然去武漢了，而且在四月五日和陳獨秀發表聯合宣言。
吳稚暉、李石曾、蔡元培也來看胡先生，約他去南京開會。胡先生答應同行。
四月十四日下午三時，胡先生在南京主持二屆四中全會預備會議，出席的有蔣先生、吳稚暉、李石曾、蔡元培、張靜江、鄧澤如、陳果夫、周啓剛、甘乃光、蕭佛成、柏文蔚、黃紹雄等。
十六日舉行談話會。十七日下午舉行政治委員會議。這次會議出席的人都和衷共濟，所以十分成功。胡先生提議以鈕永建為國民政府秘書長、吳稚暉為革命總政治部主任、陳銘樞為副主任。決定國民政府自十八日起在南京辦公並舉行慶祝大會。

四月十八日國民政府在南京正式成立，胡先生任國民政府委員會主席，發表宣言，揭櫫國民革命四大方略：

一、使黨軍與人民密切結合。

二、造成廉潔政府。

三、提倡保護國內實業。

四、保護農工利益並扶助其發展。

同時發布第一號命令，通緝陳獨秀、鮑羅廷等共黨首要一百九十多人。

南京政府成立時，國民政府的常務委員除胡先生外，還有張靜江、伍朝樞、古應芬三人；在武漢的常務委員有汪精衛等三人。

胡先生除擔任南京國民政府委員會主席外，還兼任中央政治委員會主席、中央執行委員會常務委員兼宣傳部長等等。這時最重要的工作是清黨和宣傳，胡先生忙得不可開交。

五月五日，胡先生和吳倚滄在中央常務委員會提出清黨原則六條：

一、在清黨時期中停止入黨。

二、所有黨員經過三個月審查再發黨證。

三、土豪劣紳、貪官污吏、投機份子、反動份子及一切腐化、惡化份子，前經混進本黨者，一律清除。

四、所有黨員須每半個月向所屬黨部報告其工作，無故一月不報告工作者，黨部加以警告，三月不報告工作者，取消黨員資格。

五、海軍及海外清黨辦法另訂之。

六、任鄧澤如、吳倚滄、曾養甫、何思源（旋改蕭佛成）、段錫朋、冷欣、鄭異組織中央清黨委員會。

五月十一日，胡先生又與蔣先生、吳稚暉在中央政治會議提出統一口號案，以清除共黨遺毒。

胡先生特別重視清除共黨思想，他主持的中央宣傳部所辦的「三民主義半月刊」，內容充實，極受讀者歡迎。他自己也寫了「三民主義之認識」、「清黨之意義」、「CP的手段和策略」、「青年的煩惱與出路」及「國民黨的理論與運動」等，同時常到南京金陵大學對青年學生演講，駁斥共黨邪說。

七月三十一日，共黨賀龍、葉挺在南昌暴動，汪精衛進退失據，對他過去只說不做的反共，也頗懊悔。他在八月五日向武漢方面的中央委員會報告中有這樣的話：

「這種狼心狗肺的東西，我們再說優容，我們就是叛黨！這種叛徒，我們要用對付敵人的手段，捉一個殺一個。……」

八月六日，汪精衛又發表「錯誤與糾正」一文，公開承認他「容共」政策的錯誤。

八月八日，汪精衛又在武漢的中央政治會議提議通緝拿辦共產黨譚平山、林祖涵、吳玉章、惲代英、高語罕、楊匏安、毛澤東、董用威、鄧穎超、許甦魂、韓麟符、于樹德、江皓、夏曦、徐特立、李立三、張國燾、彭湃、周恩來等。

同一天，南京中央由李宗仁領銜致電汪精衛等，提議寧漢合作，立刻得到汪精衛的答覆。十二日，才決定以安慶作會談地點。

十二日夜晚，蔣先生由南京去上海，十三日早晨，他宣言下野，以促成寧漢合作。胡先生和吳稚暉等搭車到上海想挽留，到時才聽到蔣先生已經回故鄉去了。

十四日清晨，胡先生和張靜江、蔡元培、李石曾、吳稚暉聯名致電馮玉祥，表示願學蔣先生的直捷退讓，請馮玉祥「一柱擎天」。

胡先生從四月到南京，八月出京，共計四個多月。

九月九日，汪精衛到上海，向胡先生解釋過去一切。汪精衛講了很多，有些話是文過飾非，有些話也很眞摯。胡先生一向視他如手足，但他近年來在政治上的翻雲覆雨，使胡先生十分寒心，也十分失望。汪精衛的口才大家是知道的，胡先生尤其了解。在他滔滔不絕地講述過去的公誼私情時，胡先生一言不發，等他講完之後，胡先生才說：

「兆銘，昨日之事譬如昨日死，以後不必再提；以後一切的發展，不管是我們兩人的情感也好，國家大事也好，都希望你好自為之，我胡漢民始終如一。」

汪精衛默然而退。

九月十六日，中央在南京成立特別委員會，臨時代行南京武漢的中央職權。這就是「寧漢合作」。胡先生名列特別委員會和國民政府常務委員，但沒有到職，迭經催促，也相應不理。李石曾來上海勸駕，胡先生對他說：

「我的病不能整天正襟危坐，而且會議當用甘草，不用薑桂，不如算了。」

李石曾聽了好笑，也不再勉強他。

中央特別委員會成立後，本來已經各方面協議好了，可是汪精衛又去武漢進行反對特別委員會工作。隨後又秘密去廣州，製造廣州事變，排除桂系李濟琛、黄紹雄在廣東的勢力。

十一月十八日，汪精衛由廣東來上海，商談黨內團結問題，胡先生覺得汪精衛還是搖擺不定，尤其對共產黨問題，兩人意見往往相左。胡先生堅決反共，毫不妥協；汪精衛則反覆無常。這次兩人話不投機，胡先生率直地對他說：

「凡是共產派色彩較濃的，請他們少過問國事。」

汪精衛自討沒趣地走了。可是十一月二十二日下午一點多，汪精衛又到新武定路一百號來看胡先生，胡先生托病不見。

十一月二十四日，中央委員在上海拉都路三一一號舉行談話會，商討召開四中全會問題，胡先生因為汪精衛等反覆無常，拒絕參加會議。

十二月三日至十日，連續在上海舉行四中全會預備會議，胡先生始終沒有參加。蕭佛成、鄧澤如等反對汪派最力，黨內元老因廣州事變，桂系與汪派相互指控，也對汪精衛沒有好感。黨內失去重心，李石曾提出「分治合作」口號，吳稚暉也有「相安一時」的說法。胡先生深深覺得「分治合作」不妥，要李石曾首先注意不要妨礙國家統一。

民國十七年一月四日，蔣先生回南京主持大計，電邀胡先生入京，胡先生說軍事時期，無能為役，決致力黨務研究宣傳，因而完成了「三民主義的連環性」一書，作為國民黨新生的理論基礎。

三十八

民國十七年一月二十五日，胡先生偕孫科、伍朝樞夫婦、秘書劉蘆隱、傅秉常、及女公子木蘭夫婦等，自上海啓程，赴歐洲考察，並展開國際宣傳，促請各國廢除不平等條約。

二十八日，胡先生一行到達香港，馮祝萬携來兩廣軍政負責人李濟琛、黃紹雄聯名函，徵詢有關黨政軍方面意見。三十日胡先生在赴菲律賓途中，答覆黃紹雄、李濟琛的信，告訴他們在恢復國民黨的精神，實行三民主義。對李石曾的「分治合作」口號，也有辨正。

胡先生在菲律賓停留三天，會晤菲國會正副議長，對他們說：「菲人排華，没有必要。」

三月六日到新嘉坡，上岸後就赴同德書報社，出席華僑歡迎會。

三月八日下午，中華總商會又舉行歡迎會，胡先生聽說總商會掛的是五色旗，不打算去，後來總商會改掛青天白日旗，而胡先生已和孫科及女公子木蘭等出席華僑中學聯合歡迎會。總商會方面由伍朝樞代表出席。會後伍朝樞登車時，突然有個兇手向他連開五槍，再擲手榴彈兩枚，都沒有命中，只有僑領林文慶面部受傷。兇手張玉階被捕後說他是共產黨，自上海一路同船追踪到新嘉坡，一夥五個人，奉命行刺胡先生、孫科、伍朝樞三人，以前各地防衛嚴密，沒有下手，在新嘉坡由共黨機關供給兇器，才採取行動。

三月十日下午到達檳榔嶼，由於當地政府要求，胡先生沒有出席歡迎會，改在船上接見僑胞代表張永福等。

三月十一日繼續西行，在科崙坡、印度、伊朗、阿拉伯、埃及都作了短暫的考察。參觀埃及古跡時，有詩紀事：

躍馬岡

檢點一朝作天子　可能杯酒釋兵權
防風後至翻逃死　躍馬岡頭恨不傳

牛塚

曾聞騂角用山川　拜物相仍更可憐
石槨三年成不易　怪他卿相羨牛眠

水閘

金字塔成沙漠地　尼羅河畔嘆為魚
計臣心計古無有　平準河渠共一書

離埃及後又在耶路撒冷停留三天，參觀聖跡，訪問新都新農村。

耶路撒冷的「聖石」據說有好幾千年歷史，大小如屋，放在回教禮拜寺中，猶太教、耶穌教、回教為了爭這塊石頭，發生過不少次流血事件，石頭上血色殷紅，胡先生作了七絕一首紀事：

回人歡笑猶人哭　一石之爭尚不平
石若有靈應自懺　飽看世人作犧牲

耶穌釣魚處在死海旁邊，水最鹹，氣候極熱，是世界海平線最低的地方。胡先生也有七絕一首紀事：

約翰釣魚何所獲　耶穌受洗有遺風
獨嫌天下最低處　也在今人壟斷中

三月十六日，胡先生一行到達土耳其舊都君士坦丁。在土耳其考察兩個禮拜，受到熱誠歡迎款待，和代理凱末爾執政的伊斯美・帕沙(Ismet Pasha)深談土耳其外交政策、黨政關係、政府組織。也和土耳其教育部長討論民族問題。

胡先生對土耳其外交的成功，教育的普及，財政的統一，政令的貫徹，認為可以作中國建設的借鏡。土耳其也表示願派使節來南京，胡先生便於四月二日電告國民政府主席譚延闓。

四月二十日，胡先生剛到達巴黎，日本軍閥藉口護僑，出兵山東，阻止革命軍北伐。胡先生一再向西方報紙記者發表談話，揭穿日本陰謀和侵略野心。但僅紐約通訊社發佈。不久，「五三」慘案發生，紐約通訊社記者更相信胡先生的話不假。後來他想將濟南慘案提交國聯，沒有成功。但他所擬的聯合英美，抵制日本的外交方針，卻為政府採用。

六月三日，胡先生在巴黎致電譚延闓，向二屆五中全會提出包括「政治會議綱領」及「國民政府組織綱領」的「訓政大綱」這個大綱的原則是：

一、以黨統一，以黨訓政，培植憲政深厚的基礎。

二、國民黨重心，一定要求穩固，黨應擔任發動訓政全責，政府應擔任實行訓政全責。

三、以五權制度作訓政的規模，期使五權憲政最後完成。

這時革命軍已經進入北京，全國統一。胡先生致電外交部起用黨國有資望的人以提高國際地位，同時不必注意名義上的承認，應先從實際上做起。

六月十四日，中國駐德使館改懸青天白日旗，德國報紙紛紛贊揚，並强調中德關係密切。胡先生正好在這時到達柏林。

十五日，德意志公報記者訪問胡先生，探問中國近況，胡先生說：

「最近歐洲報紙對中國政治軍事領袖間的暗潮的報導，言過其實。中國政府已經十分穩固，中國政府決定設在南京，此外絕無其他政府。同時列强如果還想在中國保持過去的特權，已經没有可能了。」

六月十七日，德國政府國務院秘書長許伯（Nonlchucert）正式接見胡先生，商談建立中德邦交問題。胡先生後來又訪問德國社會民主黨領袖，對德國社會問題及勞資關係，作了詳細的研討。

第二天，他從柏林寄回「訓政大綱提案說明書」，說明六月三日向二屆五中全會所提的「政治會議綱領」及「國民政府組織綱領」的原則和制度。

一是原則的說明，一共有四項：

㈠革命武力的勝利，必須以革命的建設來保障，為了保持內外人心的一致付與國民黨的信仰，必須證實國民黨的建國能力。
㈡國民黨替民衆奪得政權，應該以政權的褓姆自任，以政權付諸國民為歸宿，所以應該訓練國民有管理政事的能力。
㈢要想盡褓姆的職責，一定要求褓姆本身的健全，所以黨必須有完固的重心，政府必須有適宜的組織。
㈣三民主義的實行，必須經過五權的制度，訓政的過程，在培植五權憲法的基礎。

二是制度的說明，一共有五項：

㈠政治會議是全國訓政的發動和指導機關，連鎖黨和政府的關係。
㈡國民政府組織的全部精神，基於五權制度的原則，它和政治會議及五院間的關係，連鎖相通。
㈢立法院和其他各院，應該有互相的密切關係，以完全適應五權的統一和分工發達原則的要求。
㈣司法行政和司法審判應該分不應該合，一則避免司法權傾落於政府整個體系之外，一則保持審判的獨立。

(五) 考試院的職權在考銓保障各院各部事務官員；監察院職權是監察全國公職人員和財務的審計。

胡先生離開柏林後，便往波蘭、捷克、匈牙利等國考察，隨後又去維也納。七月二日，鄒魯由美國到維也納，和胡先生等住在一塊，然後轉往法國。

七月十四日，胡先生參加法國國慶紀念。而國內二屆五中全會開會在即，一再電報催胡先生回國開會，胡先生因為考察任務未完，不能回國，繼續前往義大利、英國考察。

胡先生到倫敦的第二天，駐英國公使館陳代辦陪同拜訪英國外相張伯倫（Sir Joseph Austen Chamberlain）。兩天以後，孫科也到倫敦，張伯倫再接見胡先生和孫科，商討改善英國對華政策問題。張伯倫問胡先生：

「中國報紙怎麼常常攻擊英國？」

「中華民族深知自由平等，必須反對帝國主義，英國是帝國主義的代表，當然首先反對。」胡先生義正辭嚴地回答。

「中國何以親俄？」

「以前中國親俄，是因為俄國聲明放棄帝國主義的傳統侵略，平等對待中國。以後並沒有兌現，所以我們照樣反對俄國。我們對英國民族並無惡感，對俄民族並無好感，更無所謂親仇。凡是平等對待中國的，都是朋友，否則都不是朋友。如果說中國對英國有惡感，到底是誰的責任？這就很明顯了。英國既然同情中國革命，凡是不合時代要求的，不合世界和平與國際平等待遇的，就應該立刻取消。」

胡先生在倫敦歡迎會上發表演說時也强調：

「中國人民渴望修改不平等條約，中國與各國提携合作，必然彼此有利。……」

張伯倫對胡先生的演講，熱烈鼓掌，表示友好。

胡先生還對英國商界和英國下院發表了演講，也强調中國立場，歡迎友邦合作。

胡先生在倫敦時，還到公使館參觀了　國父孫先生當年蒙難室。房間像牢獄一樣，牆壁很厚，子彈也打不透，室內一片黑暗。另外他還參觀了搭救孫先生的康德黎的墳墓，也到康德黎家中去過。

八月八日，二屆五中全會在南京開幕，會中決議訓政時期逐次設立五院。

胡先生也在八月八日這天由法國乘亞多士號郵輪回國。

三十九

八月二十八日早晨，胡先生抵達香港。夫人陳淑子、長兄清瑞、堂弟毅生、廣東軍政首要陳濟棠、徐景棠、陳銘樞、林雲陔等好幾百人歡迎，同各界會談後，就去妙高台寓所。廣東將領挽留胡先生主持廣東政治分會，胡先生既不贊成「分治合作」，所以也婉拒了他們的請求。他們又勸他不要到南京去，他也沒有接受他們的意見。

九月三日，胡先生偕陳銘樞等到達上海，赴戈登路伍家小住。中午十二時，和蔣先生、吳稚暉、張靜江、李石曾聚會，接着一連好幾天，都和他們商討黨國大事。

九月十日，胡先生在上海發表重要談話，認為「分治合作」應該正名為「分工合作」，而且「分工合作」只能用於個人事業，不適於政治。

九月十八日，蔣先生由上海去南京。當晚，胡先生和蔡元培、李石曾、戴季陶、王寵惠、李濟琛、李宗仁、陳銘樞等，同車去南京。行前還有不少人勸他不要去，胡先生回答他們說：

「中國需要統一，統一需要建設，實行建設，需要一個健全的中樞。我到南京，不是幫助個人，我是想幫助中華民國，完成中國國民黨的革命使命。你們該把對人的觀念，改為對事的觀念，這樣便不致誤解我了。」

九月二十日，中央常務委員會加推胡先生、孫科為中央常務委員。

十月三日，中央常會通過「訓政綱領」及「中華民國國民政府組織法」。十月八日、十八日，又分別通過國民政府委員及五院正副院長，胡先生任立法院院長。

胡先生曾在十月八日的中央政治會議提出「中央政治會議委員數額及人選標準意見」。他提的人選標準是：

一、為黨服務十年以上，富有政治經驗者。

二、負黨國重任，其地位在特任官以上者。

以上兩項標準都經會議通過。

十月二十四日，胡先生又在中央政治會議提出立法院立法委員任用標準及程序。二十五日，胡先生又向中央常會提出「中央執行委員會政治會議暫行條例」，使這個機構成為全國實施訓政的最高指導機關，對中央執行委員會負責。它的職權是討論並決議建國綱領、立法原則、施政方針、軍事大計。

十月三十一日，胡先生向中央政治會議提出立法委員人選，共有王用賓、王葆眞、王世杰等四十九位，並任李文範為立法院秘書長，聘戴季陶、王寵惠等為顧問。

十二月五日上午九時，胡先生偕副院長林森及全體立法委員在國民政府宣誓就職，典禮由國民政府主席兼陸海空軍總司令蔣先生主持，王寵惠監誓。胡先生在典禮答詞中說：

「……立法原則已經政治會議通過，今後當本此原則，負責進行。目前所亟須研究的，是民法、商法、土地法、經濟法、勞工法等；對外是取消領事裁判權，收回治外法權及廢除不平等條約的準備；對內使全國人民生命財產及平等自由得有充分保障；於民生問題，得適當的解決……」

同一天，胡先生並發表「三民主義的精神與立法方針」一文，立張「立法宜寬，行法宜嚴」。闡明以三民主義作為藍圖，為中國創造一部合於國民需要的法典。他認為三民主義的立法必須立於社會公共利益的平衡基礎上。依照這個立法基礎，他確定了六個立法範圍：

一、關於社會安全者；

二、關於社會團體和制度者；

三、關於公共道德者；

四、關於社會財力之保育者；

五、關於社會經濟之進步發展者；

六、關於文化之進步者。

胡先生就依據上面的方針和範圍，擬訂了六年工作計劃。

十二月二十一日，胡先生又發表了「整理軍隊的十大意義」，激烈指出反對整理軍隊的人就是反革命，對整理軍隊執行不力的就是不革命。

民國十八年一月一日，舉行國軍編遣會議，各重要軍事首長何應欽、馮玉祥、閻錫山、李濟琛、李宗仁等，都到南京出席，胡先生、吳稚暉、譚延闓等都參加了會議，連續開會二十天。當天會議討論確定兵額時，馮玉祥突然提議：

「這次會議不談裁兵，先談裁將。應該先論功行賞，安置將領，以免動天下之兵。」

馮玉祥語中帶有要挾意味。吳稚暉引證古今中外治國的大道理，開導了幾個小時，馮玉祥還是不高興。

散會時，李濟琛表示贊同馮玉祥的意見。胡先生十分驚異。因為李濟琛是胡先生執教梧州中學時的學生，胡先生一向愛護他、器重他，怎麽這次居然附和馮玉祥的意見？有人告訴胡先生說：

「這不是濟琛的本意，恐怕幕後有人？」

胡先生便去看第四集團軍總司令李宗仁，問他：

「德鄰，你對這次裁減兵額的看法如何？」

「廣東軍隊還要中央供給軍費，四集團軍的名義還要保留。」

胡先生便將李宗仁的意見轉告國府主席兼陸海空軍總司令蔣先生，蔣先生慷慨答應了。李宗仁、李濟琛才無話可說。

但是馮玉祥又提出三個條件：

第一、由他擔任國民政府副主席；

第二、首都衛戍司令由他委派。

第三、鹿鍾麟等，都要給予部長職位。

胡先生又約李濟琛談話，勸導他說：

「你不能和馮玉祥一般見識，你應該珍惜自己的歷史。」

李濟琛沒有表示意見。不久，各將領離開南京回防，編遣會議結束。

一月十六日，胡先生和戴季陶向中央政治會議提議改組僑務委員會，以林森、蕭佛成、鄧澤如、李綺菴等十一人為委員，林森任委員長，會中並決定張靜江為建設委員會委員長。

一月二十三日，蔡元培、蔣夢麟在中央政治會議提議請國民政府下令褒獎撫卹梁啓超，以酬庸他在學術方面的貢獻。

胡先生不以為然，他站起來說：

「蔡委員的意思是好的，但果眞如此，便和黨的立場發生衝突。雖然想褒獎他，但是不能提起他的經歷。梁啓超不能不說是反革命，他生前不但反對國民黨，而且反對國民革命。到了晚年，又走到軍閥段祺瑞的旗下，他的政治生命以反革命作為歸宿，我們不能原諒他的反革命行為，而褒獎他的學術。」

胡先生是當年筆戰梁啓超的主將，他對梁啓超的思想、人格了解最深，如果不是他筆力萬鈞，而使梁啓超的反革命保皇理論得逞，那今天會有什麼困擾，就很難說了。

蔣先生聽了胡先生的話之後，便提醒蔡元培：

「如果決議，黨員一定起來反對。」

蔡元培、蔣夢麟只好把這個案子撤回。

二月六日，胡先生和戴季陶、吳鐵城向中央政治會議提議將中山縣改為模範縣，經決議咨請政府明令辦理。

二月二十七日，武漢政治分會主席李宗仁，免去湖南省政府主席魯滌平及省政府委員、廳長本兼各職，另外派人接充。李宗仁部師長葉琪事先進兵長沙，魯滌平退往九江。

三月十三日，胡先生和蔡元培向中央政治會議提議通令各政治分會自十三日起裁撤。

這時桂系軍隊已經在兩湖地區開始軍事行動，吳稚暉促請桂系將領李濟琛來南京斡旋，並邀請出席第三次全國代表大會。胡先生對李濟琛說：

「你應該有一個明白表示，這不但是為你，也是為兩廣。」

李濟琛吞吞吐吐。胡先生和他談了幾個小時，他才說：

「恐怕沒有用，我好久沒有接到季寬的電報了。他從前還好，現在不知道怎樣？」

季寬是黃紹雄的字。後來政府發現黃紹雄和李濟琛不斷秘密聯絡，圖謀不軌，便把他扣留在湯山。

三月十八日上午十時，國民黨第三次全國代表大會在南京砲標開幕，胡先生主持大會開幕典禮。他致詞時說明了這次大會的使命，也說明了自己的立場：

「漢民追隨同志，並且追隨總理，始終抱持的是：總理在世，我以　總理為黨，總理去世，我以黨為總理。」

胡先生並根據訓政綱要的原則，向大會提出「確定黨、政府、人民行使政權、治權之分際及方略案」，獲得大會通過。

三月二十日上午，大會主席團忽然提出臨時動議，變更議程，討論中央執行委員會根據中央監察委員會為汪兆銘、陳公博、顧孟餘、甘乃光等四人於民國十六年釀成共黨廣州暴動請大會處分案。這個案子一提出，會場空氣馬上緊張起來，有人主張嚴厲處分，有人主張依情節輕重分別議處，有人主張撤消。

胡先生最了解汪精衛，他用國語和廣東話發言：

「……說起汪兆銘同志在本黨的歷史來，兄弟最為清楚……汪同志對於革命的努力，因為近幾年理論上有了偏見，於是行動上也不免有了錯誤，以兄弟和他情誼之厚，而不能設法勸勉他歸到適當的路上來，……是何等的遺憾。……我們同志應該趕緊勸他回到家庭裡來，提醒他、寬慰他、使他很快的恢復原狀。……他自己告訴過兄弟說：『我是沒有創造的天才的，如果人家想出好的主意，交給我整理出條理去辦，那是我之所長。』兄弟同他相處二三十年之久，留心觀察他的為人，的確是如此。本來本黨的容共，是總理的主張，不是汪同志的主張。……但是總理有總理的魄力，足以容他、控制他，並且能感化他，教他從命。除總理而外，大家統統够不上談這一點，够不上談這一點而偏要談，終於被人利用，做人家的傀儡。……但是如果根本就容共一層，便來處分一個從來沒有創作主張的汪同志，那未免寃枉他了。……」

他的演講獲得大會掌聲二十次之多。他一點也不記當年汪兆銘受鮑羅廷利用剝奪他一切重要職位，放逐他到俄國去的憾事，那次廖仲愷事件，差點送了胡先生的性命。

最後大會根據胡先生的意見，分別處分，汪兆銘僅由大會予以書面警告。

大會還通過了「確定　總理主要遺教為訓政時期中華民國最高根本法」，胡先生對這一案也有重要說明。

胡先生還以大會主席地位提議開除李濟琛、李宗仁黨籍。而且主張討伐桂系，黨內有一部份元老並不贊成，他因而在大會發表激烈講演，他說：

「這一次討伐桂系，就黨的立場說，是以革命的勢力，消滅反革命的勢力；就政府的立場說，是以中央討伐逞兵作亂的叛將。……」

大會終於通過授權國民政府討伐在武漢地區稱兵的桂系。

在這次大會中，胡先生當選為第三屆中央執行委員及中央執行委員會常務委員。

三全大會以後，桂系不斷稱兵，而且進兵江西。國民政府於三月二十六日下令西征。

四月一日胡先生在中央紀念週上發表演講，對「分治合作」名詞再加糾正：

「……在省對中央，下級對上級名義下，只有服從，無所謂合作……」

桂系的迅速敉平，胡先生的指導關係很大。原來李濟琛被禁湯山，廣東軍政人員表示不安，紛紛致電中央質問，有助桂系軍人作亂的趨勢。胡先生便和古應芬、王寵惠致電廣東將領，請他們保境安民，不要過問戰亂的事，於是粵軍將領陳濟棠通電主和，聲明廣東軍隊為黨國所有，使桂系震驚失措，加速崩潰。

四月十五日，胡先生在立法院講「新民法的新精神」。他認為公法只能解決民權主義問題，民族主義、民生主義問題，必須應用私法，所以私法的重要性決不下於公法。這時立法院正起草民法總則，這個總則是民法債篇、物權篇、親屬篇、繼承篇的基礎，和商法、公司法、保險法、票據法、勞動法有密切的關係。他的講演就是針對立法工作而發。

五月二十二日，他又向中央政治會議提議設置主計總監部，直屬國民政府，主持各機關的會計，以維持各機關的會計獨立。

六月一日是 國父孫先生的奉安大典。日人犬養毅、頭山滿、萱野長知於五月二十七日下午到達南京，胡先生親赴京滬車站迎接，和犬養毅同車去戴季陶家中參加茶會。五月三十日孫先生靈柩到達南京，這天恰好是「五卅」慘案國恥紀念日，胡先生看到孫先生遺容之後，更加感傷。他在「五卅」紀念會中說：

「自從離開 總理以來，四年中間的種種經過，現在不覺都湧上心來，實在不勝哀痛。」

六月十日，三屆二中全會在南京開會，決定訓政期限定為六年，到民國二十四年完成。胡先生為了確立法治基礎，在六月十七日向全會提出「治權行政之規律案」。

他說：

「國民政府五院及所屬機關現在已經漸次成立，國家大政各有專司，亟應認清權限，各盡職責，以奠定法治基礎，而免治絲益棼。以後各機關應該嚴守範圍，不能越權廢職。」

七月十日，發生中東路事件，八月中旬，蘇俄派兵侵佔滿州里附近地區，並派軍艦侵入松花江，對我國極盡恫嚇。

胡先生於七月二十二、二十八、及八月十九日在立法院紀念週上分別作專題報告，分析赤色帝國主義者侵略的方式是滲透、篡竊，對蘇俄的宣傳伎倆，更是一針見血。他說：

「蘇俄共產黨顛倒黑白的本領很大，尤其是用層出不窮的宣傳，來混淆一切旁觀者的耳目。他們如果做一百塊錢的生意，會拿出八十塊錢來做廣告費，大吹大擂一場，一般不明眞相的人，便被他們弄得糊裡糊塗而上當了。……」

他主張我們對付蘇俄的侵略要「不因對方的變幻而動搖，亦不因恐嚇兇暴而讓步，必須做到能守纔能戰，能戰纔能和。」

九月以後，國內局勢更加動盪不安。一方面是蘇俄在東北橫行覇道，製造糾紛。一方面是張發奎於九月十七日在宜昌唱反調，要求讓汪精衞出任國民黨和國民政府領袖。十月間，馮玉祥也公然在中原稱兵；而汪精衞也從歐洲回到香港，分派代表到各處聯絡反動勢力，成立「改組派」。二十一日，胡先生在立法院紀念週演講「怎樣規律我們的支配慾」，希望汪精衞不要忘記孫先生當日的耳提面命，恢復原來的革命精神。他以十分坦白誠懇的態度，說明自己的作風：

「兄弟以前雖曾作過什麽將軍，搞過軍旅之事，也曾代理過大元帥，本着　總理的成規，平定廣東，但從來不敢自信長於軍事，而想長久搞下去。……」

十月三十日，他和葉楚傖、陳果夫向中央政治會議提議，設立全國民食委員會，以解決糧食問題。

十一月十一日，胡先生在立法院講「民法債篇的精神」，他完全依據孫先生三民主義的王道精神，注重保護弱者。他說：

「如租賃一事，在許多國家的都市，無一不是拼命保護所有權人，把所有權看得非常神聖。承租人已經是經濟上的弱者，這樣更使他弱而又弱。現在我們不然……我們在民法中，對於著作人也多保護些，著作人雖然在文字上有很大的權威，但在經濟上大半都是弱者，……」

這個債篇起草了五個月，開會一百五十多次。對於債務人、土地租賃人、受僱人和損害賠償等，都是本着公平善意的標準，作合理的規定。

十一月二十五日立法院紀念週，胡先生又再忠告汪精衛：

「凡自己出賣自己歷史，消滅自己歷史的，旁人一定愛莫能助。歷史的造成，保全與光大，完全在自己；如果自己甘心往壞的方向做去，別人雖然想替他維護些，也無法辦到。」

十二月五日是立法院成立週年。立法院在胡先生領導之下，一年來工作效率非常高。他自己刻苦自勵，全年主持院會六十三次，有空時又親自參加立法審議工作。立法委員雖然只有四十九位，有時一天通過法律超過二百五十多條，平均每天通過一百條左右，因此在炎熱的夏天時，有的委員當場暈倒，不省人事。但他不是閉門造車，他歸功於當初立法院的組織和程序規畫適當，再加上「勤能補拙」，所以才有這樣的工作成績和貢獻。

十二月九日是胡先生的五十一歲生日，他請人刻了兩顆圖章，一個是「民生在勤」，一個是「先勞勿倦」。他本來是想以兩顆圖章勉勵自己，卻有人誤會他有「倦勤」的意思，甚至有人寫信勸他打消此意，他覺得很好笑。

十二月十二日，中央執行委員會決定檢舉汪精衛的謀亂事實，送請監察委員會議處。因為汪精衛自從成立「改組派」以來，就利用地方軍人反對編遣的私心，而聯合桂系、馮系、張發奎、唐生智和北方軍閥齊燮元等，企圖破壞中央，並且發出各種宣言，詆譭中央。

十二月十六日，胡先生在中央紀念週上報告「目前局勢與處分汪精衛經過」：

「在汪先生過去的一切錯誤中，我們總本着　總理親愛精誠的遺訓，而曲為隱諱……我們在歷次的重要會場，都力為洗刷，並促請他覺悟，希望他能翻然來歸，共同努力完成革命的大業。但到現在，這些希望竟完全落空了。汪先生是終於執迷不悟了。兄弟個人，緬懷當日和汪先生同受　總理耳提面命的教誼，和在革命過程中同患難共生死的事實，現在却眼看他誤入歧途，愈趨愈下，自毀其深長而寶貴的歷史，眞禁不住要傷心流淚了。……照兄弟想，我們共同站在革命的立場上，本無所謂領袖與非領袖，便是做了所謂領袖的，也斷不是非做不可的。試問人人都做了領袖，再找誰去做非領袖呢？……」

十二月十八日，監察委員會決定永遠開除汪精衛黨籍。

十二月二十六日，中央常會決定請胡先生、葉楚傖等五位委員審議黨史會組織方案。民國十九年一月六日，中央常務委員會決議任命胡先生、蔣先生、吳稚暉、王寵惠、鄧澤如、古應芬、戴季陶、邵元冲、葉楚傖、林森、張繼等為中國國民黨黨史史料編纂委員。十九年二月三日，中央通過黨史會組織大綱，還加派陳少白、張靜江、蕭佛成等為委員，後來又設常務委員五人，胡先生是其中之一。

二月間，山西的閻錫山也有異動情形，而且他和過去的敗軍之將互相結合，內戰危機重重。胡先生和各院院長與閻錫山展開一連串電報戰，而且他個人更不斷發表言論。二月二十四日，他又在中央紀念週上說：

「……至於一般的名義地位，人人都不應該計較或爭奪。例如主席吧，很有人要爭了做，實在是笑話，做主席有什麼尊貴？值得大家如此看重？不為主席，難道便不能服務嗎？若就服務以外去認真，怕就不免離開革命的立場了。我們平常開會時，對於主席，總要讓來讓去，讓了四五分鐘才定。因為大家都認為出席會議是來討論事情的，不是來做主席的，不是為著個人，而是為著事情。會議的臨時主席如此，政府的主席也是如此。」

胡先生平時十分嚴肅，今天這番幽默風趣的話引得大家都笑了起來。還有人輕輕地說：

「如果大家都像你胡漢民一樣，那天下早就太平了。」

丹麥太子裴列特立克、親王孔魯等到中國遊歷，三月十三日到達南京。胡先生聽說南京市政府為了不讓丹麥貴賓看到南京還有茅屋，拆掉路邊民間茅屋好幾百間。他認為招待外賓也要恰如其份，不要「掛錦在林」、「肥者應客」，路邊茅屋，也不算是什麼羞恥，皇帝也有草鞋親，何必作表面文章呢？因此他打電話到市政府詢問。市長不在，秘書接的電話，這位秘書是個機伶人，他知道胡先生的為人，便不敢講真話，和他支支唔唔。胡先生問不出真話，便對秘書說：

「没有折民房最好，如果折了，市政府應該照價賠償。皇帝也有草鞋親，南京有茅屋也不算丢人，何必掩耳盜鈴，自欺欺人？」

那位秘書連連說是，胡先生也没有時間去看，這件事也就過去了。

三月十七日，西北軍稱兵作亂，內戰再起。五月，內戰擴大，隴海鐵路沿線和湘桂一帶，都成了戰區。加以五月國恥紀念日特別多，胡先生的心情因而也更加沉重。他覺得前方戰事緊張，後方更應該振作，所以他提倡節約，防止腐化。而這時他又接到好幾封密告信，說立法院有人聚賭，他十分氣憤，嚴令澈查。恰巧立法院秘書處有一位職員討了一個賣唱的姑娘作妾，被他查到了，他馬上將這位職員撤職。他對立法院同仁說：

「討姨太太在目前雖然不算違法，但這樣的行為實在可惡。所以兄弟非加以規律不可！為了紀律，我絕不顧什麼私人的感情，個人的關係。以往如此，現在如此，以後也是一樣。」

從此立法院職員没有人再賭，也没有人敢討小老婆了。

總共三百九十七條的土地法，起草了一年多，又經過兩個星期的精密審查，幾次院會的研討，終於在六月十四日立法院第九十五次會議中通過。胡先生自始至終，集中全力，親自主持。土地法內容包括土地所有權的登記和土地徵收以及確定地租百分之三十七點五的標準等等。它是根據孫先生平均地權原則，參考英、法、加等國法案，並酌量採用廖仲愷以前在廣州時期和酌尾博士等所討論的土地稅法而成的。因為這個法案關係重大，影響深遠，胡先生十分慎重，弄得他不眠不休，頭暈腦脹。土地法通過後，他不得不去湯山和後湖休息兩天。

七月十三日，汪精衛等組織的「中央擴大會議」在北平中海懷仁堂開鑼。這個組織的份子非常複雜，失意政客、軍閥、反動份子、共產黨都有。

七月十四日，胡先生發表演講，談「革命與人格」，痛罵擴大會議份子的惡劣行為。

七月二十一日，胡先生又講「闢所謂擴大會議」，表示中央決不姑息。

七月二十七日，長沙被共產黨洗刧，並燒毀外國領事館。七月三十日，胡先生發表聲明，表示國民政府一定以誠懇和負責的態度，妥善處理，希望各國信任國民政府。

八月四日胡先生在立法院紀念週報告「長沙慘刧與汪精衛」。八月十日又報告「汪精衛勾結共產黨之淵源與經過」。八月十四日又和王寵惠、余井塘分別向中央提出「危害黨國緊急治罪法原則」，和「防止及懲治共匪辦法」兩案，都經中央政治會議決定交立法院完成立法程序。

九月十八日，東北軍入關討逆，戰亂卽將結束，國內局勢漸漸好轉，大家也轉為樂觀，人心鬆懈，有些官吏便貪圖享受，常常往上海跑。胡先生對於黨務、政治的廢弛，不能整飭，十分憂慮痛心。他說：

「……在以黨治國的意義下，黨務是一切建設的先驅，政治是實施黨義的樞紐，至於軍事，僅僅是政治中的一部。所以在理論上，祇有政治可以左右軍事，而軍事不能左右政治的……可是事實上現在政治的效能，雖不彰著，但比黨務還稍勝一籌，……假如從今以後，仍然萎靡不振，過着腐化敷衍的日子，卽使有一場瘟疫，單把共產黨統統病死，也不能建設我們所需要的國家……」

由於胡先生愛國心切，做人做事堅守原則，又刻苦自勵，有一天王寵惠和他長談，最後勸他：

「胡先生何妨隨和些，你天天講歐美，講建設，又講黨務、軍隊與財政，要大家不要貪圖享受，努力振作，這批人懂些什麼呢？你要知道，我們貴國的中國鬼，是沒有辦法教導得來的。」

「我們貴國的中國鬼」是王寵惠說到中國人時的口頭禪。他常說：「我們貴國人何嘗比鬼佬高明？外國人是番鬼佬，我們貴國人便是中國鬼。」他常常勸胡先生隨和些，他以為「同中國鬼辦事，是不能那樣認眞的。」

九月二十二日上午，行政院長譚延闓去世。胡先生既悲痛又感慨。譚延闓不但是他的革命同志，也是最好的詩友。他們兩人唱和不絕，各吐心聲。胡先生認為自己宜於作一個詩人，而不適合官場。他又說自己是薑桂，譚延闓是甘草，一旦失去甘草，他便想歸隱了。

十月，國內戰亂告一段落，失敗的紛紛下野，善後問題隨卽發生。胡先生對以黨治國政策，一點也不肯變通，對戰敗者謀取和平，更不同意。

十月二十七日，汪精衛在太原發表「約法之必要」言論，非難黨治，是對胡先生的黨治主張而發，另一個目的是提出「和平」代價。

十一月一日，胡先生發表「和平」一文，反對對戰敗者謀取和平，而且斥責汪精衛失節無耻。他說：

「我們應該認定，已經作亂的人，不能與之講和平，曾經煽亂的人，也不能與之講和平。……如果與這種人講和平，甚至被他們所惑，許其和平，其禍害之大，更是不可以推測了。」

十一月十二日，三屆四中全會在南京揭幕，胡先生致開會詞，他希望「四全會」能澈底執行決議案。

這次會議有將先生提議的包括制定訓政時期的約法和頒布憲法時期的確定召集國民會議的議案。胡先生對於制定約法的問題，力持異議，討論結果，決定和召開國民會議案合併辦理。並定於民國二十年五月五日召開國民會議。後來中央常務委員會又推定胡先生、蔣先生、戴季陶等十四位起草召開國民會議方案。

十一月二十日下午五點，天津大公報記者到雙龍巷胡先生家裡來訪問他，談民法親屬和繼承兩篇以及土地法起草情形。胡先生認為中國家族制度有防制共產黨的作用。他說：

「家族制度如果規定不好，反而容易使共產黨滋長。以我個人的經驗來看，許多共黨青年，是由於不好的家庭造成的。如果他們頭腦裡還有父母兄弟妻子的親情，他們就不會當共產黨。近來我真是舌戰羣儒，因為新派的人以為我是舊派，舊派的人以為我是新派，其實我的本意不過是要保持中國家族制度的精神。」

對於土地法他特別重視測量、調查、登記三點，他說這三件事如果不辦好，就是禍亂的根源。

這位記者同胡先生談了半天，又仔細看看他的飲食起居情形，覺得實在太簡陋了。所以他在訪問記中有這樣的敍述：

「胡漢民住的地方狹小，家中設備尤其簡陋，比我們窮記者還要差得多。」

十二月五日是立法院成立兩週年紀念，上午八時，胡先生在紀念會中報告立法院的工作。他說：

「兩年來，本院共舉行院會一百二十一次，臨時會議還不在內，完成重要法典有民法各篇及民事訴訟、公司、海商、保險、刑、刑事訴訟、土地、自治、工廠、工會、工商、商會、勞動、出版等法。兩年以來，我沒有離開南京一步。早晨四點半起身，晚上十點或十一點睡覺，這是諸位都知道的，但是我還覺得時間不够。諸位也和我一樣辛苦，不然立法院不能完成這麼多法典……」

胡先生除了整天忙於公事之外，個人如果有一點休閒時間，他就以寫字作詩來消遣，和其他要員跑到十里洋場的上海尋找刺激完全不同，他過的是一種恬淡寧靜的讀書人的生活。在南京期間他又寫了不少詩：

遣悶仍叠難韻二首

莫須行路悵艱難　車馬他山物色殘
水至作堤為計晚　井崩治隧報功闌
東方白下從沽酒　落日津橋孰倚欄
豈有資囊上書者　靖康時事不堪彈
橫目論心忍棄難　安危一刼詎拋殘
樹圍老屋蔭宜茂　草依驕陽綠漸闌
何處白山連黑水　依然玉砌與雕欄
萊公孤注今無有　城下盟城却耐彈

題暨南大學繼光堂

朱明崛起靖胡塵　中葉猶除海上氛
五百年來無健者　鑄金寧事戚將軍
紀效軍中有著書　可憐傳誦到曾胡
攘夷未辨春秋志　相斫功成道已汚

陣前回顧斯無幸　想見平生善治兵
法立不為親者廢　此情吾欲諗諸生

次韻榆生感懷二首（錄一）

未聞防口易防川　城下為盟宋已然
誰使腹心成此悲　可憐皮骨向人妍
狙爭未定山先盡　鰲戴無靈地又旋
黔首賜秦知不信　沉酣猶復夢鈞天

晨坐

蕭蕭涼氣滿庭除　愜意燈前一卷書
曉色窺人常不悞　草蛩鳴後鳥鳴初
剪燭西窗故一時　朝霞有美謂難知
眼前不見雙梧影　誰與秋來共此奇

四十

民國二十年二月十一日，胡先生和于右任、邵元冲向中央政治會議提議，請全國教育文化基金委員會指撥專款，收購各地精貴古籍書畫金石及古代藝術品，作為中央歷史博物院和美術院的基礎。

因為政見關係，胡先生於二月二十八日辭去國民政府委員及立法院院長本兼各職。這一不幸事件的發生，肇因於胡先生和蔣先生對於國是的意見相左。

原來蔣先生在北伐成功之後，衆望所歸。當他光復武漢時，胡先生亦曾寫了一封長信祝賀。但蔣先生親冒矢石，眼見革命將士的慘重犧牲，和同胞財產的重大損失，不願國內再有戰亂。他為了要「拔本塞源」，永絕內亂，所以在十九年十月平亂軍事行動即將結束之際，曾以江電主張四件大事：

一是赦免軍事政治犯。

二是召集國民會議。

三是擬訂訓政時期約法。

四是召集第四次全國代表會議。

胡先生是一位黨國元老，又由於容共的慘痛教訓，所以他主張在訓政時期國民黨應該繼續一黨統治，以保持內部純淨，發揮訓政功能；他尤其反對蔣先生主張在新約法中擴大政府基礎的意見。但黨內多數贊成蔣先生的主張，而監察院又以胡先生阻撓國民會議、反對約法，有人提議彈劾，胡先生因此辭職，而蔣先生為顧全老友，遂勸胡先生繼續留在南京。

這件事自然引起外界很多揣測，道路傳聞更多。遠在北平的張繼，也於三月七日致電蔣先生探詢詳情，蔣先生覆電中說：

「中正雖愚陋，粗知大義，必使公私皆全，決不有負老友與黨國也。」

三月一日，胡先生屏居湯山，女公子木蘭由上海趕來侍奉。三月八日，由湯山回雙龍巷舊居。他是個書生，自然不失書生本色，於是每天練字作詩消遣。

他的親戚冒鶴亭就住在他隔壁，冒鶴亭是位詩人，他便和冒鶴亭、易大厂、吳董卿三位詩人唱和不絕。

當吳鐵城、張繼搭機來南京探望他時，他也以詩相贈：

為訊新痊入我樓　一春未見抵三秋

雲龍相逐當年事　風雨不時斯世憂
摘埴索塗人定笑　飛行絕迹子無愁
詩腸酒膽都如舊　白下能為幾日留

六月十三日，中央舉行三屆五中全會，決定全力剿共並改組政府，推胡先生為中央政治會議委員及國民政府委員，十五日吳稚暉來雙龍巷勸胡先生就職，胡先生婉謝了。

七月十三日，遷居南京香鋪營孔祥熙寓邸。

九月初粵桂軍進犯湖南。十八日，日軍於乘我大水災在東北製造萬寶山及中村事件後，又佔領瀋陽，東北各省先後失守。國內民心沸騰，紛紛請求團結抗日禦侮。二十三日下午五時，首都市民反日救國大會代表赴香鋪營請胡先生視事，胡先生對大家說：

「謝謝諸位的盛意，我願以中央委員的身份，向中央貢獻意見。」

十月十四日上午九時，胡先生偕同陳銘樞和女公子木蘭赴下關乘火車去上海，下午四時五十分到達。

十五日，他在上海致電給廣州的唐紹儀、汪精衛、陳濟棠、李宗仁等十四人說：

「……現在外患急迫，不弱於甲午，而國內不調整之現象，則為甲午所未有；其所以致此之由，在過去黨內糾紛迭乘，政治擧措失當，人每欲挾黨內之一部力量為己有，黨卽失去團結之本體；人每欲自私，卽互相排詆，排詆則糾紛愈多；而各人遂忙於對人，忽於對事，使　總理昭示我人領導人民以求國家自由平等之目的，無由達到，而奸黠者流，乘虛以入，肆其惡行，亦遂未由過問。馴至過則歸於吾黨，權則歸於他人。而久之黨不為人民所重視，乃為人民所輕，……」

他最後希望他們推派代表來上海擧行會議，討論安內攘外問題。

胡先生是一位强烈的抗日愛國者，尤其是「九一八」事變，東北淪陷之後，他更堅決主張抗日，反對任何妥協措施。他似乎沒有完全了解蔣先生忍辱負重的苦心。

蔣先生的抗日愛國熱心，可以說和他沒有兩樣。當民國十七年四月第二次北伐開始，蔣先生親赴前線督師。日本田中內閣卽於十七日閣議中決定出兵山東，二十日日本軍隊開到濟南，阻撓革命北軍伐。兩星期內又發生「五三」慘案。當時蔣先生正好駐節濟南，雖然氣憤填膺，但為了國家前途，不得不打落門牙和血吞，繞道北伐。五月九日，他在日記中有這段記載：

「如有一毫人心，其能忘此恥辱乎，何以雪之？在自强而已。有雪恥之志，而不能暫時容忍，是匹夫之勇也，必不能達成雪恥之任務，余今且暫忍為人所不能忍者耳！」

民國二十年「九一八」事變之後，將先生在九月十九日的日記中又有這樣的話：

「苟我祖宗之子孫，而不收回東省，則永無人格矣！」

但是他知道這時我國的國力和軍力，與日本相差太遠，實在無法抗衡，不可輕舉妄動。因此他在「東北問題與對日方針」一文中說：

「自日本帝國主義以暴力侵略東北以來，一般人民不深求其原因，察其內容，祇以此事發生於國民黨執政之時期，遂責國民黨無泯滅機先之處置，因引以為執政者之罪，……忠於謀國者，必就實際之力量，而謀適應之措置，……余寧含垢忍痛，決不願以個人一時之快意，博得國民之同情，而簽對日首先絕交與宣戰之字。誠以國家為重，個人為輕；民族悠久之生命為重，個人一時之榮辱為輕；故寧可毀滅余個人過去一切之事業與歷史，而保存我國家與民族之利益，決不肯犧牲我四萬萬同胞之利益，以換得個人一時之虛名，而永為我中華民族千秋萬世之罪人也。」

但是當時全國抗日情緒高張，他的這番苦心，國人並未完全了解。胡先生也有不同的看法，在他的詩文中流露很多。

胡先生於十月十五日在上海致電廣州的唐紹儀、汪精衛等人之後，二十一日，廣東代表汪精衛、鄒魯、伍朝樞、陳友仁等和蔡元培、張繼、夫人陳淑子到上海。

十一月七日，上海會議結束。胡先生和汪精衛對於「國聯」也有不同的看法。

十一月十六日，胡先生表示國聯不可信賴，汪精衛却贊成運用國聯。

十一月十二、十八兩天，國民黨第四次全國代表大會分別在南京、廣東舉行，廣東方面發生糾紛。胡先生和伍朝樞、李仙根等於二十七日由上海到香港，二十九日到廣州調解，並處理古應芬喪事。

廣東方面雖然接受胡先生和伍朝樞的調解意見，但汪精衛一派還是被排除了。

十二月九日，中央決定召開國難會議，胡先生留香港養病，沒有出席。十日，汪精衛通電各界，發起國民救國會議。

十二月十二日，日本內閣改組，由政友會總裁犬養毅組閣。胡先生和犬養毅是三十年的老朋友，他寫了一封信於十九日托陳中孚和日本人山田純三郎帶給他，請他糾正日本侵華政策：

「……漢民夙忝交末三十年，……惟曩昔承教之頃，每聞閣下中日親善之說，亦卽所以維持東亞和平，尤同佩於　總理中山先生提携互助之宗旨。所謂唇齒之邦，休戚與共，此不刊之論，或當不間今昔，尚冀毅然主持正義。凡所以為邦交障碍者，卽予救正。……兩國和平福祉，惟閣下是賴。……」

犬養毅也覆了胡先生一封長信，他說：

「……在政友會僅有數年之歷史，余在國民黨則有數十年之歷史，且為寢饋於孫先生遺教最深之人，中日關係至此，余亦不能自逃其責。……」

不幸犬養毅被日本軍閥暗殺死亡，是中日關係一大損失。胡先生更為惋惜。

二十二日四屆一中全會在南京開會，蔣先生在開會前夕離開南京下野。二十八日的全會又推舉蔣先生、胡先生、汪精衛等九人為中央執行委員會常務委員，選林森為國民政府主席，推蔣先生、胡先生、汪精衛三人為中央政治會議常務委員，輪流擔任主席。

民國二十一年一月一日，胡先生和唐紹儀等六十多人通電取消廣州方面的非常會議及政府。

一月十五日，監察院長于右任到香港敦促胡先生回南京就任新職，胡先生托病推辭。十六日汪精衛又從上海打電報來，請胡先生共赴國難。胡先生於十七日覆了汪精衛一通電報：

「此時國家民族最大問題，亦莫過於抗日剿共，只須中央行責任內閣之職權，貫徹吾黨數月來共同確定之政策，而吾輩以在野之身，竭誠為政府之助，則對內對外，自能發展，開一新局勢，以副國人之望。兄常言對某則遜，對某則直，弟對同志則欲兼之，遜者遜於功名權利，直者直於是非道義之間，時人不察，輒為種種之揣測，良可笑歎！」

十九日，蔣先生與汪精衛由杭州電請胡先生回南京共赴國難，胡先生仍然堅持在野。

一月二十八日，政府改組，汪精衛任行政院長。這天夜晚，淞滬戰役爆發，日本軍閥的侵略野心不但完全暴露，而且變本加厲，想根本滅亡中國。全國民心沸騰，抗日的呼聲，響澈雲霄。

二十九日，中央推選蔣先生為軍事委員會常務委員，抵抗日軍侵略。

三十日，政府宣佈遷往洛陽辦公。

二月十三日，汪精衛發表談話，主張一面抵抗，一面交涉。胡先生却認為日軍未退出上海之前，沒有什麼交涉可談。他於十四日在香港發表談話，提出四點主張：

一、切實支援滬戰，一定要將日軍趕出上海；

二、集中民衆力量，作為抗日中堅；

三、迅速檄調主張抵抗的勁旅，收復東北失地；

四、嚴整沿海各省戰備，作長期抵抗打算。

五月五日，中日雙方簽訂停戰協定。胡先生認為對日態度不夠堅强，不時發表批評言論。

二十年九月十八日，日軍佔領瀋陽，東北失守時，胡先生十分感傷，曾經寫了律詩四首，第一首是這樣的：

操戈同室疏能間　遂使開門揖盜來
萬國衣冠齊齒冷　兩河忠義未心灰
豎儒詎有和親策　兒戲先聞大將臺
生聚十年堪藉口　不須新火感榆槐

廿一年「九一八」他住在香港，更加感傷，他又有詩紀念，其中有這樣的詩句：

「伯事始不理，霽雲猶有矢；遼瀋十萬户，痛哭秋風裏。去年寇來襲，帶甲一宵靡；奇辱古有聞，喪地自此始。……」

胡先生是孫先生和三民主義的信徒，他的一切主張都以三民主義為依歸。他想以在野之身多作一點宣揚三民主義的工作。因此，在二十二年二月，他創辦了三民主義月刊。他寫了一篇「三民主義與中國革命」的文章，代替發刊詞，說明這個刊物命名「三民主義」的目的，他說：

「我們要根據三民主義，批評時事，無論是中國的抑或世界的；

我們要根據三民主義，評衡學術，無論是社會科學抑或自然科學：我們確信唯有三民主義，是我們一切的中心，是我們信仰的歸宿，是中國革命的道路。因此我們確信三民主義必定實現，中國革命必定成功。」

他在民國十六年就開始蒐集孫中山先生的言論著述，於十九年元旦完成「總理全集」，由上海民智書局出版。以後黨史會成立，他的貢獻很多。他又想手訂「總理年譜」，可惜由於身體不好，這件工作沒有完成。他辦三民主義月刊，也是他整理革命史和發揚三民主義革命理論的工作計劃。

三月中旬，行政院長汪精衛自馬賽回國，經過香港時以私人身份拜訪胡先生，胡先生對汪精衛的內政外交政策不以為然，勸汪精衛改絃更張，汪精衛不肯接受。本來汪精衛是在去年電責張學良之後去法國的，張學良也因為汪精衛這份電報而辭職出國，現在汪精衛又回國復職，胡先生更不以為然。汪精衛掃興而去。

六月二十七日，汪精衛派南京市長石瑛和教育部次長段錫朋到香港來向胡先生解釋塘沽協定的「誤會」。胡先生否認有任何誤會，並當着段錫朋的面責備汪精衛。他說：

「外侮嚴重到這種地步，挽救危亡決不是偏安的辦法能夠收效的；而且今天的情形也不容許中國造成偏安的局面。所以我們今天所努力的仍然是怎樣繼承　總理遺志，完成中國的革命。我革命數十年，從來沒有藉某一部份力量來貫徹我自己的主張，所以我從來不學別人做佔據地盤製造民衆的事。不然，你們便把我胡漢民看成汪先生他們一流的人物了，那我怎麼敢當？」

十一月十一日，是孫中山先生倫敦蒙難三十八週年紀念日。胡先生特地將他於十七年夏天遊倫敦時所寫的三首七絕紀念詩，寫在八行鮮箋上，一共有三頁，他還在騎縫加蓋圖章，表示慎重，然後寄給駐英公使郭泰旗。這三首七絕是這樣的：

魚服西行困豫且　鋤泰大業問何如
當年不作物幽摻　今日人尋羑里居

宋仇匡畏尚紛紛　振鐸乘桴況有聞
妄欲頭顱行萬里　誰知天未喪斯文

囊牆如遇一悽然　蒙難成書世已傳
終見神明造華夏　弓髯攀墮又三年

陳銘樞、李濟琛、陳友仁、蔡廷鍇、黃琪翔、徐謙等失意軍人政客，於十一月二十日在福建組織「生產黨」，打出「中華共和國人民政府」旗幟，暗中却與盤據在江西瑞金的共產黨勾結，公開叛亂。外界傳聞不實，以為和胡先生有關。其實胡先生認為陳銘樞他們所作所為荒謬絕倫，他在二十二日便和蕭佛成、鄧澤如、陳濟棠、李宗仁、白崇禧、鄒魯等聯名通電要他們「不自暴棄，羞與匪黨為伍，自陷絕境。」

十二月七日，中央委員張繼、馬超俊、陳肇英、王陸一等，奉命南下，十一日到香港，和胡先生商談國家大事。後來又到廣東、廣西兩省去，二十二日再到香港來，和胡先生作第四次商談。

十二月二十五日，胡先生發表「對時局宣言」，提出八項主張，大略是這樣的：

一、遵奉　總理遺教，力行三民主義；

二、組織真正能代表國家人民利益的政府；

三、對外抵抗侵略，保障國家獨立；對內保護言論、出版、集會、結社自由，實施地方自治；

四、軍人不得干政，使軍隊有能，政府有權；

五、全國軍隊統一編制，直接受軍政部指揮監督，軍需支給統一於財政部；
六、中央地方實行均權制度；
七、扶植農村、開發交通、擴展工商業、厲行關稅自主等；
八、政府用人以選賢與能為原則，以奉行三民主義為標準。

胡先生的主張，西南各中央委員都表示贊同，便根據這八項主張擬訂改革政治案，送請中央作為四屆四中全會提案。

二十六日，張繼等回南京覆命，胡先生托他們帶回中山大學建築費及設備費提案一件，他對紀念中山先生的中山大學的發展，十分關切。

民國二十三年一月三日，胡先生的摯友伍朝樞在香港病逝，他很悲慟，親自替他作書辭墓表。

一月二十日，四屆四中全會在南京揭幕，崔廣秀、黄旭初代表西南中委出席，通過西南中委蕭佛成等根據胡先生的八項政治主張所提的政治改革案的其中六項，保留了四五兩項。胡先生所提的撥給中山大學建築費及設備費也決議交行政院核辦。

三月間，上海一家報紙記者過香港時來訪問胡先生，胡先生接見了他，他們談話很多。

這位記者回上海後寫了一篇報導文字，其中有一段是這樣的：

「……不一刻，胡老先生出來了，是一位四五十歲的瘦漢子，精神很好，面現着笑容，很快活的同我們各人握手，一種嚴肅的威顏，令人肅然起敬。彼此寒暄了幾句客套話，接着談了許多國家大事。在他的談話間，看他那幅為國憂愁的面容，與悲憤慷慨的言辭，頓時引起大家無限的愁緒湧上心頭。他講到國事日危，外患日急的時候，幾致淚下。一片愛國愛民的熱忱，溢於言表，到底老成謀國，不同凡響。……」

「一二八」之後，日本侵略中國的野心一點也沒改變，軍事行動雖然暫時停止了，但在經濟方面更想獨霸中國，排斥國際援華，要求在遠東的特殊地位。四月間，日本外務省和外相廣田，發表一連串聲明，氣燄太甚。胡先生便發表「為遠東問題忠告友邦書」，分析利害，反對日本獨佔遠東，併吞中國。

另外他還發表了對中華民國憲草的意見，提示三點要義：一、國民大會國民委員會；二、中央政制；三、地方政制。

為了紀念鄧仲元的革命人格，以鄧仲元的革命精神教育青年，九月間，胡先生在廣州創辦了仲元中學，自任董事長。

十二月十日，四屆五中全會在南京開會。他又和在廣東的中委二十一人聯名提議請中央按月撥給中山大學建築費十萬元，暫以三年為期。原來在開會之前，中央曾派王寵惠、孫科到香港和他商談團結，請他到南京去共商大計。他們兩人和胡先生的私交公誼都很不錯，王寵惠和胡先生在南京時更是無話不談，而且他們歡喜用廣東話交談。這次他們三人談的雖是國家大事，但是三人都很自然地說着廣東話。最後胡先生也坦白地用廣東話告訴他們：

「……今天所爭持的是國家民族存亡的問題，和主義政策的實行問題，決不能光以情感兩字掩蓋一切。」

十九日，革命元勛和他的摯友鄧澤如又在廣州去世，同生死、共患難的老友凋零，使他更加感傷。

民國二十四年三月三日，日本大特務土肥原到廣州後又去廣西，進行分化工作，唆使西南反抗中央。九日到香港向胡先生辭行，他對胡先生十分恭順，同時包藏禍心，希望胡先生能獨樹一幟。他對胡先生說：

「胡先生，你是國民黨的元老，我們日本人對你都很尊敬。今天要談敦睦中日邦交，解決中日糾紛，非你不可。如果你能登高一呼，提倡中日親善，一切問題都好解決。」

胡先生了解土肥原的來意，他心直口快，說話又一針見血，他不願意土肥原對他有任何誤解，他直接了當地對土肥原說：

「謝謝閣下來向我辭行，但是我希望閣下和貴國朝野，不要看錯了我胡漢民。誠然，我和南京方面有意見，但這是我們內部的事，希望貴國政府不要利用這種弱點。同時，我也坦白告訴閣下，我胡漢民向來不受人利用，尤其是國家大事上。」

土肥原聽了胡先生這番話，連忙陪着笑臉否認：

「敝國政府絕對没有這個意思，這次我來向胡先生辭行，純粹是表示我個人對胡先生的一點敬意，我眞希望中日兩國關係不要再惡化下去，而且能親善起來。」

「至於說到中日親善，這完全在於貴國政府的表現。我認為不是中國不友善，是貴國的野心太大，逼得中國没有退步的餘地。如果貴國能够馬上退出中國東北三省，中日兩國關係自然會好起來。」

胡先生這番話也使土肥原没有退步，無法躱閃。他既不能否認日本侵略事實，也不能答應胡先生退出東北。他無法遊說下去，只好眞的告辭。他心裡在想：

「看不出胡漢民這個瘦小的中國人，骨頭却這麼硬！」

這時鄒魯覺得中央對日政策比以前積極，更在加緊準備抗日工作，便到香港來勸胡先生結束在香港的生活，胡先生也怕日本人再來打擾，欣然同意，便於六月九日啓程去歐洲，同行的有醫生陳翼平、李菘、秘書程天固，女公子木蘭，義女鍾慧中等。臨行時他寫了一首七律：

蘆溪有句說奇男　不悵臨分此老諳
國驝可堪為晉宋　詩愚未便到柴參
從吾遊者道之合　尚有人焉計以南
又試携兒行萬里　十年舊事抵深談

七月一日到威尼斯，隨卽赴瑞士養病。

八月二十日離瑞士到德國，考察德國黨務。他對法西斯蒂的制度雖不贊同，但對他們黨人的精神，却很敬佩。

十一月十二日，國民黨第五次全國代表大會在南京舉行，西南中委鄒魯、劉蘆隱等都出席了，情緒融洽。胡先生當選為執行委員，大會並電請他早日回南京，共商大計。

十二月二日，五屆一中全會推胡先生為中央執行委員會常務委員會主席，將先生為副主席；推汪精衛為政治會議主席，蔣先生為副主席。同時選了五院院長，蔣先生以軍委會委員長身份兼行政院長。

十二月二十七日，胡先生由法國啓程回國。

民國二十五年一月十九日到達香港，中央派居正、葉楚傖在香港迎接。西南和香港各界代表數百人熱烈歡迎。

二十日，胡先生出席香港華商歡迎會，勉勵國人共赴國難。二十四日，中央代表居正、葉楚傖由廣東回到香港，請胡先生北上。胡先生對他們說：

「我不久會到南京去，請你們先回南京。」

二月十五日，胡先生在廣州招待廣東興中會和同盟會時期的革命耆宿和各團體代表，他即席報告：

「去年出國，雖然休養了六個月，但健康還沒有恢復。又因為身體弱，怕冷，醫生說北方寒冷，都囑咐我暫時留在南方，所以去北方還有一段日子。……自問生平對於功名權利的事一向恬淡，如果就我個人來講，小弟實在無所求於同志，然而為黨國來講，却很有求於同志；就我個人來講，小弟又無所求於西南，然而為黨國來講，却很有求於西南；再進一步來講，我個人實在無所求於國民，然而為國家來講，實在很有求於國民。私心唯一的期望，而在怎樣羣策羣力，使能挽救這個殘破的中國，努力爭取我國家的自由平等。耿耿此心，不但可以剖示於同志的面前，而且可以告之天下後世而無愧。」

大家聽了胡先生這一番話，都默不作聲。他們都了解胡先生是個個性耿直，一心為國而不玩弄權術的人，還有什麼話好講呢？

二十一日，日本松井大將來看胡先生，也談「中日親善問題」。他對胡先生說：

「中國是亞洲的大國，日本是亞洲的強國，如果中日兩國携手合作，實行大亞細亞主義，亞洲問題，毋須歐美國家干涉，便可解決。」

胡先生對松井說：

「孫中山先生的大亞細亞主義，和日本的亞洲門羅主義大不相同，日本最近提出的三原則，也毫無理由。近年以來，日本軍政方面的負責人，是勇士多，謀臣少，所以果於實行，而短於計慮，只求一時的快意，不作久遠的打算。照這樣下去，遠東局勢一定糜爛而不可收拾。所謂大亞細亞主義，適得其反而已。我要特別鄭重告訴你的是，我是一個大亞細亞主義者，同時也是一個主張抗日的人……你松井先生也是受教於孫中山先生的人，也是近來提倡大亞細亞主義最力的人，我希望你能矯正過去的錯誤，啓發日本國民，不要走到歪路上去了。」

松井是日本軍閥中對華問題的智囊，田中很信任他。但是胡先生最討厭他口是心非，危害中國，因此很不客氣地教訓了他一頓。松井也很了解胡先生，他知道胡先生是一個威武不能屈、富貴不能淫的中國硬漢，又十分了解日本。他聽了胡先生一頓訓，也沒有惱羞成怒，反而連連點頭鞠躬稱是。胡先生又提出民國十六年「寧漢分裂」時的舊事。那時松井也到南京向胡先生、戴季陶兩人慷慨陳詞，認為日本侵華政策錯誤，保證設法矯正。可是他回到日本後，反而慫恿田中出兵山東。因此胡先生越說越生氣，指着松井的鼻子說：

「當年你向我承認日本侵華錯誤，保證回國後矯正這種錯誤，想不到你居然慫恿田中出兵山東，阻撓國民革命，你怎麽這樣首鼠兩端，言不顧行？」

胡先生講的是日本話，松井句句聽得懂。他滿臉羞紅，自己責備自己說：

「以前的話我沒有辦到，我應該打自己的嘴巴。」

松井眞的摑了自己兩下。

陪松井來的陳中孚，替松井說好話，也被鄒魯駡了一頓。

松井這次來看胡先生的目的，是希望胡先生領導西南抗拒中央。他為了想達到這個目的，還厚着臉皮對胡先生說：

「只要胡先生肯出來領導西南各省軍政，要錢有錢，要槍有槍，一切由我負責。」

「你胡說八道！」胡先生勃然變色，大聲斥責他：「你把我胡漢民看成什麼人？中國的事中國人自己會解決，用不着你來過問！」

隨後胡先生親自下逐客令，松井只好和陳中孚灰頭灰臉地走了。松井走後，胡先生還罵了一句：

「這個馬子伊（松井）眞是『馬子伊』得很！」

松井為什麼這麼乖乖地走了？因為他知道胡先生是一位威武不能屈、富貴不能淫的硬漢，又是一位日本通。本來他不想自討没趣，可是因為他和胡先生是舊交，他是奉命行事，不能不來。胡先生也知道日本人欺軟怕硬，所以他始終主張對日强硬。

二十七日，戴季陶託李曉生帶了一封信給胡先生，請他早點去南京，並轉達蔣委員長對胡先生的殷殷期望。三月十二日，王寵惠又奉命來廣州，敦促胡先生北上，鄒魯也勸他入京，都因為病的關係，没有成行。隨後一度遷到羅浮山和溫泉靜養。

三月二十五日，西南軍政人員到從化來看胡先生。二十六日，他回到廣州。離開南京以後的這段期間，在私生活方面，他仍然以詩和字消遣，他又寫了不少詩，也填了一些詞。這些詩詞有憂時憂國的，也有純粹抒情的。

三月一日

遼瀋倉皇失大城　逡巡冀北又從盟
世間眞見兒皇帝　昔日嘗為孺子嬰
朝有汪黃堪事敵　將非韓岳敢言兵
宣和舊事何無覩　預卜相從五國行

詩寄大厂兩句未報疊玄韻更寄二首

未必通玄便草玄　相望都在海東邊
深夜有道門常寂　淺醉無聊室自旋
書到老來眞可著　馬於奔殿豈能前
山川何處供消憤　不到西湖已十年

靜外安身易與玄　燕書猶滯舊巢邊
嶺棉抗日紅將放　江草搖風綠早旋
經歲唱酬如白下　幾人慚愧在盧前
狂歌過我那無意　身健今年勝去年

題協之所藏南海陳文忠子壯寫杜工部岳麓山道林二寺遺墨

憂國無如杜少陵　麻鞋猶見兩收京
先生豈有誅茆計　却寫桃源避世情
方丈蓬萊不可尋　微軀晦跡亦無心
故鄉留得衣冠冢　山鳥山花自古今

抵威尼斯

西風吹送海之涯　廿日行程不算賒
遵陸却知船代馬　望衡眞以水為家
千年王氣憑誰說　四國丹青自此誇

亦似荔灣宜夏夜　歸舟肯趁夕陽斜

題存魯夫人賀翹華萊茵河畫

百戰山河史最誇　幾多樓闕水明霞
丹青總是和平手　不羨葡萄入漢家

任民屬題所藏翼王遺聯

甲兵無暇洗銀河　民族英雄語不磨
蜀道泥深蒼牛没　傷心遺札較如何
祖鞭曾未著中原　草草群兒只自尊
眞使地靈擅江左　東南何至有啼痕

題看雲覓句圖

風塵而外有懷抱　閒適中間見性眞
雲起何如雲在好　一般看法付詩人

減字浣溪沙戲贈鶴亭

佳話當前破寂寥　美人心事惱中宵　纏頭百萬可曾饒
對客要呼將敬酒　看花偏受老來嬌　未諳蠻語抱蠻腰

鷓鴣天再戲鶴亭

學得鴛鴦不羨仙　漫將情味怯流年
當筵翠袖翩翩舞　暗地紅絲細細牽
心妥處　卽流連　廣南風土要人憐
為誰斟酌吟髭斷　輪却先生百萬錢

卜算子集曹全碑字寄懷協之

時節詡風光　定是南方好　萬里懷鄉有故人　相望長安道
斯事要商量　或賦歸歟早　明月清風且費錢　不合山中老

蝶戀花月蝕和君佩

不是蛾眉天亦妬　底事團圓忍被山河阻
省識人間離別苦　盈盈一水都無語
為問嬋娟何處去　似爾分明更受纖塵污

玉闕重光光幾許　家家樓上爭凝佇

這些詩詞不過是他在廣東時期的一部份作品。一般人總以為他是一位嚴肅的人，從「減字浣溪沙」和「鷓鴣天」兩闋詞中，我們就可以看到他輕鬆幽默的一面。

民國二十五年五月九日，胡先生應妻兄陳融邀請吃晚飯，談笑自如，飲食也和平常一樣，看不出一點病容。飯後和陳融的家庭教師潘景夷下象棋，第一局胡先生勝，第二局起初仍然是他佔優勢，到他以象角馬跳槽過河，强臥敵槽，一面回防調到河口，同時駕車過河，再起伏槽馬，迫出敵帥，橫河車壓當道，想以卒吃敵馬，一舉擊潰敵軍，大獲全勝。没想到車臨頭以後，敵方象角伏了一砲，填入士角，這樣一來，他雖然可以吃馬，但非丢卓不可。一着之差，變成輸局。他苦思很久，突然一聲長嘆，腦溢血暈倒。這時是晚上八點。他本來就有高血壓病，一直没有好，用腦過度，終於發生不幸。

醫生診斷，認為右腦側溢血。十點多，神智略微清醒，他知道好不了，便請蕭佛成、陳濟棠、鄒魯、林雲陔、楊熙績、陳耀垣、張任民、王季文、陳融、林翼中、劉紀文、黃季陸、陳嘉佑、胡夫人及女公子木蘭、堂弟胡毅生到床前，口授遺囑，由蕭佛成筆記：

「余以久病之軀，養病海外，迭承五全大會敦促，力疾言還。方期努力奮鬥，共舒國難，詎料歸國以來，外力日見伸張，抵抗仍無實際，事與願違。憂憤之餘，病益增劇，勢將不起。自從追隨　總理從事革命三十餘年，確信三民主義為唯一救國主義。而熟察目前形勢，非抗日不能實現民族主義；非澄清政治不能實現民權主義；非肅清共匪不能實現民生主義。尤盼吾黨忠實同志，切實奉行總理遺教，以完成本黨救國之使命。切囑。」

民國二十五年五月十二日下午七時四十分逝世，享年五十八歲。

六月十七日，國民政府明令褒獎國葬。贊詞有「翊贊　總理，倡導革命，豐功偉烈，中外同欽。……國喪元勳，民失師保，追懷往績，允宜特予國葬，以昭尊崇。」

而公祭時靈前的一副輓聯最能表現胡先生的人格、學問、事業：

一代楷模黨尊李杜

千秋勳業人仰伊周

民國二十五年七月十三日，葬於廣州城東龍眼洞獅嶺斗文望。

一代元勳，從此長眠地下。幸有青山作伴，綠水長流，詩魂當不寂寞也。

「詩人革命家胡漢民」依據及參考資料目錄

胡漢民著「胡漢民自傳」（含姚漁湘著胡漢民先生傳節錄，臺北傳記文學出版社出版）
「胡漢民先生政論選集」（廣州先導社編輯印行）、
胡漢民著「革命理論與革命工作」（上海民智書局發行）
梁寒操、蕭次尹著「胡漢民先生」（胡漢民先生九秩冥誕紀念會印）
胡漢民著「三民主義的連環性」（帕米爾書店印行）
胡漢民著「不匱室詩鈔」
作經著「一代楷模胡代帥」
孫科著「從國父二封未發表的信說起」
黃隆生著「安南興中分會創立與策動鎮南關河口兩役之經過」
（以上資料由胡漢民先生女公子胡代表木蘭親自提供）
鄒魯著「中國革命史」
吳相湘著「宋教仁」

眭雲章編著「黃花岡革命烈士傳」
蔣永敬撰「胡漢民先生年譜稿」（中國現代史叢刊第三冊）。
國父年譜上下冊
董顯光著「蔣總統傳」
秦孝儀著「苦心、遠見、定力」（近代中國季刊第二期）
蔣總統致胡漢民函（民國二十二年二月二十八日）
王德勝編、胡軌校「蔣總統年表」

墨人博士著作書目（校正版）

書目	類別	出版者	出版時間
一、自由的火焰	詩集	自印（左營）	民國三十九年（一九五〇）
二、哀祖國	詩集	大江出版社（臺北）	民國四十一年（一九五二）
（以上兩種）與《山之禮讚》合併易名《墨人新詩集》			
三、最後的選擇	短篇小說	百成書店（高雄）	民國四十二年（一九五三）
四、閃爍的星辰	長篇小說	大業書店（高雄）	民國四十二年（一九五三）
五、黑森林	長篇小說	香港亞洲社	民國四十四年（一九五五）
六、魔障	長篇小說	暢流半月刊（臺北）	民國四十七年（一九五八）
七、孤島長虹（全集中易名爲富國島）	長篇小說	文壇社（臺北）	民國四十八年（一九五九）
八、古樹春藤	中篇小說	九龍東方社	民國五十一年（一九六二）
九、花嫁	短篇小說	九龍東方社	民國五十三年（一九六四）
一〇、水仙花	短篇小說	長城出版社（高雄）	民國五十三年（一九六四）
一一、白夢蘭	短篇小說	長城出版社（高雄）	民國五十三年（一九六四）
一二、颱風之夜	短篇小說	長城出版社（高雄）	民國五十三年（一九六四）

一三、白雪青山　長篇小說　長城出版社（高雄）　民國五十四年（一九六五）
一四、春梅小史　長篇小說　長城出版社（高雄）　民國五十四年（一九六五）
一五、洛陽花似錦　長篇小說　長城出版社（高雄）　民國五十四年（一九六五）
一六、東風無力百花殘　長篇小說　長城出版社（高雄）　民國五十四年（一九六五）
一七、合家歡　長篇小說　臺灣省新聞處（臺中）　民國五十四年（一九六五）
一八、紅樓夢的寫作技巧　文學理論　臺灣商務印書館（臺北）　民國五十五年（一九六六）
一九、塞外　短篇小說　臺灣商務印書館（臺北）　民國五十五年（一九六六）
二〇、碎心記　長篇小說　小說創作社（臺北）　民國五十六年（一九六七）
二一、靈姑　長篇小說　小說創作社（臺北）　民國五十七年（一九六八）
二二、鱗爪集　散　文　水牛出版社（臺北）　民國五十七年（一九六八）
二三、青雲路　短篇小說　臺灣商務印書館（臺北）　民國五十八年（一九六九）
二四、變性記　短篇小說　臺灣商務印書館（臺北）　民國五十八年（一九六九）
二五、龍鳳傳　長篇小說　幼獅書店（臺北）　民國五十九年（一九七〇）
二六、火樹銀花　長篇小說　立志出版社（臺北）　民國五十九年（一九七〇）
二七、浮生集　散　文　聞道出版社（臺南）　民國六十一年（一九七二）
二八、墨人詩選　詩　集　臺灣中華書局（臺北）　民國六十一年（一九七二）
二九、鳳凰谷　長篇小說　臺灣中華書局（臺北）　民國六十一年（一九七二）

三〇、墨人短篇小說選　短篇小說　臺灣中華書局（臺北）　民國六十一年（一九七二）

三一、斷腸人　短篇小說　臺灣學生書局（臺北）　民國六十一年（一九七二）

三二、詩人革命家胡漢民傳　傳記小說　近代中國社（臺北）　民國六十七年（一九七八）

三三、心猿　長篇小說　學人文化公司（臺北）　民國六十八年（一九七九）

三四、山之禮讚　詩　集　秋水詩刊（臺北）　民國六十九年（一九八〇）

三五、心在山林　散　文　中華日報社（臺北）　民國六十九年（一九八〇）

三六、墨人散文集　散　文　學人文化公司（臺中）　民國六十九年（一九八〇）

三七、山中人語　散　文　臺灣商務印書館（臺北）　民國七十二年（一九八三）

三八、花市　散　文　江山出版社（臺北）　民國七十四年（一九八五）

三九、三更燈火五更雞　散　文　江山出版社（臺北）　民國七十四年（一九八五）

四〇、墨人絕律詩集　詩　集　臺灣商務印書館（臺北）　民國七十六年（一九八七）

四一、全唐詩尋幽探微　文學理論　臺灣商務印書館（臺北）　民國七十六年（一九八七）

四二、第二春　短篇小說　釆風出版社（臺北）　民國七十七年（一九八八）

四三、全唐宋詞尋幽探微　文學理論　臺灣商務印書館（臺北）　民國七十八年（一九八九）

四四、小園昨夜又東風　散　文　黎明文化公司（臺北）　民國八　十年（一九九一）

四五、紅塵（上、中、下三卷）　長篇小說　臺灣新生報社（臺北）　民國八　十年（一九九一）

四六、大陸文學之旅　散　文　文史哲出版社（臺北）　民國八十一年（一九九二）

四七、紅塵續集	長篇小說	臺灣新生報社（臺北）	民國八十二年（一九九三）
四八、墨人半世紀詩選	詩　選	文史哲出版社（臺北）	民國八十四年（一九九五）
四九、張本紅樓夢（上下兩巨冊）	修訂批註	湖南出版社（長沙）	民國八十五年（一九九六）
五〇、紅塵心語	散　文	圓明出版社（臺北）	民國八十五年（一九九六）
五一、年年作客伴寒窗	散　文	中天出版社（臺北）	民國八十六年（一九九七）
五二、全宋詩尋幽探微	文學理論	文史哲出版社（臺北）	民國八十九年（二〇〇〇）
五三、墨人詩詞詩話	詩詞・理論	詩藝文出版社（臺北）	民國八十九年（二〇〇〇）
五四、娑婆世界（定本）	長篇小說	昭明出版社（臺北）	民國八十八年（一九九九）
五五、白雪青山（定本）	長篇小說	昭明出版社（臺北）	民國八十九年（二〇〇〇）
五六、滾滾長江（定本）	長篇小說	昭明出版社（臺北）	民國八十九年（二〇〇〇）
五七、春梅小史（定本）	長篇小說	昭明出版社（臺北）	民國八十九年（二〇〇〇）
五八、紫燕（定本）	長篇小說	昭明出版社（臺北）	民國九　十年（二〇〇一）
五九、紅樓夢的寫作技巧（定本）	文學理論	昭明出版社（臺北）	民國九　十年（二〇〇一）
六〇、紅塵六卷（定本）	長篇小說	昭明出版社（臺北）	民國九　十年（二〇〇一）
六一、紅塵法文本	巴黎友豐（you fonq）書局出版		二〇〇四年初版

附註：

▲北京中國文聯出版社　二〇〇三年出版　大陸教授羅龍炎・王雅清合著《紅塵》論專書

▲臺北市昭明出版社出版墨人一系列代表作，長篇小說《娑婆世界》、一百九十多萬字的空前大長篇《紅塵》（中法文本共出五版）暨《白雪青山》（兩岸共出六版）、《滾滾長紅》、《春梅小史》、《紫燕》，短篇小說集、文學理論《紅樓夢的寫作技巧》（兩岸共出十四版）等書。臺灣中華書局出版的《墨人自選集》共五大冊，收入長篇小說《白雪青山》、《靈姑》、《鳳凰谷》、《江水悠悠》（爲《東風無力百花殘》易名）、《短篇小說・詩選》合集。《哀祖國》及《合家歡》皆由高雄大業書店再版。臺北詩藝文出版社出版的《墨人詩詞詩話》創作理論兼備，爲「五四」以來詩人、作家所未有者。

▲臺灣商務印書館於民國七十三年七月出版先留英後留美哲學博士程石泉、宋瑞等數十人的評論專集《論墨人及其作品》上、下兩冊。

▲《白雪青山》於民國七十八年（一九八九）由臺北大地出版社第三版。

▲臺北中國詩歌藝術學會於一九九五年五月出版《十三家論文》論《墨人半世紀詩選》。

▲《紅塵》於民國七十九年（一九九〇）五月由大陸黃河文化出版社出版前五十四章（香港登記，深圳市印行）。大陸因未有書號未公開發行僅供墨人「大陸文學之旅」時與會作家座談時參考。

▲北京中國文聯出版公司於一九九二年十二月出版長篇小說《春梅小史》（易名《也無風雨也無晴》）；一九九三年四月出版《紅樓夢的寫作技巧》。

▲北京中國社會科學出版社於一九九四年出版散文集《浮生小趣》。

▲北京群眾出版社於一九九五年一月出版散文集《小園昨夜又東風》；一九九五年十月京華出版社出

版長篇小說《白雪青山》大陸版，第一版三千冊，一九九七年八月再版一萬冊。

▲長沙湖南出版社於一九九六年一月初出版墨人費時十多年精心修訂批註的《張本紅樓夢》，分上下兩大冊精裝一萬一千套。立即銷完、因未經墨人親校，難免疏失，墨人未同意再版。

Mo Jen's Works

1950 *The Flames of Freedom*（poems）《自由的火焰》

1952 *Lament for My Mother Country*（poems）《哀祖國》

1953 *Glittering Stars*（novel）《閃爍的星辰》

The Last Choice（short stories）《最後的選擇》

1955 *Black Forest*（novel）《黑森林》

The Hindrance（novel）《魔障》

The Rainbow and An Isolated Island（novel）《孤島長虹》（全集中易名爲富國島）

1963 *The spring Ivy and Old Tree*（novelette）《古樹春藤》

1964 *Narcissus*（novelette）《水仙花》

A Typhonic Night（novelette）《颱風之夜》

Ms.Pei Mong-lan（novelette）《白夢蘭》
The Joy of the Whole Family（novel）《合家歡》
Flower Marriage（novelette）《花嫁》
1965 *White Snow and Green Mountain*（novel）《白雪青山》
The Short Story of Miss Chung Mei（novel）《春梅小史》
The Powerless Spring Breeze and Faded Flowers（novel）《東風無力百花殘》（《江水悠悠》）
Flower Blossom in Loyang（novel）《洛陽花似錦》
1966 *The Writing Technique of the Dream of Red Chamber*（literature theory）《紅樓夢的寫作技巧》
Out of The Wild Frontier（novelette）《塞外》
1967 *A Heart-broken Story*（novel）《碎心記》
1968 *Miss Clever*（novel）《靈姑》
Trifle（prose）《鱗爪集》
1969 *The Road to Promotion*（novelette）《青雲路》
1970 *A Sex-change Story*（novelette）《變性記》
The Biography of the Dragon and the Phoenix（novel）《龍鳳傳》
1971 *A Brilliantly lighted Garden*（novel）《火樹銀花》
1972 *My Floating Life*（prose）《浮生記》

Selection of Mo Jen's Poems《墨人詩選》
A Heart-broken Woman（novelette）《斷腸人》
Phoenix Valley（novel）《鳳凰谷》
Mo Jen's Works（five volumes）《墨人自選集》
Selection of Mo Jen's short stores《墨人短篇小說選》
1978 *Hu Han-ming, the Poet and Revolutionist*（novel）《詩人革命家胡漢民》
1979 *The Mokey in the Heart*（i.e. The Purple Swallow renamed）《心猿》
1980 *The Hermit*（prose）《心在山林》
A Collection of Mo Jen's Prose（prose）《墨人散文集》
A Praise to Mountains（poems）《山之禮讚》
1983 *Mountaineer's Remarks*（prose）《山中人語》
1985 *My Candle Burns at Both Ends*（prose）《三更燈火五更雞》
Flower Market（prose）《花市》
1986 *A Mundane World*（novel, four volumes, over 1.9 million words）《紅塵》
1987 *Remarks on All Poems of the Tang Dynasty*（theory）《全唐詩尋幽探微》
1988 *Remarks On All Tsyr*（prose poem）*of the Tang and Sung Dynasties*（theory）《全唐宋詞尋幽探微》
1991 *The Breeze That Came From The East Last Night in My Little garden Again*（prose）《小園昨夜又東風》

1992 *Travel for Literature in Mainland China*（prose）《大陸文學之旅》

1995 *Selection of Mo Jen's Poems, 1992-1994*《墨人半世紀詩選》

1996 *I'll look upon the World*《紅塵心語》

Chang Edition of the Dream of Red Chamber《張本紅樓夢》（修訂批註）

1997 *Cherish thy guests and the Muses*《年年作伴寒窗》

1999 *Saha Shih Gai*《娑婆世界》

1999 *Remarks on All Poems of the sung Dynasties*《全宋詩尋幽探尋》

1999 *Mo Jen's Classical Poems and Prose Poems*《墨人詩詞詩話》

2004 *Poussiere Rouge*《紅塵》法文譯本

墨人博士創作年表（二〇〇五年增訂）

年度	年齡	發表出版作品及重要文學紀錄摘要
民國二十八年己卯（一九三九）	十九歲	在東南戰區《前線日報》發表〈臨川新貌〉。淪陷區著名的上海《大美晚報》隨即轉載。
民國二十九年庚辰（一九四〇）	二十歲	在《前線日報》發表〈希望〉、〈路〉等新詩作品。
民國三十年辛巳（一九四一）	二十一歲	在《前線日報》發表〈評夏伯陽〉書評等文。
民國三十一年壬午（一九四二）	二十二歲	在各大報發表〈苦難的行列〉、〈贛州禮讚〉（長詩）、〈老船夫〉、〈盲歌者〉、〈自己的輓歌〉、〈抹去那怯弱的眼淚吧〉、〈生命之歌〉、〈快割鳥〉、〈鷂鷹與雲雀〉等詩及散文多篇。
民國三十二年癸未（一九四三）	二十三歲	在各大報發表長詩〈鋤奸隊長〉、〈搜索連長〉、〈遙寄〉、〈寫在第七個七七〉、〈父親〉、〈受難的女神〉、〈城市的夜〉及〈火把〉、〈擊柝者〉、〈橋〉、〈古鐘〉、〈汽笛〉、〈山居〉、〈沙灘〉、〈夜行者〉、〈孤芳〉、〈蚊蟲〉、〈蒼蠅〉、〈園圃〉、〈陽光〉、〈深秋〉、〈贈某詩人兼寫自己〉、〈哀亡命詩人〉、〈自供〉、〈白屋詩抄〉、〈哀歌〉、〈生活〉、〈給偶像崇拜者〉、〈戰書〉、〈燈下獨白〉、〈夜歸〉、〈失眠之夜〉、〈悼〉、〈殘英〉、〈黃昏曲〉、〈補綴〉、〈復活的季節〉〈擬戀歌〉、〈晨雀〉、〈春耕〉、〈天空的搏鬥〉等長短抒情詩。另發表散文及短篇小說多篇。

民國三十三年甲申（一九三九）	二十四歲	發表〈山城草〉五首及〈沒有褲子穿的女人〉、〈襤褸的孩子〉、〈駝鈴〉、〈無聲的哭泣〉、〈長夜草〉、〈春夜〉、〈擬某女演員〉、〈蛙聲〉、〈麥笛〉等詩及散文多篇。
民國三十四年乙酉（一九四五）	二十五歲	發表〈最後的勝利〉及〈煉獄裏的聲音〉、〈神女〉、〈問〉等長詩與散文多篇。
民國三十五年丙戌（一九四六）	二十六歲	發表〈夢〉、〈春天不在這裡〉等詩及散文多篇。
民國三十六年丁亥（一九四七）	二十七歲	發表〈冬天的歌〉、〈流浪者之歌〉、〈手杖、煙斗〉及長詩〈上海抒情〉等與散文多篇。
民國三十七年戊子（一九四八）	二十八歲	主編軍中雜誌、撰寫時論，均不署名。
民國三十八年己丑（一九四九）	二十九歲	七月渡海抵臺，發表〈呈獻〉、〈滿妹〉，及長詩〈自由的火燄〉、〈人類的宣言〉等及散文多篇。
民國三十九年庚寅（一九五〇）	三十歲	發表〈站起來，捏死他！〉、〈滾出去，馬立克！〉、〈英國人〉、〈海洋頌〉等詩。出版《自由的火燄》詩集。
民國四十年辛卯（一九五一）	三十一歲	發表〈春晨獨步〉、〈炫與殉〉、〈悼三閭大夫屈原〉、〈詩聯隊〉、〈心靈之歌〉、〈子夜獨唱〉、〈真理、愛情〉、〈友情的花朵〉、〈啊，西風啊！〉、〈歲暮吟〉、〈師生〉、〈往事〉、〈天書〉、〈歷程〉、〈雨天〉、〈火車飛馳在海岸淚上〉、〈帶路者〉、〈送第一艦隊出征〉等詩，及〈哀祖國〉長詩。
民國四十一年壬辰（一九五二）	三十二歲	發表〈未完成的想像〉、〈廊上吟〉、〈窗下吟〉、〈白髮吟〉、〈秋夜輕吟〉、〈秋訊〉、〈渴念，追求〉、〈寂寞、孤獨〉、〈冬眠〉、〈我想把你忘記〉、〈想念〉、〈成人的悲歌〉、〈訴〉、〈詩人〉、〈詩〉、〈貝絲〉、「春天的懷念」五首，〈和風〉、〈夜雨〉、〈臺灣海峽的霧〉等及散文、短篇小說多篇。　出版《哀祖國》詩集。

民國四十二年癸巳（一九五三）	三十三歲	發表〈寄台北詩人〉等詩及散文短篇小說多篇。高雄百成書店出版短篇小說集《最後的選擇，收入〈華玲〉、〈生死戀〉、〈梅蘭馨〉、〈敵人的故事〉、〈最後的選擇〉、〈蔣復成〉、〈姚醫生〉等七篇。大業書店出版長篇小說《閃爍的星晨》一、二兩冊。
民國四十三年甲午（一九五四）	三十四歲	發表〈雪萊〉、〈海鷗〉、〈鳳凰木〉、〈流螢〉、〈鵝鑾鼻〉、〈海邊的城〉、〈長夏小唱〉及散文、短篇小說多篇。
民國四十四年乙未（一九五五）	三十五歲	發表〈雲〉、〈F-86〉、〈題 GK〉等詩及散文、短篇小說多篇。香港亞洲出版社出版長篇小說《黑森林》，並獲中華文獎會國父誕辰長篇小說第二獎（第一獎從缺）。
民國四十五年丙申（一九五六）	三十六歲	發表〈四月〉等詩及散文、短篇小說多篇。
民國四十六年丁酉（一九五七）	三十七歲	發表〈月亮〉、〈九月之旅〉、〈雨和花〉等詩及長篇小說《魔障》。
民國四十七年戊戌（一九五八）	三十八歲	暢流半月刊雜誌社出版長篇連載小說《魔障》。
民國四十八年己亥（一九五九）	三十九歲	發表短篇小說、散文多篇。文壇雜誌社出版長篇小說《孤島長虹》（全集中易名爲《富國島》）。
民國四十九年庚子（一九六〇）	四十歲	發表〈橫貫小唱〉等詩及散文、短篇小說多篇。
民國五十年辛丑（一九六一）	四十一歲	發表〈熱帶魚〉、〈豎琴〉、〈水仙〉等詩及短篇小說甚多。奧國維也納納富出版公司編選的《世界最佳小說選》選入短篇說〈馬腳〉，同時入選者有諾貝爾文學獎得主威廉福克納、拉革克菲斯特等世界各國名作家作品。

民國五十一年壬寅（一九六二）	四十二歲	發表〈青鳥〉、〈兩腳獸〉、〈晚會〉、〈祈禱〉等詩及短篇小說甚多。奧國維也納富出版公司又將短篇小說《小黃》（以江州司馬筆名撰寫者）選入《世界最佳小說選》，同時入選者有諾貝爾獎得主蕭洛霍夫，郭沫若及世界各國名作家作品。
民國五十二年癸卯（一九六三）	四十三歲	香港九龍東方文學出版社出版中篇小說《古樹春藤》。發表短篇小說、散文甚多。
民國五十三年甲辰（一九六四）	四十四歲	香港九龍東方文學社出版短篇小說集《花嫁》，收入〈教師爺〉、〈劉二爹〉、〈二媽〉、〈異鄉人〉、〈花嫁〉、〈扶桑花〉、〈南海屠鮫〉、〈高山曲〉、〈古寺心聲〉、〈誘惑〉、〈隱情〉、〈美珠〉、〈新苗〉、〈心聲淚影〉等十四篇。高雄長城出版社出版中短篇小說集《水仙花》，收入〈水仙花〉、〈銀杏表嫂〉、〈圓房記〉、〈江湖兒女〉、〈天鵝〉、〈賭徒〉、〈搶親〉、〈黃龍〉、〈風雪歸人〉、〈花子老趙〉、〈景雲寺的居士〉、〈人與樹〉、〈過客〉、〈阿婆〉、〈馬腳〉、〈小黃〉等十六篇。高雄長城出版社出版中短篇小說集《白夢蘭》。收入〈情敵〉、〈空手〉、〈師生〉、〈斷夢〉、〈黃昏曲〉、〈白夢蘭〉、〈平安夜〉、〈凱塞琳、萊蒙托夫與我〉、〈陽春白雪〉、〈亂世佳人〉、〈傷心之旅〉、〈白衣清淚〉、〈護士與病人〉、〈如夢記〉、〈除夕〉等十五篇。　高雄長城出版社出版《中華日報》連載的二十五萬字長篇小說《白雪青山》。　發表短篇小說、散文甚多。
民國五十四年乙巳（一九六五）	四十五歲	高雄長城出版社出版連載長篇小說《洛陽花似錦》、《春梅小史》、《東風無力百花殘》三部。　發表短篇小說、散文甚多。省政府新聞處出版長篇小說《合家歡》。
民國五十五年丙午（一九六六）	四十六歲	是年五月赴馬尼拉華僑文教講習會講授「紅樓夢的寫作技巧」及新詩課程一個月。商務印書館出版文學理論專著《紅樓夢的寫作技巧》，全書共十五萬字。商務印書館出版中短篇小說集《塞外》。收入〈塞外〉、〈鬍子〉、〈百合花〉、〈天山風雲〉、〈白金龍〉、〈白狼〉、〈秋圃紫鵑〉、〈曹萬秋的衣缽〉、〈半路夫妻〉、〈百鳥聲喧〉、〈風竹與野馬〉、〈美人計〉、〈夜襲〉、〈花燭劫〉等十四篇。

民國五十六年丁未（一九六七）	四十七歲	發表短篇小說、散文甚多。小說創作社出版連載長篇小說《碎心記》。
民國五十七年戊申（一九六八）	四十八歲	小說創作社出版《中華日報》連載長篇小說《靈姑》。水牛出版社出版散文集《鱗爪集》，收入〈家鄉的魚〉、〈家鄉的鳥〉、〈雪天的懷念〉、〈秋山紅葉〉、〈學問與創作之間〉等散文七十六篇、舊詩三首。
民國五十八年己酉（一九六九）	四十九歲	商務印書館出版中短篇小說集《青雲路》。收入〈世家子弟〉、〈青雲路〉、〈空棺記〉、〈久香〉等四篇。
民國五十九年庚戌（一九七〇）	五十歲	商務印書館出版中短篇小說集《變性記》。收入〈變性記〉、〈嬌客〉、〈歲寒圖〉、〈泥龍〉、〈祖孫父子〉、〈秋風落葉〉、〈老夫老妻〉、〈恩愛夫妻〉、〈布販與偷雞賊〉、〈芳鄰〉、〈沙漠王子〉、〈沙漠之狼〉、〈世界通先生〉、〈寶珠的祕密〉、〈奇緣〉等十五篇。幼獅文化事業公司出版長篇小說《龍鳳傳》。臺北立志出版社出版長篇《火樹銀花》出版全集時易名《同是天涯淪落人》。
民國六十年辛亥（一九七一）	五十一歲	立志出版社出版長篇小說《火樹銀花》。發表散文多篇及在高雄《新聞報》連載長篇小說《紫燕》。
民國六十一年壬子（一九七二）	五十二歲	聞道出版社出版散文集《浮生集》。收入〈文藝的危機〉、〈貝克特高風〉、〈五十年華〉等散文十三篇，舊詩六首。學生書局出版短篇小說散文合集《斷腸人》。收入短篇小說〈斷腸人〉、〈薇薇〉、〈相見歡〉、〈滄桑記〉、〈恩怨〉、〈夜宴〉等七篇及散文〈文學系與文學創作〉、〈大學國文教學我見〉、〈作家之死〉等十五篇。　中華書局出版《墨人自選集》五大冊。包括長篇小說《白雪青山》、《靈姑》、《鳳凰谷》、《江水悠悠》（《東風無力百花殘》易名）及《短篇小說、詩選》（精選短篇小說二十八篇，抒情詩一〇六首），共一百五十萬字。
民國六十二年癸丑（一九七三）	五十三歲	發表散文多篇。列入英國劍橋國際傳記中心（International Biographical Centre Cambridge England）出版的《國際詩人名錄》（*International Who's Who in Poetry. 1973*）。

民國六十三年甲寅（一九七四）	五十四歲	出席第二屆世界詩人大會。發表散文多篇。
民國六十四年乙卯（一九七五）	五十五歲	列入正中書局出版的《中華民國文藝史》（1975）。發表〈臺北的黃昏〉新詩一首及散文多篇。
民國六十五年丙辰（一九七六）	五十六歲	列入英國劍橋國際傳記中心出版的 *Men of Achievement. 1976* 發表〈歷史的會晤〉新詩及散文、短篇小說多篇。
民國六十六年丁巳（一九七七）	五十七歲	應 I.B.C 邀請於三月間赴義大利翡冷翠出席國際文藝交流大會（The 3rd I.B.C. International Congress on Arts and Communications）。會後環遊世界。發表〈羅馬之雲〉、〈羅馬之松〉、〈翡冷翠的女郎〉、〈翡冷翠之柳〉、〈塞納河〉等詩及羅馬掠影」、〈單城記〉、〈威尼斯之旅〉、〈藝術之都翡冷翠〉、〈西雅奈與比薩斜塔〉、〈美國行〉、〈江戶、皇宮、御苑〉、〈環球心影〉等遊記。在《中國時報》發表有關中國文化論文〈中國文化的三條根〉，在《新生報》發表〈文藝界的『洋』癇瘋〉等多篇。
民國六十七年戊午（一九七八）	五十八歲	近代中國社出版長篇傳記小說《詩人革命胡漢民傳》。列入英國劍橋國際傳記中心出版的《國際名人辭典》（*Dictionary of International Biogaphy.1978*）。《國際知識分子名錄》(*International Who's Who of Intellectual.1978*、《國際人名剪影》 *International Register of Profiles*）、《國際社會名人錄》（*International Who's Who in Community Service*），發表〈六月之荷〉詩一首。在各報發表〈中國文化的宇宙觀〉、〈中國文化的真面目〉、〈文化、社會形態與當代文學創作（為亞洲文學會議而作）〉、〈人與宇宙自然法則〉等。出席亞洲文學會議。　列入中華書局出版的《中華民國當代名人錄》（*Who's Who of R.O.C. 1978*）　列入行政院新聞局編印的一九七八年英文《中華民國年鑑名人錄》（*China Yearbook Who's Who*）。

民國六十八年己未（一九七九）	五十九歲	學人文化事業有限公司出版長篇小說《心猿》（《紫燕》易名）。發表短篇小說〈春〉、〈杏林之春〉、長詩〈哀吉米・卡特〉及〈山之禮讚〉五首。短篇〈客從故鄉來〉、〈人瑞〉。理論〈中國古典小說戲劇〉、〈抗戰文學的整理與再創作〉（《中央日報》）等多篇。
民國六十九年庚申（一九八〇）	六十歲	秋水詩刊社出版詩集《山之禮讚》、收集六十四年以後新詩四十四首及七言絕律詩十首。　中華日報社出版散文集《心在山林》、收集〈花甲雲中過〉、〈老當益壯〉、及抒情寫景散文數十篇。 臺中學人文化事業出 版有限公司出版《墨人散文集》收集〈文化、社會形態與當代文學創作〉、〈人與宇宙自然法則〉、〈中國文化的三條根〉、〈宇宙爲心人爲本〉、〈文藝界的『洋』癎瘋〉等理論性散文數十篇。 在《中央日報・副刊》發表〈紅樓夢研究的正確方向〉，《中華日報・副刊》發表〈人生六十樹常青〉，《青年戰士報・新文藝副刊》發表〈山中人語〉專欄文章〈山水之間〉、〈生命長短價值觀〉、〈寶刀未老〉、〈七進七出鬼門關〉、〈報人甘苦〉、〈杏壇生涯〉等。 接受《大華晚報》採訪組副主任程榕寧兩次訪問，一爲談胡漢民生平，一爲談《易經》、《道德經》、命學，並發表〈醫學命學與人生〉專文。
民國七十年辛酉（一九八一）	六十一歲	應行政院新聞局邀請參觀本省農漁畜牧事業單位，並在《中央日報》發表〈人在福中〉散文。 應臺中市《自由日報》特約撰寫《浮生小記》專欄。 繼續撰寫《山中人語》專欄。
民國七十一年壬戌（一九八二）	六十二歲	接受臺灣廣播公司《成功之路》節目訪問，於四月廿七日晚八時半播出。 在高雄《新聞報》發表〈撥亂反正說紅樓〉（六月十七、十八日）論文。 九月赴漢城出席第二屆中韓作家會議，並在東京參加中日作家會議，曾暢遊南韓、北海道、大阪至東京名勝地區，歸後撰寫〈韓國掠影〉、〈秋遊北海道〉，發表於《中央日報》。 列入中華民國名人傳記中心出版的《中華民國現代名人錄》。

		列入英國劍橋國際傳記中心出版的《傑出男女傳記》（*Men and Women of Distinction*）並附照片。 列入美國 MarQuis 公司出版的《世界名人錄》（*Who's Who in the World*）第六版。 接受義大利藝術大學授予的文學功績證書。
民國七十二年癸亥（一九八三）	六十三歲	商務印書館出版散文集《山中人語》，收集散文七十篇。
民國七十三年甲子（一九八四）	六十四歲	商務印書館出版《論墨人及其作品》上、下兩冊，包括評論文章六十餘篇。 列入義大利 Accademia Itlia 出版英、法、德、義四種文字的《國際文學史》（*The History of International Literature*）及《百科全書：當代人物（*The Encyclopadeia: Contemporary Personalities*）。 端午節（六月四日）開筆撰寫已構思準備十餘年的一百餘萬字的大長篇小說《紅塵》，年底完成初稿四十餘萬字。 十月在韓國漢城舉行的第四屆中韓作家會議，事忙未能出席，但提出一萬餘字的論文〈古典與現代〉一篇。
民國七十四年乙丑（一九八五）	六十五歲	由江山出版社出版《三更燈火五更雞》、《花市》散文集等兩本，前者收入散文，理論二十四篇，後者收入散文遊記二十七篇。 八月一日退休，專心寫作《紅塵》，於十二月底完成九十二章，告一段落，共一百二十萬字，超出《紅樓夢》十餘萬字，內有絕律詩（聯）三十一首。
民國七十五年丙寅（一九八六）	六十六歲	年初開始研讀《全唐詩》，撰寫《全唐詩尋幽探微》，十一月完成，共十二萬餘字，一面在《新聞報・西子灣》發表，並連同歷年所作絕律詩三十七首，定名爲《墨人絕律詩集》，一併交與臺灣商務印書館簽約出版。 列入美國 A.B.I.出版的 5000 Personalities of the World；英國 I.B.C.出版的 *The International Authors and Writers Who's Who.*

民國七十六年丁卯（一九八七）	六十七歲	訪問考察東南亞地區、國家馬來西亞、新加坡、泰國、菲律賓、香港十七天，並出席多次座談會。 商務印書館出版《全唐詩尋幽探微》（附《墨人絕律詩集》）。 《紅塵》長篇小說於三月五日開始在（臺灣新生報）連載。 七月四、五日出席在臺北市召開的抗戰文學研討會。 八月一日出席在高雄市召開的第七屆中韓作家會議。
民國七十七年戊辰（一九八八）	六十八歲	元月二日完成《全唐宋詞尋幽探微》（附《墨人詩餘》）全書十六萬字。設於美國深受世界尊重的「國際大學基金會」（The Marguis Giuseppe Scicluna 1855-1907 Intemarional University Foundation）（Founded 1973）授予榮譽文學博士學位。
民國七十八年己巳（一九八九）	六十九歲	臺灣商務印書館出版《全唐宋詞尋幽探微》。 臺北大地出版社三版長篇小說《白雪青山》。 世界大學（World University）授予榮譽文學博士學位。
民國七十九年庚午（一九九〇）	七十歲	五月應大陸黃河文化實業公司邀請，作四十天文學之旅，與北京、上海、杭州、九江、武漢、西安、蘭州等地作家座談中華文化、文學創作，坦誠交換意見，獲得一致共識、真摯友情與尊敬，廣州電視臺並全程錄影，製作專輯播出，六月底返臺後即撰寫《大陸文學之旅》專著。 艾因斯坦國際學院基金會（Albert Einstein 1879-1955 International Academy Foundation）授予榮譽人文學博士學位。 榮列英國劍橋國際傳記中心出版的 IBC Book of Dedications.占全書篇幅五頁，刊登照片五張，介紹五十年創作生涯，十分翔實，篇幅之大，爲全書冠，並禮聘爲 IBC 副總裁。
民國八十年辛未（一九九一）	七十一歲	二月底新生報出版《紅塵》，二十五開本，上、中、下三鉅冊。黎明文化事業公司出版《小園昨夜又東風》散文集。 應香港廣大學院禮聘爲中國文學研究所客座指導教授。 《紅塵》榮獲新聞局著作金鼎獎及嘉新優良著作獎。

民國八十一年壬申（一九九二）	七十二歲	文史哲出版社出版《大陸文學之旅》。 應聘香港廣大學院中研所客座指導教授。 一月五日開筆寫《紅塵續集》，自九十三章起至一百二十章止，共四十萬字，六月十日完稿，《紅塵》全書共一百九十萬字。續集自十二月一日開始在《臺灣新生報・副刊》連載近年，雙破長篇鉅著及連載紀錄。中國廣播公司《中廣小說選播》節目，亦於十二月一日十四時三十分，在AM657千赫第一廣播網開始播出長篇鉅著《紅塵》上、中、下三冊，由戴愛華小姐導播，集該公司播音精英，通力合作，龍老夫人一角由播音元老白銀飾演，其餘人物均爲一時之選，效果奇佳，前所未有。　北京「中國文聯出版公司」出版《也無風雨也無晴》。 墨人故鄉九江《師專學報》，於本年起開闢《墨人研究》專欄，與《陶淵明研究》、《黃山谷研究》，並稱三大專欄，甚受教育、學術界重視。
民國八十二年癸酉（一九九三）	七十三歲	十月下旬，偕《秋水》詩刊同仁涂靜怡、雪柔、麥穗、汪洋萍、風信子、林蔚穎等爲慶祝《秋水》創刊二十周年，訪問哈爾濱、北京、西安三大都市，與當地詩人座談交流，水乳交融，兩岸詩人因而建立深厚友誼。十一月初，隻身訪問昆明、探親，昆明作協主席曉雪、八十多歲老作家李喬、小說家張昆華、《春城晚報》副總編輯熊廷武、副刊主編原因、理論家教授余斌、作家湯世傑、李錦華等集會歡迎，其中多爲白族、彝族等少數民族作家，乃以雲南少數民族文化資源努力創作相勉，深獲共鳴。資深作家彭荊風，晚間並來下榻處暢談。 繼續應聘香港廣大學院中研所客座指導教授三年。 十二月新生報社出版《紅塵續集》，全書共四大冊，其實前後一貫，爲一整體，該報爲方便，乃以《續集》名之。一生心願心血得以完成，在輕、薄、短、小及商品文學獨占市場情況下，亦一大異數。北京「中國文聯出版公司出版《紅樓夢的寫作技巧》。

民國八十三年甲戌（一九九四）	七十四歲	一月開始研讀自北京購回的《全宋詩》，擬續寫《全宋詩尋幽探微》。 四月十一日接受臺北復興廣播電臺《名人專訪》節目主持人裴雯小姐訪問：談一生寫作歷程及大長篇《紅塵》寫作經過。 臺北《世界論壇報》副社長兼副刊主編詩人評論家周伯乃先生，特自五月三十一日起一連三天出版特刊，慶祝七十晉五誕辰暨創作五十五周年，除刊出〈小傳〉、〈七五人生一首詩〉、〈中國新詩與傳統詩詞的整合〉、〈叩開生命之門〉三篇新作外，並刊出蒙古族女詩人作家薩仁圖婭的〈墨人：屈原風骨中華魂〉，及馬來西亞霹靂州立女子中學校長，詩詞家、散文作家彭士麟女士論《紅塵》與大陸作家作品比較的書信，墨人著作校長，詩詞家、散文作家彭士麟女士論《紅塵》與大陸作家作品比較的書信，墨人著作目錄、美國兩個榮譽文學博士、一個人文學博士照片三張，《紅塵》獲獎照片一張，及周伯乃〈無限的祝禱〉文等。 八月七日，中國時報系的《工商日報・讀書版・大書坊》刊出蓓齡的《紅塵》墨人專訪文章，並配合攝影記者何日昌拍攝的墨人及《紅塵》四冊照片。 大陸廣州暨南大學中文系教授兼臺港暨海外華文文學研究中心主任、評論家潘亞暾，費時月餘撰寫《紅塵續集》論文達一萬餘字的〈偉大史詩的歸結〉，於九月二十一至二十五日在臺北市《世界論壇報・副刊》全文刊出，見解不凡，對《續集》的成功更使他大吃一驚，因此，更肯定《紅塵》的史詩價值、地位。 八月二十八日第十五屆世界詩人大會在臺北召開，僅提出〈中國新詩與傳統詩詞的整合〉論文一篇，並未出席、論文則由《中國詩刊》主編曾美霞女士代讀。
民國八十四年乙亥（一九九五）	七十五歲	一月，臺北文史哲出版社出版《墨人半世紀詩選》（一九四二－一九九四）。 一月十日應臺北廣播電臺《藝文夜話》主持人宋英小姐訪問，許導播秀玲決定十日開播《紅塵》全書四冊，每日廣播兩次。 中國詩歌藝術學會主辦、中國文藝協會協辦，於五月二十二日在臺北市中國文藝協會舉行《墨人世半紀詩選》學術研討會，與會詩人、評論家六十餘人，討論情況熱烈，並印發海峽兩岸評論家王常新、古繼堂、古遠清、李春生、楊允達、周伯乃等十三家論文專集。各家均推崇、肯定新舊詩兩方面的成就與半個多世紀的貢獻。

		英國劍橋國際傳記中心頒贈二十世紀文學傑出成就獎。榮列一九九五年英國劍橋國際傳記中心出版的 The Definitive Book of the Deputy Directors General of the IBC.佔全書篇幅五頁，刊登照片五張，爲全書之冠。
民國八十五年丙子（一九九六）	七十六歲	臺北圓明出版社出版涵蓋儒、釋、道三家思想的散文集《紅塵心語》。卷首有珍貴的文學照片十餘張。臺北中國詩歌藝術學會出版《十三家論文》論《墨人半世紀詩選》。
民國八十六年丁丑（一九九七）	七十七歲	臺北中天出版社出版與《紅塵心語》爲姊妹集的散文集《年年作客伴寒窗》，各篇亦均以五、七言詩作題，內中作者詩詞亦多，並附錄珍貴文學資料訪問記、特寫、著作目錄等十餘篇。出任「乾坤」詩刊顧問，並主編該刊古典詩詞。完成《墨人詩詞詩話》、《全宋詩尋幽探微》兩書全文。
民國八十七年戊寅（一九九八）	七十八歲	構思六年的以佛學精義結合修行心得化爲文學創作的長篇小說《娑婆世界》，於三月二十八日開筆，十二月脫稿。共三十八章，五十多萬字。英國劍橋國際傳記中心（IBC）出版《二十世紀傑出人物》以照片配合文字將墨人傳記刊卷首重要位置，並頒發獎狀。大陸中國國際經濟文化交流促進會、燕京國際文化藝術研究會等七大單位編纂出版的《世界華人文學藝術界名人錄》，中國國際交流出版社出版的《世界名人錄》，均爲十六開巨型中文本。
民國八十八年己卯（一九九九）	七十九歲	本年爲來臺五十周年，創作六十周年，中國習俗八十歲，昭明出版社出版長篇小說《娑婆世界》。美國傳記學會（ABI）出版二十世紀《五百位有影響力的領袖》，以照片配合文字將墨人傳記刊於卷首重要位置並頒發獎狀。照片及詩詞五首編入中國《當代吟壇》巨著。　美國「世界智庫」與艾因斯坦國際學會基金會」聯合頒贈墨人傑出成就榮譽獎，以紀念千禧年，並榮列中國出版的《中華精英大全》。美國傳記學會頒贈墨人「二十世紀成就獎」。

民國八十九年庚辰（二〇〇〇）	八十歲	臺北昭明出版社陸續出版定本長篇小說《白雪青山》、《滾滾長江》、《春梅小史》；文學理論《紅樓夢的寫作技巧》，連同民國八十八年出版的長篇小說《娑婆世界》，並列爲墨人一系列代表作品，以慶祝墨人八十整壽。 臺北詩藝文出版社出版《墨人詩詞詩話》。 臺北文史哲出版社出版《全宋詩尋幽探微》。
民國九十年辛巳（二〇〇一）	八十一歲	臺北昭明出版社出版長篇小說定本《紅塵》全書六冊及長篇小說《紫燕》定本。
民國九十一年壬午（二〇〇二）	八十二歲	五月三日偕長子選翰赴上海訪友小住。 英國劍橋國際傳記中心授予「終身成就獎」。
民國九十二年癸未（二〇〇三）	八十三歲	八月底偕夫人及在臺子女四人經上海轉往故鄉九江市掃墓探親並遊廬山。
民國九十三年甲申（二〇〇四）	八十四歲	準備出版全集（經臺北榮民總醫院檢查無任何疾病。）巴黎 you-Feng 書局出版豪華典雅法文本《紅塵》。
民國九十四年乙酉（二〇〇五）	八十五歲	此後五年不遠行，以防交通意外，準備資料。計劃百歲前開筆撰寫新長篇小說。 北京「中央出版社」出版《強國丰碑》，以著名文學家張萬熙爲題刊出墨人傳略，爲臺灣及海外華人作家唯一入選者。並先後接到北京電話、書函邀請寄送資料編入《一代名家》、《中華文化藝術名家名作世界傳播錄》。
民國九十五年丙戌（二〇〇六）至民國一百年（二〇一一）——	八十六歲至九十二歲——	重讀重校全集，已與臺北市文史哲出版社簽訂出版《墨人博士作品全集》合約，民國一百年年內可以出版。此爲「五四」以來中國大陸與臺灣所未有者。